高等院校工商管理专业精品教材系列

MBA学位论文写作工具书

极强的实用性、指导性与可读性

为MBA学位论文写作指点迷津

MBA论文写作指南

MBA THESIS WRITING GUIDE

余来文　林晓伟　封智勇　纪志林◎编著

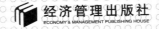

经济管理出版社

ECONOMY & MANAGEMENT PUBLISHING HOUSE

图书在版编目（CIP）数据

MBA 论文写作指南/余来文等编著. —北京：经济管理出版社，2019.5
ISBN 978-7-5096-6478-0

Ⅰ.①M… Ⅱ.①余… Ⅲ.①论文—写作 Ⅳ.①H152.3

中国版本图书馆 CIP 数据核字（2019）第 058211 号

组稿编辑：申桂萍
责任编辑：申桂萍　钱雨荷
责任印制：黄章平
责任校对：董杉珊

出版发行：经济管理出版社
　　　　　（北京市海淀区北蜂窝 8 号中雅大厦 11 层　100038）
网　　址：www. E-mp. com. cn
电　　话：（010）51915602
印　　刷：三河市延风印装有限公司
经　　销：新华书店
开　　本：720mm×1000mm/16
印　　张：16.5
字　　数：278 千字
版　　次：2019 年 5 月第 1 版　　　2019 年 5 月第 1 次印刷
书　　号：ISBN 978-7-5096-6478-0
定　　价：58.00 元

前言
Preface

　　学位论文是硕博研究生知识系统化、理论化最重要的学术论文，也是研究生进化成硕士或博士必过的学术高地。随着研究生课程的结束，硕博研究生的学术论文写作压力越来越大。怎么写好一篇学位论文？如何准备答辩？创新意识、创新精神和创新能力如何培养和提高？选题要新、文献要准、结构要出色、语言要精彩等。从开题到答辩，是一项艰巨而又紧迫的学术工程。

　　不管硕士研究生还是博士研究生，虽然大家都知道要想写好这一重要的学术论文，主要是在导师的指导下，花费时间和精力找出可以成为比较好的研究对象的问题，然后确定适合的研究方法，通过艰苦细致的工作找出结果，并要注意突出自己所做的工作，清晰地表达出自己对问题的认识和观点。但这个过程很难驾驭，如在引用参考资料时，很多学生有这样的困惑：引用多少资料算"抄袭"？怎样合理运用材料？看资料的过程中发现自己很容易被资料"带跑了"，从而导致频繁更换题目，这又是什么原因？

　　好的选题是学位论文成功的一半，好的方法是学位论文成功的保障。为了让广大工商管理类硕士研究生和博士研究生成功跨越学位论文这道"学术坎"，本书主要以工商管理类硕博学位论文（或毕业论文）为例，在深入研究和大量实践的基础上，综合和参考国内外知名大学工商管理类硕博学位论文的写作要求，撰写本教材。本书内容包括：论文的选题、开题、格式要求、文献综述、研究方法与设计、资料整理、结果分析、结论与讨论、参考文献、论文答辩与评价等进行全面系统的分析和阐述，对学术论文的写作过程进行全程分解，并提供了学术论文范例，目的是指导硕博研究生能顺利完成关键性学术论文的撰写。本书具有以

下价值：

第一，定位准确。本书以指导硕博研究生如何进行学位论文写作这样一本工具书的定位，来设计全书的结构与写作风格，充分考虑硕博研究生的现实需要，有很强的针对性与实用性。

第二，归纳全面，系统性强。本书通过对学术论文写作进行全面透彻的分析，高度概括学位论文写作的特点，对指导硕博研究生的论文写作具有重要意义。

第三，本书的案例和内容丰富，操作性强。全书紧紧围绕如何写好学术论文为中心，从如何选题到如何得出结论，甚至到如何答辩，内容涵盖学术论文写作的方方面面。每章有详细的写作论述，并提供具体的案例参考和指导。本书还针对学员如何学习进行探讨，并供给工商管理导师在教学中如何引导学员的讲解内容。正文、案例和知识点相互穿插，既可以阅读全文，也可以跳跃式地阅读相关章节、资料，具有很强的可读性。

第四，理论与实践紧密结合，且文风较好。本书的编写以突出实用性为主，理论阐述、案例分析和研究方法简洁精练，整体风格突出实用性。全书结构严谨，行文规范，文笔流畅，体现了编者严谨的治学态度与力求完美的做事风格。

为更好服务广大读者，本书撰写团队在此强调两点：一是本书的"学术论文"是一个广义的概念，主要是指工商管理类硕博学位论文，包括其研究方法、研究思路等，这与工商管理类学科培养目标和学术研究方法是相契合的。二是本书服务的群体主要是工商管理类在读硕士、博士研究生及其导师，包括企业经营管理者、管理咨询顾问、工商管理类本科生以及有志于从事企业管理的人员，对其他类型的专业学位申请者如何做好学位论文也有一定的参考价值。

当然，读者对这一类指导书的阅读都应持批评的态度，而非照搬。相信此书的出版会对工商管理类硕博研究生等群体带来很大的帮助。

余来文

2018 年 10 月 8 日

目录
Contents

第一章

导 论

目前工商管理教育广受欢迎，工商管理类书籍与期刊大量出版，工商管理话题被广泛谈论，各种各样的西方工商管理思想与论著被引进到中国来。尽管中国在世界经济舞台上的地位不断上升，工商管理教育也高速发展，但工商管理的研究方法尚未形成系统性知识。著名华人管理学家美国亚利桑那州立大学徐淑英教授（2005）认为，"中国的发展迫切需要积累管理知识，以帮助各类公司在这个动态多变的环境中运营"。

一、科学研究与工商管理研究

科学研究是工商管理研究的基础。科学研究是人类追求知识或解决问题的一种研究活动。通过科学研究这一求知活动，使人类自身的知识领域得以拓展，摆脱以前的无知和愚昧，而且经由科学研究活动，还可以解决某些实际问题。

（一）科学研究方法

科学研究以事实为依据，科学家尽量在研究中排除价值和主观偏好的影响，所以在选择研究方法时，根据研究对象科学地选择研究方法，而不是盲从于某种研究方法。社会学和心理学研究所使用的调查研究、理论研究在一定程度上可以排除价值和偏好的影响，而捕捉到科学的事实。像英国的古道尔，中国的任仁敏、严康慧女士，日本的 Kano 教授，在动物行为研究的过程中，能够常年扎根田野，忍受孤独和寂寞，从而捕捉到人们很难发现的科学事实，并在其研究领域取得成绩。

那么，什么是科学的研究方法呢？一般认为，科学的研究方法应该满足以下三方面的要求（黄速建、黄群慧，2004）。

1. 客观性

从科学研究的出发点看，科学要有客观的研究立场和研究对象，具有客观性。

2. 规范性

从科学研究过程来看，科学有严格的规范要求，即可检验证实性、逻辑一致性、知识可积累性和方法简练性。

3. 科学性

从科学结论或知识看，科学具有广泛性、有效性和精确性。

（二）工商管理研究方法

就工商管理而言，它是一个应用性很强的交叉学科，要接受多个学科理论的指导和借鉴。所以，工商管理研究应该从不同学科和学术背景中吸取新鲜血液，从工商管理理论、研究方法与实践管理等方面进行不断创新。目前从我国管理学研究状况看，这些方法的应用已经引起重视，但从应用范围和层面上还相当不够。

所谓研究，是事实的说明，阐述前人未曾说明清楚的事情，研究的目的和价值在于发掘知识并解决问题，解决前人未曾解决的问题。对于科学研究，一种是为了获取知识，为满足求知欲而用科学的研究方法来做的研究。这就是我们所说的为了建立理论或学说所做的基础研究。另一种是为实用，即为解决经营管理问题或为寻求提高工作效率而做的研究。也就是应用研究，以解决现实中所发生的问题为出发点，如图 1-1 所示。

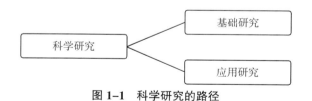

图 1-1　科学研究的路径

对于学术界，往往较为重视前者，而对于工商界，则更加注重后者。对于工商管理教育所培养出来的人才，一般更为倾向于应用研究。我国学者在国际顶尖经济管理期刊发表的论文数量还很少，其中一个很重要的原因就是研究方法论上还没有与国际上的通用规范完全接轨。从国际上看，随着经济管理学的发展和管理学研究方法的日益丰富和完善，研究方法本身已经成为一种具有概括性的知识体系，具有理论的意义。管理学研究方法也正日益向普遍化、理论化和综合化的趋势发展。而且，随着科学技术的发展和社会的进步，社会科学方法论和自然科学方法论相结合的障碍也将逐步消除，两种方法论将不断渗透和融合。由于现代管理学横跨社会科学和自然科学，因而现代管理学研究方法论的发展总趋势必然是融社会科学方法论和自然科学方法论为一体。由于管理学研究对象的复杂性，决定了管理领域中总会有科学方法无法解决的问题，规范的研究方法将无法取代非科学的方法。研究方法主要有三种：实验方法、问卷调查与统计处理方法和长期跟踪观察的研究方法，如图1-2所示。

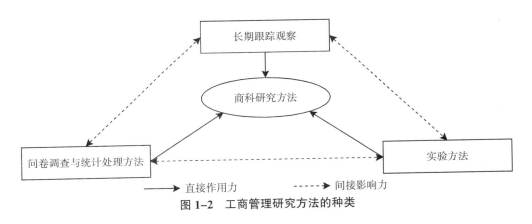

图1-2 工商管理研究方法的种类

总之，研究活动在于知识的累积和进步，研究方法也在于"思"与"行"的有效结合。即以"思"来创建理论，而"行"来确保实证过程。通过"思"与"行"构成了求知过程，其产物便是新的知识。

（三）工商管理研究的目的

研究是一门"问题"学术，旨在发现有用的知识。我们要进行研究，就不得不进行严谨的研究设计。根据研究目的，管理研究分为基础研究和应用研究。根据研究的性质，管理研究分为定性研究和定量研究。根据研究问题的来源及假设的种类，我们对管理研究分为探索性研究、叙述性研究和因果性研究三大类。探索性研究是一种初次的探索工作，由于缺乏前人的研究经验和相关的理论根据，初次从事这一问题的研究，需要的是一种更为广泛且较为肤浅的探讨性研究。通过探索性研究，可以了解更多的问题。常见的探索性研究有文献调查和经验调查。对于叙述性研究，针对叙述性假设而做的研究设计。叙述性研究一般分为调

查性研究、关系性研究和发展性研究。此外，因果性研究是一种为验证分析性假设，证实变量间的因果关系的一种研究设计。

（四）研究的严谨

加拿大约克大学舒立克商学院谭劲松教授（2007）认为，研究的终极目标是创造出关于研究对象的规律性知识，以解释和预测研究对象，而不是推广某一具体理论或者学科。所以，我们进行的研究要善于发现研究对象的演进逻辑和价值体系，找出其发生和发展的规律，从而构建具有普适性的理论体系，并将其用于解释和预测现实问题。要解释研究对象的规律，找出其存在的本质，研究就需要具有严谨的研究精神。不仅要有科学的精神，而且要有研究方法，同时还要敢于挑战权威，正如卡尔·波普尔所说，科学的本质不是证明现有的理论，而是要挑战现有的理论。因为，现实中人们根本不可能获得完全证实的知识，所有的知识都是一种"暂时的"理论（有限真理），都是对现有问题的"猜测性解释"，因此都是有待进一步检验和反驳的，或者说向进一步检验和反驳开放的。

二、工商管理研究的方法

现在有一种倾向认为，工商管理中如果没有经济学、管理科学的研究方法中那样复杂的数学推导就上不得台面，就算不上真正的工商管理研究，这实在是需要认真推敲才能下判断的结论。

经济学、管理科学主要是基于一般规律特征下的研究，大量的研究对象做出的经济、管理行为是一致的，重点在于对投入产出比的研究，以公开发布的数据为主。如果这些公开数据不准确，需要修正和调整。经济学研究的实质在于不重视过程，尤其是不重视企业"黑箱行为"过程的研究，其研究重点在于对宏观行业与微观企业投入与产出之间的效益与效率分析。而数理经济学模型和计量经济学、管理科学是其最常用的研究工具。在数理模型中，假设前提、研究框架和数学工具非常严格，变化一个参数，改变一个系数，是在分子还是分母上，都需要严格的证明和限定。因此，构建数理计量模型是如此之难，而基于数理模型得出的结论又是具有如此的公信力。

而工商管理研究的方法则根本不同，这取决于工商管理的研究对象不同。工商管理研究主要以企业作为研究对象，对企业出现的实际问题的表现和核心进行分析，提出解决问题的方法、措施和策略，其结果是提升企业绩效与持续竞争能力。工商管理的研究方法在于过程的多样性和手段的丰富性，如不同的行业特性，不同的企业规模、不同的成长阶段等诸多前提条件，决定了工商管理学研究手段、工具的丰富化和个性化。1983 年，一位美国著名的管理学家对当时世界上 200 种研究方法进行了比较研究表明，没有最有效的研究方法，其有效性完全取决于研究对象的不同，研究方法、研究工具必须同研究对象紧密结合起来才是有效的，否则其研究结论是毫无价值的。

对于工商管理的研究手段，不能仅限于问卷调查和统计分析。问卷调查的数据可信度如何，常常是值得推敲甚至怀疑的。工商管理学研究最精彩的环节根本不在于采用了多少数学方法和工具，而是在于个性化研究对象问题的解决，思路、对策、过程机理等才永远是研究中最重要的。即使工商管理研究的问题不采用数学方法与工具，其实不一定影响其结论的有效性，这取决于研究什么问题。最值得注意的是，不要以为经济学、管理科学采用了大量的数学研究方法，就认为经济学、管理科学为基础的工商管理研究也一定要采用复杂的研究方法，对于工商管理研究方法只要能解决具体的企业实际问题，提高企业的竞争能力和业绩，采取任何一种有利于企业发展的方法都是可行和有效的。

三、工商管理学位论文研究方法的类型

工商管理学位论文属于务实、实证或案例研究类型的论文，目的在于要求学生将所学的管理理论知识运用于企业管理的实践，考核学生提出问题、分析问题、解决问题的能力。工商管理学位论文强调实用性和整合性，一方面，所有的学位论文应具有企业或行业的应用背景，论文选题要结合学生所在单位或行业的实际情况，研究内容应为学生所熟悉的领域。另一方面，在研究和撰写论文过程中应阅读相当数量的文献资料，按论文具体类型选用相关实证研究方法，并提出新的观点或新的分析结果（或结论）。根据工商管理教育的培养目的和效果，工商管理学位论文研究方法一般有七种方法：案例研究法、诊断研究法、调研研究法、专题研究、可行性研究法、实验研究法和质性研究法，如表 1-1 所示。

表 1-1　工商管理学位论文研究方法

研究方法	内容	基本要求
案例研究法	围绕企业管理事件,运用所学的管理知识进行描述和分析	明确研究对象 资料真实可靠 理论结合实践 从问题分析出发 提出解决措施
诊断研究法	发现企业现存问题,提出设计解决方案	确定诊断对象 掌握企业诊断理论和方法,对所诊断企业进行准确描述 对企业问题的原因进行科学分析 提出改进方案
调查研究法	描述企业或行业运行状况,分析问题与成因,提出改进建议	确定调研对象和调研目的 选择调查和论证方法 做出科学结论
专题研究	针对企业或行业管理中的现实问题,分析及提出新方法,加以论证	结合企业或行业存在的现实问题 运用理论分析 探讨应用范围
可行性研究法	对项目的建设、技术、生产经营等方案的可行性进行研究、分析与评价	以企业的经营、技术、项目为背景 反映学生在方案中的思路与过程 覆盖可行性研究的内容 方案具有可行性
实验研究法	从现实世界中,提炼前提,用实验方法研究变量间关系、特别因果关系的研究方式	管理学实验研究是由实验者及其活动、实验对象和实验手段三个基本部分组成
质性研究	是在一群小规模、精心挑选的样本个体上的市场研究,该研究不要求具有统计意义,但是凭借研究者的经验、敏感以及有关的技术,能够有效地进行分析	可在短时间内收集资料,有利于现存问题的分析 严格控制研究情境 以旁观者的角色了解研究对象

资料来源:由网络公开资料整理而成。

| 第二章 |

选题确定与资料管理

正确的选题是学位论文写作成功的关键一步，论文的成败与否，在很大程度上取决于题目的选择。工商管理学位论文的选题应具有现实意义，又符合论文的形式要求。有较强的理论支持，资料来源比较丰富，有研究或经验积累，个人有兴趣、有能力驾驭等。同时，我们也要了解一篇工商管理学位论文用于收集、整理与分析资料的时间占全部论文完成时间的70%以上，而写文章的时间只占30%左右。

第一节 选题的重要性与原则

所谓工商管理学位论文选题，就是选择工商管理学位论文的论题，即在写论文前，选择确定所要研究论证的问题。学生在选择和确定自己的学位论文题目之前，应当先考虑研究方向与题目，因为这两者之间存在联系和区别。总体来说，研究方向不同于论文题目，一方面，工商管理研究方向通常是指工商管理学科（包括战略管理、市场营销管理、人力资源管理、生产管理、财务管理、投资管理、管理信息系统等研究方向）范围内的某一个具体研究方面，研究范围比论文题目大得多。另一方面，题目是指工商管理学位论文的标题，它的范围一般比较小。正确而又合适的选题，对撰写学位论文具有重要意义。

一、选题的重要性和必要性

通过选题，可以大体看出作者的研究方向和有关解决的问题和内容。爱因斯坦曾经说过，"提出一个问题往往比解决问题更重要"，如图 2-1 所示。

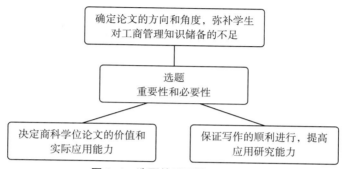

图 2-1　选题的重要性和必要性

提出问题是解决问题的第一步，选准了论题，就等于完成论文写作的一半，题目选得好，可以起到事半功倍的作用。选题不仅决定学位论文的价值和实际应用能力，确定论文的方向和角度，弥补学生对工商管理知识储备的不足，而且合适的选题可以保证学生写作的顺利进行，提高应用研究能力。

二、选题的原则

论文必须先确立研究目的、研究内容，进行深度和广度的调研发现问题，然后运用理性思维和科学方法，对资料进行研究形成概念，经过思维和理性的概括，得出科学结论。因此，工商管理学位论文的选题需要考虑以下原则，如图 2-2 所示。

选题还有利于弥补知识储备不足的缺陷，先多看工商管理知识，有了扎实的理论知识，在选题的过程中，研究方向会逐渐明确，研究目标也会越来越集中。所以，在工商管理知识不够齐备的情况下，对准研究目标，直接进入研究过程，就可以根据研究的需要来补充、收集有关的资料，有针对性地弥补知识储备的不足。

选题的原则	具有学术价值和现实意义
	注重理论与实践相结合
	具有创新
	题目定位合适
	有第一手资料
	全面反映商科课程教学基本要求
	经导师同意

图 2-2 选题的原则

第二节 选题的途径与注意事项

对于工商管理学生来说，一般都有工作经验，而且很多学生已经在企业里担任一定的管理工作。在企业管理中往往会遇到一系列问题，工商管理论文注重的是理论与实践的结合，如果能够结合本职工作遇到的相关问题作为选题，通过问题观察，描述现象，提出问题，借以探讨工作中的不足加以解决，或对工作内容的提炼以进一步提高工作水平，将会是一篇很有实际意义的案例分析论文。

一、选题的来源

选题可以关注管理的热点问题，针对热点问题展开研究，大胆提出观点，有一定的理论深度，有充分的论据支持，论文就有较高的现实意义。因为好的选题来源于现实中存在的问题。同时，选题可以就现有管理理论做相应程度的研究，深入探讨尝试提出新观点，对现有理论做出补充或纠正，这种类型属理论探讨型论文，同时也可借鉴别人的成果。因为我国开展工商管理教育已近 30 年，大量优、良的毕业论文都成为后来毕业生写作论文选题的参考资料。要选出理想的题目，可以从更广的视角、更高的视点来审视别人的选题，提炼出自己熟悉的类似问题。选出适合自己的题目，具体可以考虑以下几种方法，如图 2-3 所示。

选题的角度和方法		
拓展法	换位法	比较法

图 2-3　选题的角度和方法

1. 拓展法

拓展法即进一步拓宽或加深某一问题的研究，如营销策略问题，可以在别人已有论述的基础上结合自己特殊的问题，写出特点，也可以对别人尚未研究或研究不充分的问题或某些方面进行深入的研究。

2. 换位法

换位法即对同一研究对象的不同角度予以论述。如住房信贷问题，可以从消费者角度来探讨，也可以只探讨其中的消费者信用评级，还可以从金融机构的角度或信用制度的角度来进行分析论述。

3. 比较法

比较法即通过对若干研究对象或同一对象的若干方面进行比较研究，寻找规律，发现关系以达到对要研究的问题有深刻理解，提出有针对性的解决方案。

在选题的范围上，可从以下方面进行思考：

（1）选题必须具有代表性、普遍性或者独特性、典型性，能够通过对它的研究揭示若干具有指导性的思路、方法、方案、措施与政策等。

（2）选题必须具有可行性和可操作性。是否能够获得足够的资料和数据，以及研究范围不应过大，还需考虑自己的时间和精力。

（3）选题应当"专"。针对现实、普遍、典型的企业管理、产业发展、区域经济等问题展开，不应过于宽泛。提倡"小题大做"或"小题深做"，切忌"大题小做"或"大题泛做"。

（4）选题难度适中。太容易，没有挑战性；太难，写不出来。要有一定的难度和挑战性，有利于激发学生的创造性。

（5）紧密联系社会实际。建议开展一些跟当前现实密切相关的选题。

二、选题的方法

针对工商管理论文选题的原则、范围、重要性、来源等方面进行分析和研究，希望为工商管理学生提供具体、细致的帮助，真正成为工商管理学位论文写作的指导工具书。正如 17 世纪法国著名的思想家笛卡尔曾经说过："最有价值的知识是关于方法的知识。"要选好工商管理学位论文的题目，还需要了解和掌握选题的一些具体方法。在论文撰写过程中应做好相应的安排和布置，学生都应遵循选题的基本原则，在较短的时间内把选题的方向确定下来。从工商管理学位论文题目的性质来看，基本上围绕经济管理领域的学科范围内的研究方向进行选择，学生应根据自己的志趣和爱好，尽快确定其中一个方向。在选题的方向确定以后，还要经过一定的调查和研究，来进一步确定选题的范围，最后选定具体题目。下面介绍两种常见的选题方法。

（一）浏览捕捉法

这种方法就是通过对工商管理领域的文献资料快速地进行大量的阅读和研究，在比较和鉴别中来确定工商管理学位论文题目的方法，如图 2-4 所示。

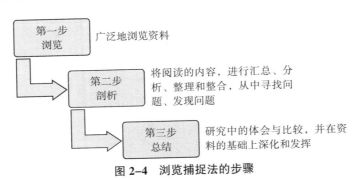

图 2-4　浏览捕捉法的步骤

浏览的目的是在吸收已有资料的过程中，结合学生的实际工作情况而提出的问题，寻找自己的研究题目。这就需要对收集到的材料进行全面的阅读研究，主要的、次要的、不同角度的、不同观点的都应了解。不能看完一些资料后有了一点看法，就到此为止，急于动笔。也不能"先入为主"，以自己头脑中原有的观点或看了一篇资料后得到的看法便决定取舍。而应冷静客观地对所有资料做认真的分析思考。浏览捕捉法一般可按以下步骤进行。

1. 广泛地浏览资料

在浏览中要注意勤作笔录，随时记下资料大纲，记下对自己影响最深刻的观点、论据、论证方法等。当然手抄笔录并不等于有言必录，有文必录，而是要做细心的选择，有目的、有重点地摘录，当详则详，当略则略，只需记下资料来源及页码即可，以避免浪费时间和精力。

2. 深入地剖析材料

从阅读中掌握到的工商管理知识的内容，进行汇总、分析、整理和整合，从中寻找问题、发现问题。如系统介绍有关问题研究发展概况的资料；对某一个问题研究情况的资料；对同一问题几种不同观点的资料；对某一问题研究最新的资料和成果等。

3. 全面地总结归纳材料

自己在研究中的体会与资料分别加以比较，找出哪些体会在资料中没有或部分没有；哪些体会虽然资料已有，但自己对此有不同看法；哪些体会和资料是基本一致的；哪些体会是在资料基础上的深化和发挥等。经过深思熟虑，就容易萌生自己的想法。再进一步思考，选题的目标也就会明确起来。

（二）追溯验证法

这是一种先有基本想法，然后再通过阅读资料加以验证来确定选题的方法。根据自己平时工作和研究的积累，初步确定准备研究的方向、题目或选题范围。但这种想法是否真正可行，心中没有太大的把握，还需按自己的研究方向，跟踪追溯。追溯可从以下几方面考虑：

（1）自己的设想是否对别人的观点有补充作用以及别人是否论及或者论及得较少，是否能解决实际工作问题。如果得到肯定的答复，再具体分析一下主客观条件。如果能作出比较满意的回答，则可以把这种设想确定下来作为工商管理学位论文的题目。

（2）如果自己的设想虽然别人还没有谈到，但自己尚缺乏足够的理由来加以论证，考虑到写作时间的限制，那就应该中止，再作重新构思。

（3）看设想是否与别人重复。如果自己想法与别人完全一样，就应马上改变设想；如果自己想法只是部分与别人研究成果重复，就应该重新深入研究。

（4）要善于捕捉一闪之念，深入研究。在阅读文献资料或调查研究中，有时会突然产生一些思想火花，尽管这种想法很简单、很朦胧，也未成型，但千万不可轻易放弃。因为这种思想火花往往是在对某一问题做出大量研究之后的理性升华，顺势追溯下去，最终形成自己的观点，这是很有价值的。

三、选题应注意的问题

对工商管理学位论文，导师先是检查题目是否合适，观点是否正确，标题和内容是否紧密结合且合理，能否解决实际的问题，如图 2-5 所示。

图 2-5　工商管理学位选题注意的问题

　　观点和内容正确与否，表现在选题、主题的提炼及标题是否准确。因此，撰写工商管理学位论文过程中应反复审视选题、标题和观点方面的问题。选题得当与否直接影响学位论文的质量，关系论文的成败。在选题过程中，常见的问题有以下几个方面：

　　(一)　选题过大

　　有的工商管理学生有这样一种想法，既然是写论文，就应该好好论它一番。所以选题很大，如 ERP 在中国企业的应用研究（应该具体到什么类型的企业）、管理层收购（MBO）若干问题研究（涉及面太广，应重点谈一个问题）、客户关系管理理论和应用研究（是否有可能创造新的理论）、我国企业筹资决策研究（一本专著的选题）、中国国有企业改制研究（庞大的题材）等。有的初稿长达几万字，仍然没有论述清楚。选题太大，涉及面过宽、过深，也比较复杂，超越了学位论文本身的能力水平，短时间内很难完成。有些大题目，论证时面面俱到，但对各方面的论述不够深透。所以选题应具体点。工商管理学位论文选题盲目求"大"，容易忽视选题的针对性、可行性以及自身学术能力的局限性。

　　(二)　选题过难

　　选题难度较大，工商管理学生除了时间、精力的限制，在资料方面也有局限。有人想在短时间里探讨 ERP 在中国的应用现状及其对策研究（分析的面太广）、我国国有企业改革历程及其方向研究（很难有新的观点）、私营企业融资难以及成因分析（世界性难题）、我国的行政管理制度、非理性估价与公司投融资

决策研究（是否有关理论前沿的课题）、中国证券市场制度研究（纯粹制度研究很难驾驭）、企业产权理论问题研究（理论性太强）等，这是很难解决的选题，需要许多人的共同努力，进行长期比较深入的调查研究，才能完成。工商管理学位论文过难、过深，难度太大的选题不容易驾驭，写作过程会很艰苦并影响论文质量。也没有必要选择很深的理论问题进行研究，应更注重实践性。

（三）选题陈旧

选题陈旧，缺乏创新精神，照搬别人的材料和结论，缺乏新意。应该在前人的基础上，敢于提出前人没有提出过或尚未能完全解决的问题。别人已研究的题目，自己再写，老生常谈，若无新认识、新角度和新材料，很难写出新意。所以，工商管理学位论文的选题注意研究现实生活和工作中提出的新问题。如标题是论文的"眼睛"，居于全文之首，读者先看到和关注的是标题，因此标题有"首因效应"，是窥见论文之要点的"窗口"。但是也不能太新、太偏，如南京炼油厂医院发展战略研究（厂办医院有战略问题吗）、国有企业应收账款的管理（问题的特殊性在哪里）、南京市中小会计事务所现状与对策（会计事务所各有特点，放在一起分析很难）等，这些学位论文题目误解选题的前沿性，也限制了论文的创新性。

（四）选题过虚

论文选题显得过于宽泛，收集资料和写作难度都较大，很难联系实际应用和寻找相关案例。如 6SIGMA 在企业的应用（研究内容不具体）、企业财务风险管理研究（太空泛）、企业信息战略规划（具体是什么类型的企业）、信息化在社会主义新农村建设中的应用（社会主义新农村建设内涵很广）。这些论文标题模糊笼统，过于抽象，读者看了标题不知论文要论述什么，抓不住中心和要领。且选题模糊、不确切。像这种含义很不明确的标题必须加以修改，使其含义明确。

（五）标题太长

有的学位论文标题过长，甚至 40 个字以上，不仅啰唆累赘，也不便于读者理解和记忆，还严重影响论文的美感，一般来说，论文的题目应该控制在 20 个字以内为好。

示例 2-1

工商管理学位论文可供参考的题目

工商管理学位论文选题是保证论文质量的重要环节，选题质量直接决定最后论文的质量。一般来说，以下可供参考的工商管理学位论文题目应符合所在工商管理学生自身研究方向且与导师协商确定。按照工商管理研究方向进行分类，提供相关题目，让学生少走弯路（参考题目中提供的"某某公司或企业"是指具体的公司）。

一、战略管理研究方向

（一）某某公司发展战略研究

（二）某某公司多元化战略研究

（三）某某公司产品多元化战略研究

（四）某某公司核心能力构建研究

（五）某某公司竞争战略研究

（六）某某公司低成本战略研究

（七）某某公司差异化战略研究

（八）某某公司聚焦战略研究

（九）某某公司战略实施研究

（十）某某公司蓝海战略研究

（十一）某某公司国际化战略研究

（十二）某某公司价值一体化战略研究等

二、市场营销管理研究方向

（一）某某公司营销战略研究

（二）某某公司产品广告策略研究

（三）某某公司产品促销策略研究

（四）某某公司产品定价策略研究

（五）某某公司产品分销策略研究

（六）某某公司品牌建设研究

（七）某某公司终端营销网络建设研究

（八）某某公司网络营销推广研究

（九）某某公司微博（微信）营销研究

（十）某某公司销售队伍建设研究

（十一）某某公司客户满意度研究

（十二）某某公司顾客关系管理研究等

三、人力资源管理研究方向

（一）某某公司员工关系管理研究

（二）某某公司激励机制研究与设计

（三）某某公司薪酬方案设计研究

（四）某某公司绩效考评方案设计研究

（五）某某公司员工培训方案研究

（六）某某公司员工招聘方案设计研究

（七）某某公司员工职业生涯管理研究

（八）某某公司员工满意度研究

（九）某某公司员工激励对策研究

（十）某某公司企业文化建设研究

（十一）某某公司企业团队精神研究

（十二）某某公司员工流失研究等

四、财务管理研究方向

（一）某某公司财务战略研究

（二）某某公司价值评估体系研究

（三）某某公司内部财务控制研究

（四）某某公司资本运作研究

（五）某某公司资金控制体系研究

（六）某某公司财务预警体系研究

（七）某某公司税务规划研究

（八）某某公司 ERP 财务信息化研究

（九）某某公司成本管理研究

（十）某某公司投资价值研究

（十一）某某公司治理机制研究

（十二）某某公司财务报表分析等

五、生产与运作管理研究方向

（一）某某公司 OEM 管理研究

（二）某某公司生产流程优化研究

（三）某某公司物流系统规划研究

（四）某某公司生产计划与控制系统优化研究

（五）某某公司生产现场整体优化研究

（六）某某公司生产设施规划研究

（七）某某公司 ISO 管理研究

（八）某某公司供应链管理研究

（九）某某公司六西格玛管理研究

（十）某某公司全面质量管理研究

（十一）某某公司 JIT 准时化管理研究

（十二）某某公司精益管理研究等

六、其他研究方向

（一）某某公司企业形象识别系统研究

（二）某某公司跨文化管理研究

（三）某某公司公共关系机构职能研究

（四）某某公司创建学习型组织研究

（五）某某公司知识产权保护策略研究

（六）某某公司投资项目评价研究

（七）某某公司新产品开发研究

（八）某某公司管理信息系统规划研究

（九）某某公司电子商务模式研究

（十）某某公司电子商务解决方案研究

（十一）某某公司知识管理研究

（十二）某某公司客户管理系统研究

（十三）某某公司物流系统的优化研究

（十四）某某公司管理层收购研究

（十五）某某公司员工持股计划研究

（十六）某某公司银行信用卡风险管理策略研究

（十七）某某公司进出口业务风险分析与对策研究

（十八）某某公司产品出口策略研究等

资料来源：网络公开资料整理而成。

第三节　资料管理

俗话说，"巧妇难为无米之炊"，对于一篇几万字的工商管理学位论文而言，需要的资料多达十万字甚至几十万字以上。工商管理学位论文不仅需要文献综述资料的收集，更多需要的是学位论文正文资料。资料管理主要包括资料的收集、整理和分析三个部分，主要依据研究问题的性质、目的和对象，决定收集、整理资料与分析方法，是工商管理学位论文开题报告和正文撰写的核心和基础。没有这方面的资料，研究将无从着手，观点也无法佐证。因此，资料收集、整理与分析（包括案例、实证等正文的资料）是工商管理学位论文写作的起点、核心和基础。

一、资料的管理概述

对收集或获得数量可观的资料，不能随便摆放，置之不理，要对资料进行处理，使其条理化、系统化，更好地为论文写作服务。为了便于认真阅读，就有必要对其仔细加以分类和安排，如图 2-6 所示。

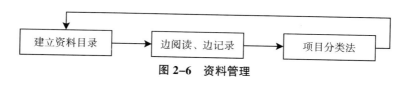

图 2-6　资料管理

（一）建立资料目录

在获取与工商管理学位论文有关的资料后，为了日后研究、使用资料方便，先要建立资料目录，可先将资料编号，然后根据编号建立详细的目录，建立目录时要注明完整的出处。按照主题把资料编成组，可以是综合而成，也可以是自己拟定的。例如，为研究培育建筑劳动力市场的前提条件，可以拟定以下四个主题：一是市场经济体制的确定为建筑劳动力市场的产生创造了客观环境；二是建筑产品市场的形成对建筑劳动力市场的培育提出了现实的要求；三是城乡体制改革的深化为劳动力市场的形成提供了可靠的保证；四是建筑劳动力市场建立是建筑行业用工特殊性的内在要求。按这四个主题对资料加以分类，可以加深对资料的认识，进一步使资料条理化、系统化。

（二）阅读资料与记录资料可同时进行，边阅读、边记录

经过泛读，可以辨别资料对论文的重要性，如果泛读后认为与论文写作关系不大，可以先做登记，暂时放在一边，需要时再查阅。对于关系密切的重要资料，应当精读并做记录，然后以某种形式保存。一旦需要，就可以立刻找到。记录资料，可以把最有用的精华部分留在手里，这样可以给下一步的工作带来方便，减少麻烦。

记录资料的方式多种多样，采取何种方式，取决资料的类型、性质、用途以及个人习惯等。主要有以下几种：写批语、做记号、做摘录、写提要、做札记和写综述。所有记录材料应标记日期、建立档案，以便使用。

（三）项目分类法

按照一定的属性，把收集的资料分项归类。例如，可以按研究方法对资料进行分类。如调查资料，通过观察调查所得的第一手资料，随时记下的感想，存在的问题、困难及建议。

在工商管理学位论文写作过程中，可将资料分组与分类结合使用，资料分组是根据内容将资料分组，把相同内容的资料归为一组。资料分类可在分组的基础上进行，在每组资料中，再分出主干资料、调查资料、其他资料，以方便论文写作。

二、资料收集

资料的收集对完善题目和正文内容至关重要。工商管理学位论文正文的资料

一般可分为直接资料和间接资料，前者是在现实生活或企业工作过程中亲自观察体验所获得的资料，积累主要靠的是调查研究的结果，是基于企业调查研究收得来的第一手资料。而后者是从已有的文字资料如数字资料和事实资料中转录下来的二手资料，收集主要利用有关书籍、报纸杂志以及网络查找。根据题目，查找时可利用相关资料的目录索引，按照时间顺序从后往前查找资料。论文的正文部分要写得有理论深度，必须阅读大量的基础书籍。此外要有新意，需关注最新动态发展，不断补充新的信息，吸取新的资料。

（一）资料收集是资料整理的基础

在收集了大量资料的基础上，就要对资料进行筛选、整理。要大量、快速地浏览所收集的资料。阅读资料时，一方面，可以选择企业资料或案例资料，并根据自己的研究方向和研究主题，有所取舍，对有利于证明主题的内容，应该进行充分的研究。另一方面，可以选择质量较高的管理类报纸杂志或者作者的研究水平较高的文章进行重点阅读，在理清不同学派的不同观点后确定自己的观点，选取有利于支撑自己观点的资料，舍弃与论题无关的资料。在整理资料的基础上有重点地精读，然后对资料进行分类，确定先用什么、后用什么，安排好资料使用的先后顺序。作为工商管理学位论文主要是通过企业案例或基于企业实际情况而进行的实证研究，最好以学生的工作单位或公司作为研究的对象和基础，研究的结果可以在企业里实施，解决企业的实际问题，如表 2-1 所示。

表 2-1　资料收集的对象及其特点

序号	资料收集对象及特点	具体内容
1	以自己或自己熟悉的企业为对象	收集资料或素材主要以工商管理学生自己的工作单位或公司为对象，通过对实际企业的调查、了解、收集、筛选相关案例资料。论文的资料收集、分析与整理的内容包括：确定研究对象，明确案例主题，介绍具体的案例背景；确定研究问题并进行分析，初步商定或调查、采访有关人员，收集、筛选、整理相关资料，进一步确定、核实调查资料；提出解决问题的办法和措施，提出构建模式与实施的策略；形成具体的研究结果等。所有这些内容，必须与毕业论文的第一章绪论中的研究问题、第二章的文献评论和第三章的研究方法相呼应，也是对研究或调查问题的展开和分析过程
2	收集资料的全面性	全面性是工商管理学位论文收集资料的重要特点，即能够全方位、多角度地收集关于某一主题或企业管理的所有资料。只有做到内容的全面，才可能避免论文出现以偏概全的问题

续表

序号	资料收集对象及特点	具体内容
3	收集资料的目的性	在信息爆炸的经济时代，关于任何主题的资料都几乎浩如烟海，为了能迅速收集所需工商管理学位论文资料，就必须有目的性、有针对性地进行收集。否则所花的时间和精力会非常大
4	收集资料的积累性	有很多资料散见于企业的各个部门和分支或各类报纸杂志，若要想在短时间内收集若干资料必有一定难度。对于收集资料而言，积累这种习惯就显得非常实用

资料来源：网络公开资料整理。

(二) 资料收集的目的

做任何研究，都要以资料作为基础，资料是研究的前提。没有资料，就无从研究，更谈不上观点和创新。正文资料的收集与分析是研究过程观点形成的基础，也是写好论文的重要依据。如著名学者王力先生在谈写论文时曾说过："一个小小的题目，我们就要占有很多的材料，往往几十万字，要做几千张卡片。别看写出来的文章只有一万字或几千字，收集的材料却是几十万字，这叫作充分占有材料，材料越多越好，材料不够就写不出好文章。"可见，查阅和收集资料的目的非常重要。如有的学生认为进行论文研究时需要写论文大纲、开题报告，还要查阅、收集大量的资料特别浪费时间。然而学位论文用于查阅、整理资料的时间占全部完成论文时间的 70%以上，而写论文的时间只占 30%左右。这个比例也有力地说明了要想顺利完成学位论文，必须重视相关资料的查阅、收集。收集资料是写好论文的第一步，也是至关重要的。

从写论文的角度看，资料是论文的血肉，是内容的组成部分，是论文论点的依托和支柱。如果只有论点，缺乏资料和论据，就不能有力地证明论点，论点会显得苍白无力。只有拥有相当数量的资料，才能了解哪些问题前人还没有解决，哪些问题前人未曾提出过。围绕这些问题收集了大量的资料，就有可能抓住问题的关键，找到问题的正确答案。

总之，查阅和收集资料是一项基础工作，它将会帮助工商管理学生熟悉研究的现状，并将为研究过程提供有益的信息，最终帮助学生顺利完成学位论文。

(三) 资料收集的范围

资料收集的范围如图 2-7 所示。

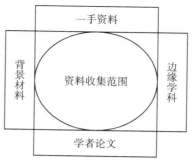

图 2-7 资料收集的范围

1. 第一手资料与论题直接有关的资料

第一手资料包括与论题直接有关的文字材料、数字材料（包括图表），如统计材料、典型案例、经验总结等，还包括在亲自实践中取得的感性材料。这是论文中提出论点、主张的基本依据。如果没有这些资料，撰写的学位论文就毫无实际价值。对第一手资料要及早收集，并注意其真实性、典型性、新颖性和准确性。

2. 前人的研究成果与基础

前人的研究成果与基础是指知名学者、专家在重要刊物上发表的实证或案例研究成果，这是指国内外对有关该主题学术研究的最新动态。撰写学位论文不是凭空进行的，是在他人研究成果的基础上进行的。因此对已经解决的问题就可以不必再重复进行研究，人们可以依次作为出发点，探索新的问题。对于他人未解决的，或解决不圆满的问题，则可以在他人研究的基础上再继续研究和探索。切忌只顾埋头写，不顾他人研究，否则学位论文的理性认识会远远低于前人已达到的水平。

3. 边缘科学的材料

当今时代是信息时代，知识体系呈现出大分化大融合的状态，传统科学的鸿沟分界逐渐被打破，出现了令人眼花缭乱的分支科学及边缘科学。掌握边缘科学的材料，对要进行的科学研究、课题研究大有好处。它可以使研究的视野更开阔，分析的方法更多样。例如，研究管理学的有关课题，就必须用上社会学、心理学、人口学等学科的材料，知识面和思路狭窄很难写出高质量的论文。

4. 背景材料

收集和研究背景材料，这有助于开阔思路，全面研究、提高论文的质量。

（四）资料收集的方式

完成一篇学位论文需要收集大量的资料，而收集资料的方法有很多种，在写工商管理学位论文时常用以下三种方法，如图 2-8 所示。

图 2-8　资料收集方式

1. 卡片收集

使用卡片收集资料具有易于分类、易于保存、易于查找的特点，并且可分可合，可随时另行组合。一个问题通常写在一张卡片上，内容太多时也可以写在几张卡片上。当然，在收集资料的过程中，是否制作卡片或怎样制作卡片，可根据各人习惯，没有硬性规定。

2. 做笔记

"好记性不如烂笔头"，阅读文献或调查研究时，随身带笔和纸，随时记下所需资料的内容或相关体会、理论观点等。特别需要提出的是，在做笔记时，最好空出部分页面，以便随时写下对有关摘录内容的理解、评价和体会。

由于工商管理学位论文常常需要走访企业、实地调研，来获得论文所需要的重要数据。因此，为了提高访谈笔记的质量，需注意三个方面：一是谈话要遵循共同的标准程序，要准备好谈话计划，包括关键问题的措辞以及对谈话对象所做回答的分类方法。二是访谈前尽可能收集有关被访者的材料，对其经历、个性、地位、职业、专长、兴趣等有所了解。要分析被访者能否提供有价值的材料，并考虑如何取得被访者的信任和合作。三是访谈所提问题要简明扼要，易于回答。提问方式、用词选择、问题范围要适合被访者的知识水平和习惯，且谈话内容要及时记录。

3. 剪贴报刊

从报纸、刊物上剪下有用的资料或复印，再进行剪贴。把应剪贴的资料分类贴在笔记本或卡片上，这种方法的优点是可以节省抄写的时间。无论是用卡片收集资料，还是摘录资料，还是剪贴资料，都必须注明出处。如果是著作，则要注

明作者、书名、出版单位、发行年月；如果是报纸，则要注明作者、篇名、版次、报纸名称、发行年月日；如果是杂志，则要注明作者、篇名、杂志名称、卷（期）号、页码等，以便附录在学位论文的后面。

（五）资料收集的要求

资料收集要求有以下几个方面，如图 2-9 所示。

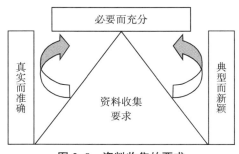

图 2-9　资料收集的要求

1. 必要而充分

必要即必不可少，缺此不能表明主题。围绕工商管理学位论文选题方向查找资料，决定资料的取舍，这样才能做到有的放矢，事半功倍。否则漫无边际地收集资料，既浪费时间，又可能收集到的资料都是无关紧要的，以至于资料不能充分论证观点，写出的论文也必然是平淡无色彩的。

充分即量要足，要通过多种渠道，采用多种方法收集资料，尽可能全面和详尽，才可充分而有力地证明论文的观点。一切真正有科学见解的好论文、著作都是在详细地收集资料的基础上写成的。拥有丰富的资料，论文才可能会有广度和深度，达到言之有物。反之资料不足，限制构思，写的论文则贫乏无力。

2. 真实而准确

真实即不虚假，资料来自客观实际，来自真实企业调查、实践研究，而不是虚拟或编造。

准确即完全符合实际。工商管理学位论文十分强调格式与内容的科学性，任何一点不真实、不准确的资料，都会使观点失去可信度和可靠性。所以选择的资料必须可靠无误，符合客观事实，建立在真实资料基础上才能得出正确结论。如果使用的资料虚假或有出入，读者会对文章的可靠性产生怀疑，这样削弱了资料对论点的说服力。因此，研究方法、调查方式和方案的选取要合理，数据的采集、记录及处理要正确，才能获得真实而准确的资料。写作时要尽量用直接资料，对间接资料要分析和核对，引用时要在全面理解的基础上合理取舍，避免断章取义，更不能歪曲原意。

3. 典型而新颖

典型即资料能反映企业实际的本质特征，能使道理具体化，描述形象化。使用资料力求精当，用在工商管理学位论文里的资料要少而精，千万不要堆砌资料。要选用典型性、代表性的资料。典型资料触及问题的实质，说服力强，选择得好，能起到"以一当十"的作用，否则取材不当，容易淹没主题或使主题转移。要获得典型的资料，调查和研究工作必须深入，否则难以捕获事物的本质。应善于从众多、繁杂的资料中取其具有代表性的，而将一般性的材料果断舍去。

新颖即新鲜、不陈旧。要求掌握最新的研究动态、最新观点、发展趋势、最新提法、最新研究结果。尤其提倡通过亲自调查获得第一手资料，这样的资料常常最有新意。材料越新越有助于产生新的思考，激发新的创造。这就要求工商管理学位学生在收集材料过程中必须做个有心人，学会细心观察和捕捉新的变化情况和问题，从别人没有涉及、没有发现的方面或问题去准备材料和选用材料，从而使论文立意新颖。

示例 2-2

研究对象及其研究问题的资料收集整理

一、选题：《南方都市报》深圳发行部投递员流失对策研究。

二、研究对象：南方都市报深圳发行部。

三、研究主题：人力资源战略管理（投递员流失）。

四、资料收集：在电脑桌面建立文件夹垂直体系分类收集，图 2-10 为《南方都市报》深圳发行部报道员流失问题资料收集。

五、注意事项

第一，纸质版资料可用照片（或文字提取）等形式分类保存。

第二，资料收集时要分清主次，甄别真伪，并进行标识。

第三，可在电脑桌面建立核心资料文件夹的快捷方式，便于收集和阅读。

第四，资料来源及其出处要做好备注，便于之后的查询和参考文献编辑。

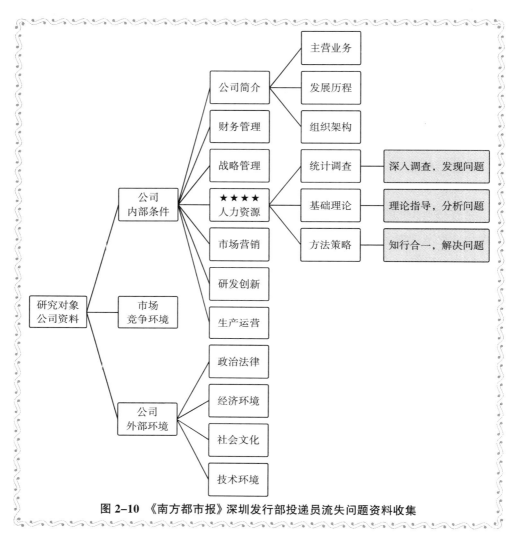

图 2-10 《南方都市报》深圳发行部投递员流失问题资料收集

三、资料整理

工商管理学位论文由于其自身特征，表现在理论深度不如管理学学术论文，实践性强于管理学学术论文，故所需的资料表现出学术性与实践性的双重特征，更重要的是解决实际问题。

（一）必须依据研究问题的性质、目的和对象，决定收集资料的方法

研究资料的收集可以由不同方式与路径来进行，如现场观察、问卷、个案研究、面谈、电话访问、文件资料等。此外，也可以从有关机构的档案或个人记录

收集相关资料。

（二）工商管理学生须明确说明调查方法

调查研究是最真实、直接获得一手数据的方式。在实地调研的过程中，需要注意几个方面问题。

1. 明确主题

在实地调研中，一般都会与相关的负责人交流，这时候就得明确交谈主题，否则既耽误时间，又影响信息的精确度。

2. 研究相关的背景知识

特别是与相关的负责人交谈时，一方面要理解透彻相关的知识要点，另一方面则要研究该负责人的性格特征、背景、知识结构等，既为了便于亲近其人，又能以一种其易于理解的方式进行，容易产生共鸣。

3. 及时整理

对于收集的实地调研数据一定要及时整理，这样做的好处是最大限度地回忆相关的数据资料。

4. 精准分析

工商管理学生须依据研究问题的范围，恰当利用相关数据和资料进行分析。这些数据和资料包括图书馆的第二手资料，更重要的是上述经调查研究得来的第一手资料。工商管理学生须将通过各种研究工具收集的资料，做进一步整理和分析。如果是定量研究，就要用适当的统计方法，运用计算机套件进行统计分析，然后根据结果加以解释。如果是定性研究，也要将原始资料整理后再做描述与阐释。在资料分析过程中，要提示研究发现，并加以充分讨论。

5. 设计研究方案

实地调查结束后，即进入调查资料的整理和分析阶段，收集好已填写的调查表后，由调查人员对调查表进行逐份检查，剔除不合格的调查表，然后将合格调查表统一编号，以便于调查数据的统计。调查数据的统计可利用 Excel 电子表格软件完成。调查数据输入计算机后，运行 Excel 即可获得已列成表格的大量统计数据，利用上述统计结果，就可以按照调查目的的要求，针对调查内容进行全面的分析工作。

示例 2-3

公司简介收集整理

《南方都市报》及深圳公司

【发展历程】

《南方都市报》是南方报业传媒集团所属系列报之一，正式创刊于1997年。2006~2007年，有在职员工4000多人。新闻出版总署发布了全国晚报都市类报纸竞争力检测结果，《南方都市报》连续两年名列第一名，被世界品牌实验室评为"中国品牌500强"。

《南方都市报》主打广州、深圳两大中心城市，全面覆盖东莞、佛山、江门、中山、清远、珠海、惠州等珠江三角洲地区，成为该地区最有影响力和最有竞争力的媒体。《南方都市报》在新闻报道上坚持客观、公正的原则；在经营上，以娴熟到位的营销策划，精耕细作的服务态度征服了读者与客户。2008年《南方都市报》日均发行量达174.8万份，广告额达19.4亿元。其中深圳地区发行量达47万份之多。

【主营业务】

《南方都市报》是广东唯一省级综合类大型城市日报，是中国版数最多的日报，中国最富裕的珠江三角洲城市群区覆盖最密集的日报，广州和深圳两地合计零售量最大的日报，国内外企业争夺珠江三角洲市场首选主打媒体。零售人民币1元（深圳2元，港澳5元，省外3元）。

《南方都市报》在国内首创分叠出版模式，每天出版A、B、C、D等叠，其中A叠以时政和社会新闻为主。A2叠以地级市本地和珠江三角洲新闻（广州读本、深圳读本、东莞读本、佛山读本等）以及南方阅读（周日）为主。A3叠以深度周刊（周三）、黄金楼市（周五）以及南方评论（周日）为主。B叠为娱乐新闻、体育新闻和文化副刊，其中以体育周刊（周六）、地球周刊（周日）为主。B2叠以娱乐品鉴周刊（周六）、旅游时代（广州）（周一、周四）为主。C叠以经济新闻、声色周刊（周日）为主。C2叠以黄金车市（周四，但部分地区在A3叠）、汽车杂志（周一）、私人银行（周三）

为主。D 叠、D2 叠、B 特叠（周四）以生活消费资讯为主（分为广州杂志、深圳杂志等）。

【组织架构】

《南方都市报》深圳发行部共下设 30 多个发行及物流配送站，一线投递专员 1200 多名，服务范围遍布深圳的各个角落。主要从事本报的发行、征订等服务工作，另外还有报刊代理发行、物流配送等业务。南方都市报组织架构见图 2-11。

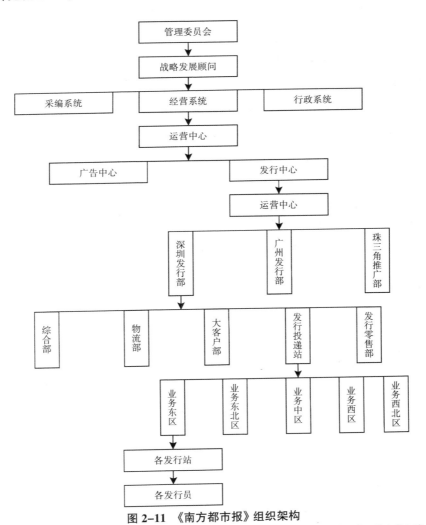

图 2-11 《南方都市报》组织架构

《南方都市报》深圳发行部共下设 30 多个发行及物流配送站，一线投递专员 1200 多名，分别分布在深圳罗湖、福田、盐田、南山、宝安、龙岗、光明新区等行政区域，投递范围遍布深圳每一个角落。

资料来源：网络公开资料整理而成。

四、资料分析

正文资料的收集、分析和整理是一个过程，对于常常需要进行实证研究或案例研究的工商管理学位论文而言，收集资料需要花大量的时间与精力，一般一篇工商管理学位论文收集资料的时间在 6 个月左右。由于周期较长，就需要学生能够有计划地进行，尽早开始，越快越好。若需要进行访谈或调研，由于约见访谈对象不像去图书馆找数据那么自由，就更加要求在访谈前做好充分的准备。如拟好要提的问题，先对情景进行模拟，写好发言稿，并就可能遇到的突发问题想到对策。同时，需要考察被访者的说话背景，辨别其中的真义，这对于数据的准确与否、问卷的可信度等影响非常大。常见的市场营销方面关于满意度的调查就容易采集失真的数据，最终会影响学位论文的结论。

（一）由表及里地分析资料

要从收集到的大量资料中提取有用的资料就必须去粗取精、去伪存真、由表及里的分析工作。分析资料要剔除资料中的假材料，去掉相互重复、比较陈旧的资料；从研究任务的观点评价资料的适用性，保留全面、完整、深刻和正确地阐明所要研究问题的一切有关资料，以及含有新观点、新材料的资料，对孤证材料要特别慎重。对准备利用的资料，必须对其可靠性进行鉴别和评价，对不完全可靠或有待进一步明确的资料，则不予采用。

（二）边分析、边记录

在分析资料的过程中要随时做笔记。资料中有启发性的观点、看法或新的论点及好的见解，资料中典型、新颖、能说明问题、有证明力量的论据资料，重要文章的中心论点，在分析资料中，因触发而思考出来的问题与看法，都应当即记录下来。整个资料分析过程中，都要做到边分析、边记录。

（三）辨析资料的适用性与真实性

选择资料的依据，只能是学位论文所要阐明的中心论点。什么资料可用，什么资料不能用，都要根据这个中心论点决定。不能把一些不能充分说明问题的资料用来作出牵强附会的解释，也不能将所有资料统统用在文章里，使文章显得臃肿、中心不突出。资料真实与否直接关系着论文的成败。只有从真实可靠的资料中才能引出科学的结论，在以下三方面要注意。

1. 要尊重客观实际，避免先入为主的思想

选择资料不能夹杂个人的好恶与偏见，不能歪曲资料本来的客观性。

2. 选择资料要有根有据

采用的第一手资料要有来历，选取的第二手资料一定要与原始文献认真核对，以取得最大的准确性。

3. 对资料来源要加以辨别

思考清楚原作者的政治态度、生活背景、写作意图，并加以客观的分析评价，作为注重实践性的工商管理学位论文，资料分析如图 2-12 所示。

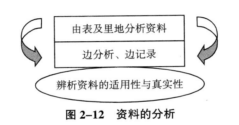

图 2-12　资料的分析

示例 2-4

资料分析：M 公司采购管理问题分析

【数据分析】

对供应商的管理，是 M 公司采购管理的一个很重要的部分。为完善供应商管理，使 M 公司与供应商建立长期战略合作伙伴关系，M 公司对合作的供应商进行了问卷调查。本次问卷调查的方面有采购部件、品质验收、采购合同、请款流程和售后服务，并根据这些方面设计调查问卷。具体每个调查方面的样本分布情况，如图 2-13 所示。

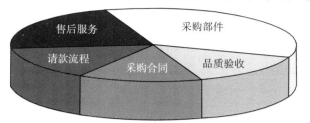

图 2-13　各问卷调查方面样本分布情况

　　本调查按照调查要素分类，总体对产品品质和供应商合作（如采购部件、采购合同、请款等）两个方面进行分类，对 M 公司的采购管理优化方案予以分析。

　　参与调研的供应商共计 80 家，发放问卷 80 份，问卷于 2014 年 8 月 5 日发放，于 2014 年 8 月 25 日之前进行回收，共回收 80 份，其中物料供应商 10 份，成品供应商 70 份。本次调查所发出的调查问卷均能全部回收，回收率 100%。本次调查问卷有效率为 100%。我们统计了所有有效调查问卷的整体情况，结果如图 2-14 所示。

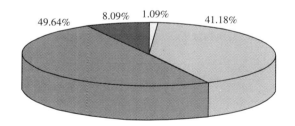

答案 A：了解、认同、可以

答案 B：了解一些、认同一部分、部分可以

答案 C：请求当面沟通了解、不确定、需设法弥补

答案 D：不了解、不认同、不可以

图 2-14　供应商全部问卷答案总体情况

　　从图 2-14 中可以看到，多数供应商对公司采购管理了解不深，公司采购管理方面的信息传递不十分顺畅，部分供应商对采购管理控制的认识模糊。公司采购有待改进的地方很多。

　　通过对 M 公司的不同供应商采取调查问卷方式分析，M 公司采购管理的供应商管理当中，一个很重要的部分就是供应商的绩效考核。供应商选择阶段的评估目的是证实供应商的安全性，产品的质量稳定性和产能，重点是关注和降低采购的风险。战略采购的重点则注重供应商的管理能力，生产计划控制，潜在的长期合作关系，供应链管理应用的发展空间，供应商的合作意愿和可支配性。供应商的绩效考核是在完成供应商拜访调查评估后，对供应商职责履行的一个长期连贯的绩效考核的过程，此时供应商绩效考核的重点最终转变为供应商对订单的执行情况，传统的供应商绩效评价的关键绩效指标 KPI（Key Performance Indicator）有产品质量、交货时间、成本削减和服务考评等。通过绩效考核，采购可以准确地判断供应商的问题的类别，识别需要改进的领域，激励绩效超出预期的供应商，持续改善供应商的绩效，发展潜在供应商至所需供应商的级别，并正确做出供应商基库优化和采购决策等。

【问题分析】

M 公司供应商目前主要分布在中国（不包含港澳台地区），供应商类型主要是贸易公司和制造公司。给 M 公司供货的公司通常具备快速交货的能力，且这些公司与 M 公司已经有长期的合作，大多达成了大小订单量交货协议，M 公司不用担心订单数量小而无法采购到货品。因此，M 公司对供货公司的部分产品类别保有较小的库存和较短的订单提前期。

对 M 公司来说，供应商基本分布在中国，海外采购对于 M 公司采购和供应链管理带来的挑战：生产周期和运输周期的延长；长周期计划下销售数量和采购安全库存数量的确定；采购数量对交货/运输费用的影响；制造成本对采购数量的要求；技术规范及参考标准的差别；交货延误；产品质量及生产管理不稳定；语言沟通障碍及文化差异的影响；公司运营稳定性；产品制造成本持续上涨。

在供应商开发的过程中，最大的风险来自于对不同文化背景下交易模式的不熟悉，供应商选择正确与否直接决定了采购开发是否能成功，而供应商关系开发直接决定了供应链合作改善能否成功，以及供应链是否能保持长期的竞争优势。基于这些问题，M 公司对供应商开发制定了采购流程，如图 2-15 所示。

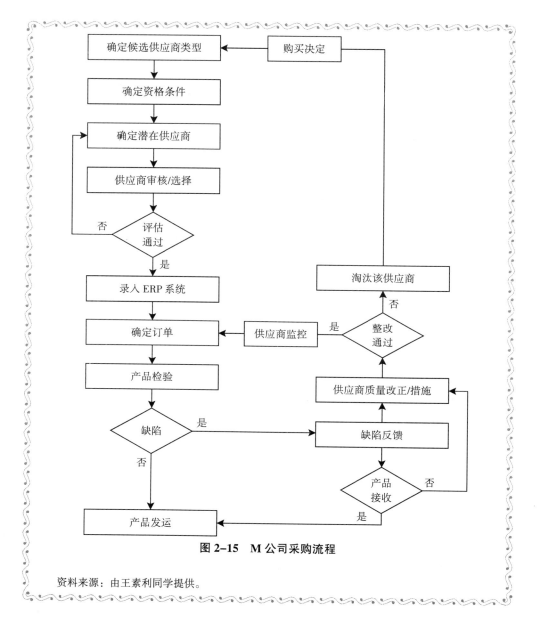

图 2-15 M 公司采购流程

资料来源：由王素利同学提供。

第三章

论文开题

工商管理学位论文的开题报告是指学生对自己论文的研究方向和思路进行评估的一种文字说明材料，是通过评估后撰写论文并顺利完成论文的把关方式，它主要说明学位论文题目、研究背景、研究目的与意义、采取的文献、研究方法及思路等内容，以及自己有条件进行研究、准备如何开展研究等问题。

第一节　撰写开题报告

开题报告是提高选题质量和水平的重要环节，必须认真撰写学位论文的开题报告。因此，开题报告的意义在于促使学生做好论文的准备工作和保证论文的质量。

一、撰写开题报告的流程与意义

开题报告一般为表格式，把要报告的每一项转换成相应的论文研究内容，这样既便于开题报告按要求填写，避免遗漏，又便于评审者一目了然，把握要点。也可以说，开题报告是对学位论文的论证和设计，开题报告具体流程，如图3-1所示。

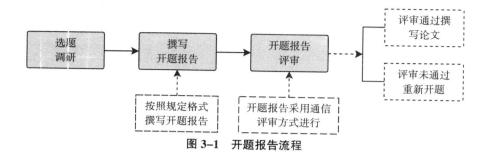
图 3-1　开题报告流程

（1）从工商管理学生撰写学位论文的角度看，做好开题报告，需要进行调查研究、查阅有关资料和文献，了解国内外在这方面已进行的工作及还有哪些不足，本书重点研究什么、有什么价值，了解现有理论和实际工作研究的条件和手段等。

（2）从工商管理学生培养管理的角度看，开题报告是学位论文工作的重要环节，是为阐述和确定学位论文题目而举行的报告会。开题报告是一个阶段性考核，是对学位论文质量进行管理和监控的一个首要环节，是监督和保证学位论文质量的重要措施。

总之，学位论文的开题报告是选题阶段的主要文字表现，它实际上是连接选题过程中备题、开题、审题及立题这四大环节的强有力的纽带，必须重视开题报告的写作，如果不重视开题报告的写作，会直接影响论文的整体质量和进度。

二、开题报告的准备工作

在论文正式开题之前，应选好题目、准备开题。如结合自己的兴趣和工作或行业、地区实际初定选题；选定、分配导师后，与导师反复沟通，确定初步的研究方案；确定调查研究对象、明确所研究的问题；查阅资料、收集有关的数据和信息；确定研究或分析方法，形成基本研究框架；准备开题报告等。在完成学位论文开题报告之前，必须考虑以下几个方面的内容，如图 3-2 所示。

（一）写什么内容

问题重点是对已有文献进行综述，把有关的题目和已有的国内外文献内容进行研究，并编写相关介绍（先客观介绍情况，要如实概括别人的观点）和进行评述（分析和评估别人的观点，说明研究中的不足和进一步研究的内容），说明这些内容和观点还有很多问题值得研究且有研究价值。学位论文要写什么是根据文献综述得出来的，而不是主观想象出来的。

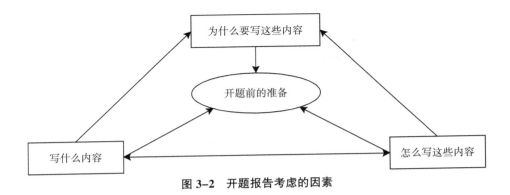

图 3-2 开题报告考虑的因素

(二) 为什么要写这些内容

这里主要用来说明选择这个选题的价值和意义，也可以说在理论上，学生发现别人的不足和研究的空白点，对此进行研究，就有理论价值了。工商管理学位论文更强调与实际工作相联系的应用价值，主要强调的是如何应用这些文献理论来说明现象、透析问题、提出有价值的建议、措施和策略。从实际价值来看，就是这个题目可能对现实有什么意义，可能在实际中有什么用处等。

(三) 怎样写这些内容

工商管理学生在确定题目之后，如何解决这个问题，这些问题如何寻找答案。所以必须说明论文的大致思路，同时重点阐述需要用什么方法去研究。如文献分析法、案例分析法、访谈法、问卷法、定量研究、实验研究、理论分析、模型检验等。

此外，文献综述是研究的重中之重。没有文献综述，就无法寻找到自己的题目，所以就必须认真进行综述，综述的目的是引出论文的话题。

三、开题报告的内容与结构

(一) 开题报告的内容

前面已经阐述学位论文开题报告的重要性，一方面，导师或开题答辩专家组将对学生的论文选题、立题、研究框架设计、研究方法等方面进行可行性论证。另一方面，在这个任务目标的引导下，学生必须就选题、文献综述、研究内容、方法与拟实现的创新等方面认真完成开题报告和修改论文提纲，填写开题报告，进行全面、深入的介绍说明，并且接受老师的批评和建议。开题报告的格式如表3-1 所示。

表 3-1 开题报告的格式

序号	构成	内容
1	第一部分	题目
2	第二部分	绪论（背景、意义和目的）
3	第三部分	文献综述
4	第四部分	基本思路
5	第五部分	编写论文大纲
6	第六部分	主要参考文献
7	第七部分	论文进度

1. 题目

选题是撰写学位论文的首要环节和第一步，选题是否妥当直接关系到论文的质量，甚至关系到论文的成功与失败。要选好题目必须注意：选题符合工商管理的研究方向、选题要有现实价值性和新颖性、论文选题范围要适度、选题的可行性和明确性。

2. 绪论

绪论主要内容包括研究的背景、研究的问题（选此论题的原因，说明研究什么问题）及其研究的目的和意义。

3. 文献综述

在这一部分主要回答或列出围绕研究题目已经阅读的和准备阅读的相关文献和书籍目录，指出与选题相关的主要理论范畴。需要注意以下几点：在准备开题报告时，必须要有一定的阅读量，只有在阅读一定量的相关文献和书籍的基础上，才有可能对论文的选题有一定的把握，因此要列出已读及即将读的主要文献与书目。参考文献目录不必求全，在论文写作过程中，还会补充新的参考文献。文献准备要突出论文的理论依据，包括主要概念、理论和分析方法等。具体文献综述主要内容包括国内外学者的研究有哪些有价值、有意义的成果，有的成果还存在哪些不足需要进一步探讨，或者对问题的研究还可以采用哪些更好的方法。

4. 基本思路

工商管理学位论文一般是"问题导向的"，即强调分析或解决实际问题。因此无论采取哪种论文形式，也无论使用什么具体的方法，一般都遵循和贯彻如下基本思路：确定研究对象→明确要研究或解决的问题→收集相关资料和信息→选择拟采用的分析和研究方法→具体的分析过程及结论→解决问题的可选方案→对策与建议。

5. 编写论文大纲

本部分主要包括论文的章、节、点。在开题报告中如果列不出点，至少要列出章和节。论文大纲应该是紧紧围绕选题从不同的角度、不同的方面对问题进行论述，写作大纲必须与题目保持紧密的相关性，前后章节要有一定的逻辑性，并且内容不能过于陈旧，一般的知识性介绍不能大篇幅地写进论文中。要注意的是应按照论文的撰写格式初拟论文提纲。

6. 主要参考文献

参考文献对评价一个开题报告质量起着非常重要的作用，老师通过学生所提供的参考文献的数量和质量，可以看到学生对读过研究的问题是否有充分的了解。通常老师可以看出在问题研究中，学生是否读过比较有价值或比较经典的文献。如果学生所提供的参考文献数量少且价值不高，那么老师不用看具体内容就能断定该学生的开题报告质量不会很高。因此应该重视参考文献部分。

7. 论文进度

论文写作进程表，要按时间顺序分阶段列出，如表 3-2 所示。

表 3-2　论文的写作进度

序号	论文项目和进度	完成时间
1	学生确定研究题目或研究方向和确定指导教师	第一学年结束前
2	"开题报告"经指导教师审核通过并签署意见后提交开题报告	第二学年开学
3	"开题报告"答疑并反馈修改意见	第二学年第二个月
4	论文"第一稿"提交至指导教师及反馈意见	第二学年第四个月
5	论文"第二稿"提交至指导教师及反馈意见	第二学年第六个月
6	论文"第三稿"提交至指导教师及反馈意见	第二学年第七个月
7	提交"已定稿的论文"及指导教师的"论文评鉴及建议表"至大学	第二学年第九个月
8	"如何准备答辩"讲座及模拟答辩会	第二学年第十个月
9	答辩及反馈修改意见	第二学年第十一个月
10	修改定稿及提交	第二学年第十二个月

（二）开题报告的结构

经过调研过程，研究人员对要研究的问题有了深入的了解，在此基础上可以开始写开题报告。开题报告没有统一的模式，对于规定的开题报告模式，在遵守基本原则的前提下，研究生可以根据自己论文的特点灵活运用。

刘凤朝（2005）认为，研究内容是开题报告的核心，研究内容在整个学位论文研究中起着展前启后的作用。第一，研究内容是对文献综述的进一步展开，它实际上是文献综述所提问题的求解过程。第二，研究内容搭建起整个研究的基本框架。第三，研究内容又是设计技术路线和选择研究方法的依据。第四，研究内容决定着可能在哪些环节取得突破，因此它又是阐述预期创新点的逻辑起点。

示例 3-1

工商管理学位论文开题报告主要内容

一、选题的目的和意义（说明：阐述论文选题的背景，说明研究预期解决的主要问题，以及解决这些问题的理论和实践意义）

（一）选题背景

当前，全球经济一体化越来越深入，社会向着知识经济时代转变，企业面临着越来越激烈的竞争，要想在这种环境中生存发展就必须进行改革与创新。在当前的经济发展形势下，由于行业竞争的加剧以及市场环境存在的复杂性，虽然太白酒业集团有着比较好的机遇，但在经营管理方面也面临着前所未有的挑战。科学的人力资源管理是企业可持续发展与强大的关键。因此，结合太白酒业集团的实际情况与当前的经济社会发展形势，引入先进的人力资源管理理念和方法，不断地增强太白酒业集团的整体实力，取得更好发展，是太白酒业集团亟须考虑的重要问题。

（二）研究的目的

太白酒业集团属于酿酒企业，在不断开拓创新中迅速成长起来。高度专业化的人力资源对太白酒业集团的发展具有战略性的决定意义。因此，本研究通过研究太白酒业集团人力资源管理的现状，找出存在的问题并深入地分析问题存在的原因，然后有针对性地提出问题的解决对策并运用到公司的日常管理中，实现太白酒业集团人力资源管理与开发的科学化，从而使太白酒业集团获得可持续发展的核心竞争力。

（三）研究的意义

太白酒业集团是一家资产良好的中型酿酒企业，但是由于在人力资源管理上没有做好，导致出现文中所列的问题。本文通过对这些问题的深入研究和分析得出问题存在的原因，然后在此基础上提出针对性的解决对策，并将解决对策应用于太白酒业集团的实际人力资源管理工作中，使太白酒业集团人力资源管理进一步规范化和科学化，特别是对其人才培养起到直接的推动作用，从而能突破发展的瓶颈，拥有核心竞争力。同时给其他相关企业在人力资源管理上提供借鉴。

二、研究基础（说明：综述前人在本选题研究领域中的工作成果、现状和发展趋势，主要是与论文和研究内容相关的前人研究成果及文献，而不是泛泛地综述所在领域的基础理论）

（一）国外研究现状

自从彼得·德鲁于 1954 年在《管理的实践》一书中提出了"人力资源"理念后的若干年里，该理念对现代企业管理产生了深远的影响。迈克尔·阿姆斯特朗（英国学者）认为，企业通过某些人力资源管理措施来管理企业员工，规范员工的日常行为，使企业的人力资源保持相对稳定，并使员工尤其是员工中具有高能力的人员充分展现自己的能力，最终使企业的长远目标得以实现。这种人力资源管理体系的理念在前者的基础上又进了一步。后来，西奥多·舒尔茨从人力资本的方面研究了很多经济学家不能解决的经济持续增长的问题，并就此发表了人力资本理论，得出人类的未来将受到人力资本的限制的结论。之后，卢卡斯和罗默等在研究劳动力质量对促进经济增长的作用的基础上提出了提升劳动力质量的有效方法是培训。许多成功的案例表明，人力资源管理更加具有战略性，具有更长久的思考价值，对企业管理决策具有更广泛的影响。在人力资源管理的认识上，管理者已经从把人纯粹看成是技术要素转化为将人看成是具有内在的建设性潜力的因素，不再将员工置于"严格的监督控制之下"，而是为他们提供、创造各种条件，使其主动性和自身的劳动潜力得以充分发挥出来。在管理原则上，美国的麦克·朱修提出了"全面地看待人的因素、员工工作有意义与个人利益相关、注意尊重人、按劳分配、不断沟通、信任员工、信息传达简洁等管理原则"。在管理手段上，提高人力资源的效率最有效的形式是实施奖励、增强自觉性、员工参与。这些理论和方法已在不少企业得到了应用。美国学者 Heinemann 和 Tankky 研究提出：现在的人力资源管理概念已趋于完善，人力资源管理工作得到了很大提升，但其中很少涉及中小企业人力资源管理问题，仅有少数学者通过研究企业的生长周期，试着解释这一问题。Ruthford 认为，想要扩大企业规模，就必须从招聘员工、人员培训、激励机制三个方面来努力。如何详细开展这三方面，有待进一步探讨分析当前，世界各国的学者对人力资源管理的研究范围已经拓宽，并和组织行为学以及心理学等学科联系到一起，扩大了管理者的视野，丰富了人力资源管理理论。

（二）国内研究现状

相对于西方国家，我国在人力资源管理方面的研究起步比较晚，人力资源管理理论正式传入我国是 20 世纪 80 年代，直到 20 世纪 90 年代以后，我国的专家学者才开始吸收和应用西方的人力资源管理理论，对人力资源管理理论进行深入研究。

我国的许多学者都非常重视企业管理中人力资源的地位和作用，认为人力资源相对于自然资源和物质资源来说更有价值；许多学者认为人力资源管理存在的问题主要是企业员工的选聘、开发、激励、培训以及薪酬等方面。针对人力资源管理的对策，许多学者都认为应该贴近企业，从实际出发，以人为本，开发制定出适合企业自身实际情况的招聘、晋升以及绩效评估机制、薪酬管理机制和员工激励机制等。

陈微波曾试着从心理契约方面来认识人力资源管理，他认为员工加入公司以后，在心理上会同公司缔结一种类似劳动合同的契约，人员的日常工作表现、对公司的看法等都会受到它的影响。孙思远从人本管理方面尝试解决大中型企业人力资源管理的问题，他指出大企业有足够的资源去完善企业的人力资源管理系统，但大多数大中型企业由于资源消耗较大等原因，在制定全面的人力资源管理制度中存在很大问题。通过因地制宜，从人本管理的角度管理企业员工，将员工的利益放在首要位置，员工是一个企业的根本，员工得到发展，企业才会壮大。

　　王蕾认为，大中型企业发展的第一步是建立相应的人力资源管理评估系统，第一步需要的是招揽人才，第二步是开发人才。对于我国大中型企业来说，尚未总结出一套科学合理的人力资源管理模式，对此要进行更深层次的研究。我国学者在人力资源相关研究的不足之处主要表现为侧重于对理论的研究，而且主要从人力资源管理的整体出发做宏观研究，而针对某一类型的特定企业的研究较少，这也是本文研究在人力资源管理研究领域可能做出的一点贡献。

　　三、研究方案

　　（一）本选题研究的主要内容和重点（说明：需要论述未来论文总体上研究的主要内容，并按照未来论文研究内容的几个方面或者研究内容的组成部分进行论述，最后指明论文研究的重点）

　　1. 研究内容

　　本文通过实地调研获得太白酒业集团人力资源管理体系的第一手资料，运用科学的研究方法对太白酒业集团目前的人力资源制度进行分析与诊断，发现问题与不足，并对问题的根源进行挖掘以及深入探讨，找出问题的根源，然后结合目前先进的人力资源管理理念与经验，对太白酒业集团的人力资源管理提出对策，具体研究框架如下：

　　第 1 章　绪论

　　　　1.1　研究背景和意义

　　　　　　1.1.1　研究背景

　　　　　　1.1.2　研究意义

　　　　1.2　国内外研究现状

　　　　　　1.2.1　国外研究现状

　　　　　　1.2.2　国内研究现状

　　　　1.3　研究方法与思路

　　　　　　1.3.1　研究方法

　　　　　　1.3.2　研究思路

　　第 2 章　相关概念和理论基础

2.1 人力资源管理概述

2.1.1 人力资源管理的基本概念

2.1.2 人力资源管理的内涵

2.1.3 人力资源管理的特点与内容

2.2 理论基础

2.2.1 期望理论

2.2.2 需求层次理论

2.2.3 绩效管理理论

第 3 章 太白酒业集团人力资源管理存在的问题及原因分析

3.1 太白酒业集团及其人力资源管理结构简述

3.1.1 太白酒业集团概况

3.1.2 太白酒业集团人力资源管理简述

3.2 太白酒业集团人力资源管理存在的问题

3.2.1 人力资源管理部门定位不明确

3.2.2 人力资源管理基础薄弱

3.2.3 人力资源缺乏总体规划

3.2.4 人才结构不合理

3.2.5 人才流失严重

3.2.6 人才培训有待改进

3.3 太白酒业集团人力资源管理问题的原因分析

3.3.1 人力资源管理理念跟不上

3.3.2 人力资源管理制度不健全

3.3.3 内部沟通不足

3.3.4 管理模式不合理

第 4 章 太白酒业集团人力资源管理问题对策研究

4.1 转变思想观念

4.2 设计合理的薪酬方案

4.3 灵活运用绩效考核

4.4 制定新的组织管理制度

4.5　依据集团发展规划培养人才

4.6　塑造优秀的企业文化

第5章　太白酒业集团人力资源管理方案实施过程与效果

    5.1　太白酒业集团人力资源管理方案实施过程

        5.1.1　强化行政管理

        5.1.2　组织结构调整

        5.1.3　岗位目标设定

        5.1.4　人员调整及培训

        5.1.5　激励措施实施

    5.2　太白酒业集团人力资源管理方案实施效果

        5.2.1　集团目前经营状况与往年对比

        5.2.2　集团目前员工情况与往年对比

        5.2.3　经营业务范围变化

        5.2.4　集团企业文化变化

结论

2. 研究重点

本文首先介绍太白酒业集团及人力资源的基本情况；然后通过现场调研等形式对太白酒业集团人力资源管理现状进行了解，并对其存在的问题进行整理、分析并找出太白酒业集团人力资源管理存在的主要问题，同时分析问题存在的原因；本文研究的重点是结合太白酒业集团实际情况对太白酒业集团人力资源管理问题提出了具体应对措施并将对策运用到太白酒业集团人力资源的日常管理中，对效果进行了评价总结。

（二）理论工具和研究方法的分析和选择（说明：阐述研究内容所需要采用的理论工具和研究方法，此种理论和方法应是相关可行的，能够为论文的展开提供指导框架）

1. 研究方法

一是文献资料分析法。总结国内外装饰行业企业人力资源管理的相关成果，并通对内部相关资料的分析并结合理论分析，为本次研究奠定了基础以及积累了大量实证材料。

二是实地调研法。通过对太白酒业集团的深入了解为太白酒业集团"量身定做"符合太白酒业集团实际情况的人力资源管理对策。

三是定量分析与定性分析相结合的研究法。通过人力资源管理理论与企业实际情况相结合、定量分析与定性分析相结合的研究方法，采用分析与综合的逻辑思维方式，提出一套能解决太白酒业集团人力资源管理存在的主要问题的对策。

2. 技术路线

本文按照"提出问题—分析问题—解决问题"的基本思路，对太白酒业集团人力资源管理的现状进行研究、分析，找出可以适合我国大中型企业人力资源管理的方法，解决我国大中型企业人力资源管理中存在的问题，使之走出困境，为我国的改革、建设和发展尽一点微薄之力，具体研究思路如图（略）。

（三）研究方案所需要的数据和资料（说明：数据资料的内容、类型和收集获得数据资料的渠道和方法）

本文是作者深入到太白酒业集团内部，亲自调查研究企业在人力资源管理方面存在的问题，同时分析研究大中型企业存在的问题，所提供的解决方案（取得的成果）可以说是为太白酒业集团量身定做，同时又具有一定推广性。

（四）研究的关键问题和难点

本研究的关键问题和难点是结合太白酒业集团实际情况对太白酒业集团人力资源管理问题提出具体应对措施，并将对策运用到太白酒业集团人力资源的日常管理中，对效果进行评价总结。

（五）研究结论和问题解决方案（说明：案例分析、企业诊断和调研报告在这一部分的内容形式可以有所不同，但也需要写明论文预期取得的成果内容）

本文的研究成果准备在太白酒业集团的人力资源管理实践中应用，这些成果的应用将在太白酒业集团转化成实际的经济效益，起到无形的激励效果，随着这些研究成果在太白酒业集团的深入实施，预期企业的经济效益有望快速增长，太白酒业集团的核心竞争力将迅速提升。

四、研究计划进度安排

时间	任务
2015 年 6 月 15~30 日	与导师沟通论文选题
2015 年 11 月 1 日~12 月 30 日	完成研究领域表、选题依据表、研究设计表
2016 年 1 月 1 日~5 月 10 日	相关资料查找，完成开题报告
2016 年 6 月 1~30 日	论文开题
2016 年 7 月 1 日~12 月 31 日	完成论文初稿
2017 年 1 月 1~31 日	与导师沟通修改论文初稿
2017 年 2 月 1 日~3 月 31 日	导师沟通进行论文修订，完成论文中期检查
2017 年 4 月 1~30 日	继续与导师沟通，并完成论文的最后修订
2017 年 5 月	答辩前准备工作

五、参考文献

[1] 谢荣富. 构建我国企业人力资源管理机制的几点设想 [J]. 商场现代化，2013（14）.

[2] 赵慧慧，毛翠云. 管理伦理在企业人力资源管理中的应用 [J]. 商场现代化，2014（35）.

[3] 魏庆. 中外团队管理手法比较 [J]. 商界（评论），2012（5）.

[4] 杨毅宏等. 人力资源管理全案 [M]. 电子工业出版社，2009.

[5] 唐爽. 企业人力资源开发管理和保护的几点思考 [J]. 决策导刊，2015（6）.

[6] 张德. 人力资源开发与管理 [M]. 清华大学出版社，2011.

[7] 许霖. CJ 公司人力资源管理问题研究 [D]. 南京理工大学，2013.

［8］赵曙明，杜娟.基于胜任力模型的人力资源管理研究 ［J］.经济管理，2012（6）.

［9］陆游.世界500强企业人力资源部门中层管理人员胜任力模型初探［D］.华东师范大学，2011.

［10］綦杰宗.M商业地产公司人力资源管理问题的对策研究 ［D］.西南交通大学，2014.

［11］罗瑾琏，陈志雄，张虹.基于工程化人才培养的管理策略研究［J］.商业经济与管理，2013（11）.

［12］张彩勃.国有企业人力资源管理现状分析 ［D］.华北电力大学，2014.

［13］张鼎立.X公司人力资源管理问题及对策研究 ［D］.河北大学，2014.

［14］［美］乔治·T.米尔科维奇（Gerge T. Milkovich），［美］杰里·M.纽曼（Jerry M. Newman）.董克用等译.薪酬管理 ［M］.中国人民大学出版社，2012.

［15］相正求，花军刚.薪酬设计与实施 ［M］.华东理工大学出版社，2010.

［16］付昕.浅析战略人力资源管理在现代企业经营中的作用［J］.人口与经济，2014（31）.

［17］陈钢，吴焕明.人力资源管理方法 ［M］.广东经济出版社，2013.

［18］张旭，张爱琴.企业组织发展与员工职业生涯管理[J].中国人力资源开发，2013（3）.

［19］郎米娜.A纺织有限公司人力资源管理问题及对策研究 ［D］.南昌大学，2013.

［20］吴宏洛.论我国私营企业和谐劳资关系的构建——基于马克思资本与雇佣劳动关系的论述［J］.马克思主义研究，2011（10）.

［21］曰玉新.浅议传统人事管理与现代人力资源管理［J］.中小企业管理与科技（下旬刊），2013（6）.

［22］马丽华.试论企业传统人事管理与现代人力资源管理的区别［J］.

管理现代化，2012（1）.

[23] 刘小平，邓靖松.现代人力资源测评理论与方法 [M].中山大学出版社，2012.

[24] 倪国贤.SYDT 公司人力资源管理研究 [D].吉林大学，2013.

[25] 汤霞.人力资源信息在人力资源流动中的效应分析 [J].广东科技，2012（23）.

[26] 唐晓华.走向新时代的人力资源管理[J].中国工业经济，2010（3）.

[27] 郭琳.F 公司人力资源管理存在问题原因及对策 [D].吉林大学，2012.

[28] [美] 德斯勒（Dessler G.）.人力资源管理纲要 [M].人民邮电出版社，2012.

[29] 邓亦云.人力资源万事通 [M].海天出版社，2013.

[30] 余丹.JR 公司人力资源管理问题及对策研究 [D].西南交通大学，2011.

[31] 刘江.中小型民营企业人力资源管理现状分析 [J].新资本，2014（4）.

[32] 古少波.A 公司人力资源管理诊断与对策研究 [D].华南理工大学，2012.

[33] Motowidlo S J, Van Scotter J R. Evidence that task performance should be distinguished from contextual performance. Journal of Applied Psychology, 2014.

[34] M A Ciavarella.The adoption of high-involvement practices and processes in emergent and developing firms: A descriptive and prescriptive approach. Human Resource Management, 2013.

[35] Henaman R L, J W Tansky. Human Rwsource Management Models for Entrepreneurial Opportunity. Managing People in Entrepreneurial Organizations: Learning from Merger of Entrepreneurship and Human Resource Management, 2012.

[36] Arthur Young, Wayne Brockbank, Dave Ulrich. Lower Cost, Higher

Value：Human Resource Function in Trans-formation. Human Resource Planning，1994.

[37] Leung A. Different Ties for Different Needs：Recruitment Practices of Entrepreneurial Firms at Different Developmental Phases. Human Resource Management，2013.

[38] Alain J. Godbout.Managing core competencies：The impact of knowledge management on human resources practices in leading-egeorganizations. Knowledge and Process Management，2010.

资料来源：http：//www.sblunwen.com/proposal/19507.html.

四、工商管理学位论文开题常见的错误

开题报告中存在着哪些问题？通过往届工商管理学生论文指导过程中，出现以下问题：

第一，对选题的意义表述不清，不能说明选题具有的真正意义。

第二，没有考虑去具体的单位和企业进行调研，导致选题与研究方法不符。

第三，题目选得太大或过于宏观，出现"大题小做"的毛病，也是学位论文在开题报告中出现的通病。

第四，开题报告的内容写得太细。报告变为像一篇小论文，失去验证理论的作用。

第五，在开题报告中没说明用何种研究方法，不清楚在论文中应该使用什么方法。

第六，没有列出论文的参考文献，或参考文献很少或过时，未能说明选题的理论基础。

第七，时间安排不科学，计划不周密，时间的安排没有可行性。

第二节　开题答辩要求

硕士论文的写作是一项大工程，通常需要 3~5 个月的时间来完成。而且硕士论文与学生能否顺利毕业息息相关，无论是对学校还是学生个人来说，都是硕士生涯的重中之重。为了深入了解学生的选题意义和准备情况，在正式写作论文之前还需要提交开题报告并进行答辩，只有通过答辩委员会的审查，才能开始动笔。写开题报告时可参考的资料很多，但答辩环节就要全靠自己发挥了。本书主要分硕士论文开题报告答辩要求与评审标准。

一、答辩流程

在开题报告完成以后，相关人员对项目和设计思路进行审核，而这种审核以答辩的方式进行。相当于对项目进行前期的可行性分析，通过答辩才可以进行下一步的设计实验工作。开题答辩时需演示课题的 PPT 文稿，主要包含设计思想，主要步骤流程图等。

（一）开题答辩流程

第一，答辩：由答辩学生陈述 5 分钟。

第二，由答辩评委点评，1~3 分钟。

第三，自述部分主要包括以下内容：

（1）论文题目。

（2）研究目的。

（3）实用价值（创新点）。

（4）将解决的问题和拟采用的方法。

（5）进度安排。

（6）文献综述（即文献检索和阅读情况，以书报刊论文为主）。

第四，学生在自述结束后，应认真听取开题答辩评委的意见，答辩通过的学生需认真按计划完成各阶段工作。答辩未通过的学生，会后请尽快与各自的指导老师协商，需在 12 月 25 日前完成修改后的开题报告。

第五，答辩结束后，答辩评委老师评出成绩，答辩秘书填好开题答辩记录。

第六，答辩成绩分为合格与不合格两种，未通过开题答辩者，不得进入毕业设计阶段；未通过开题答辩，擅自进行毕业设计者，毕业设计（论文）成绩视为无效。

第七，答辩期间学生应准备好纸和笔记录答辩委员会的问题和意见。

（二）答辩评审标准

为了规范论文开题流程，很多学校采用质量问题分级表形式。答辩委员会会在开题答辩后，根据相应等级，给出评价意见，如 A1、B4、C6 等。具体如下：

第一等级：特别严重（A 级）。

处理结果：开题答辩不通过。

第一，无故不参加开题答辩。

第二，开题报告没有经过导师同意而私自参加答辩，无法提供开题报告自查表或缺少、伪造导师签字。

第三，开题报告未完成，缺少研究背景、研究意义、文献综述、研究内容、论文目录、可行性分析、参考文献等核心内容。

第四，选题违背社会主义核心价值观或研究价值模糊。

第五，选题不符合工商管理研究范畴，没有针对企业微观层面的管理问题进行研究。

第六，格式混乱，可读性差，复制痕迹明显。

第七，研究内容与主题严重不符，拼凑章节，内容之间逻辑性模糊。

第二等级：一般严重（B 级）。

处理结果：大修改后导师审定，附详细的修改说明。

第一，题目涵盖面过宽过广，表述不清，但存在可修改的余地。

第二，研究内容逻辑性较差，但可以调整。

第三，目录未细化到三级标题。

第四，文献综述未按照研究领域分类介绍，缺少文献评述的内容。

第五，较多的格式错误和语病。

第六，参考文献数量未达到要求的 1/2（15 篇）。

第三等级：轻微（C 级）。

处理结果：小修改后导师审定。

第一，题目表述不够精确，略显繁冗。

第二，目录提纲细微调整。

第三，较少的格式问题和语病。

第四，研究方法未直接确定。

第五，研究背景过于广泛，时效性较差。

第六，研究意义从实践角度挖掘力度不强。

第七，参考文献数目和质量未达到要求。

二、开题答辩组评委常问的问题

开题报告包括综述、关键技术、可行性分析和时间安排四个方面。开题答辩常问的问题涉及以下几个方面。一般情况下，开题答辩评委围绕选题的目的意义、文章的创新点和研究方法的可行性三个方面提问，具体问题如下：

第一，为何选此题目？

第二，选题创新点是什么？

第三，题目所在的研究领域现状如何？

第四，题目的实用性如何？

第五，毕业设计经历的主要阶段？

第六，准备采用哪些方法？

第七，准备采用的方法的可行性如何？

第八，你认为题目名称与要做的工作内容相符吗？

第九，你认为题目难度如何？太大？太小？还是恰好？

第十，你认为题目所代表的工作量合适吗？太大？太小？还是恰好？设计完成后达到什么目标？需要什么方法？现有条件能不能解决？

同时，答辩评委一般也会对开题报告的题目设计、创新点凝练、研究方法可行方案提出建议，并强调与自己的导师商量，以调整之。

三、PPT 制作与讲解注意事项

关于答辩 PPT 的作用，说法不一。有人全身心投入开题报告最后套个模板就解决了 PPT 的制作；有人花费大量时间制作 PPT，力求让自己开题报告的"门面"好看些。首先得强调一点，无论在什么时候做任何类型的 PPT，都是为了要展示的内容而做，切记不能喧宾夺主。而开题答辩 PPT 属于严肃正经的学术类

型，又是涉及自己毕业大计的重要一环，像上面那样毫不关心和投入太多时间的做法都不太可取。

（一）答辩 PPT 制作宗旨

第一，将心比心，站在专家的立场做准备。专家一看创新，二看工作量，不要过于陷入细节，但也不要忽视后者，至少在工作和结论上严格与论文一致。论文提到的内容，答辩要体现。

第二，经过多场答辩，如何让自己的答辩眼前一亮？答辩评分重点在工作内容和成果，但讲述和回答情况会影响专家在有限时间内给出评价。

第三，封装良好的 PPT 可以让专家在间断性注目中获得评价所需信息（有时在低头浏览论文，不是所有专家都是评审人）。这与写论文强调规范是一个道理。

第四，第一原则是主要讲述自己的工作。如果违背，在他人和背景知识上纠缠太多，答辩组组长可能予以制止，答辩人在慌乱之中影响后面的节奏，且给专家留下不好的印象，即大概没什么内容可讲的，才会大篇幅讲他人的内容；思路不清晰，逻辑思维混乱。因此会影响之后的评价。

第五，有些学生准备很多 PPT，在时间不足的情况下，跳过很多内容，这样适得其反，专家摄入的有效信息量未必多所以要注意节奏适中。

（二）PPT 模板的选择

第一，忌单调的白底黑字，应进行一些艺术设计，但不必过于花哨。总之专业制作符合技术人士的喜好。

第二，删除不相关信息，如一些下载模板上的 LOGO。插入学校或部门的名称。

第三，不用特别强调动画效果。适当加入有点技术含量（动画、演示工作的视频插件等）的动画，会体现个人水平和能力。

（三）内容的组织和讲解

第一，PPT 主要内容不需原封不动地读，适当停留就可进入背景介绍。背景介绍尽量简练，2~3 页为宜，但信息量要充足，目的是展现研究背景（对应选题意义）、现状，总结当前工作的不足，从而引出自己的工作。

第二，全文工作思路，1~2 页。理清逻辑，呈现出清晰的问题轮廓和工作全貌。

第三，讲解工作要突出思路和重点，不一定在语言表达上涉及太多细节，如用过多公式讲解他人的工作步骤应避免，属于自己的工作要在视觉和语言上进行标注和区别。展示实验结果要精练，并容易理解。对比试验要公平，有说服力；对比对象要新，要有对比意义，从而体现自己的工作价值（在研究方法和论文写作阶段都存在的问题，在答辩时常被质问）。讲解包含可能的额外演示。

第四，最后一定要有总结，突出个人工作和结果。此外需展望工作的不足之处，但不宜多，要淡化处理。可以加入致谢，但要简练，且不要照着读，一句话即可，如"最后，感谢关心和帮助过我的每一个人，感谢各位专家和评委老师"。

（四）其他注意事项

第一，PPT 内容信息应完整，包含回答问题所需素材，如出现文献 [2]，应给出该参考文献和方法的名称。

第二，必要的细节应保留在 PPT 中，体现自己的工作量，但这部分可以根据情况少讲或不讲。

第三，不要进行扫盲式讲解，毕业论文中的第二章应根据需要略过不讲，除非需要在他人的基础上改进，那么应给出自己的起点位置。讲解自己工作的时候应注意区分别人的工作。

第四，PPT 上切忌大段文字，一定要精简。文字少（可直接抓住要点，细节并不重要，如用于背景和现状介绍），口头上可以补充。文字多（留出时间给专家提问），口头要精简。

第五，PPT 最好都按顺序播放，不要来回点击，否则会扰乱观众。并且回答问题时会带来不必要的麻烦。

第六，PPT 张数在 25~30 页时，重点讲解大约 20 页。

第七，要提前到答辩现场试机，使用宽屏显示器进行编辑的 PPT 在台式显示器上显示可能会出现问题。另外，建议做两套配色，一个浅色系，适合投影效果很好的地方；一个深色系（对比强烈），适合投影不佳的场所。如果 PPT 有插件，确保在答辩机器上可以使用（可备份一个笔记本电脑）。

第八，再次强调，在答辩和总结时，界定个人工作要准确，不是自己提出的一定不要随便说"提出了"，到底是"改进"还是"采用"，都必须严格界定。当然，这些要与论文写作保持一致。答辩 PPT 中引用他人的图表一样要注明出处（本页 PPT 下方）。所有在论文和 PPT 中出现的术语等内容要进行解释和说明，以备问题回答阶段。

（五）关于答辩的警示

第一，答辩是能发现问题的环节。不要存有侥幸心理，有问题事前一定要整改到位。只要没参加答辩，都有机会整改。答辩时发现问题就被动了。

第二，如果答辩没过，根据历年答辩的情况一般存在两方面问题：一是学术不当，二是工作量和水平无法达到通过条件（这些问题不一定在评审阶段暴露出来）。如果是前者，道理自明；如果是后者，正视现实。

第三节　工商管理学位论文大纲编写

提纲是全篇论文的基本骨架，好的提纲使论文的结构完整统一、层次分明、明确重点，周密地谋篇布局，使总论点和分论点有机地统一起来。可根据各部分的要求安排、组织、选择资料，决定取舍，最大限度地发挥资料的作用。

一、工商管理学位论文构成

论文总字数一般在 3 万字以上，论文形式不同，具体的学位论文写作方式也不同。论文的每部分要求有大小标题，大小标题应尽可能地简练、概括性强、语法通顺。一般文中配有必要的图、表、注解等。论文的基本构成如表 3-3 所示。

表 3-3　论文的基本构成

第一部分	论文题目
第二部分	版权承诺书、谢词
第三部分	中英文摘要、关键词
第四部分	目录
第五部分	绪论
第六部分	文献综述
第七部分	研究方法与架构设计
第八部分	资料收集、分析与研究
第九部分	结论和建议
第十部分	参考文献
第十一部分	引注资料与注释
第十二部分	附录

（一）论文题目

一般工商管理学位论文的标题不超过 20 个字，不列副标题。中文标题的后面一般要加"研究"两字，因为一篇工商管理学位论文是调查、分析及研究的结果。

（二）中英文摘要、关键词

论文摘要是全文的简述，是一篇具有独立性和完整性的短文。摘要用以提示研究问题、研究背景和意义、取样方法和对象、研究设计和工具，以及重点介绍研究结果和结论。摘要部分应力求简洁。中文摘要约 500 字。在摘要的最后一页的最下方需另起两行，列出 3~5 个关键词，以供检索应用。英文摘要、关键词的内容与中文摘要相同。

（三）目录

目录是论文的提纲，一律采用二级或三级标题标注形式，以阿拉伯数字标明论文的各个组成部分，并注明与正文对应的页码。

（四）绪论

一般为正文的第一章，内容包括：

（1）研究的背景。

（2）研究的问题。

（3）研究的目的和意义。

（4）有关名词的解释或界定。

注意事项：

一般来说，题目确定后要求对选题的意义进行论述，选题意义包括理论意义和实践意义。先要说明该选题在理论上可能会做出的贡献，要说明工商管理学生所研究的这个问题在理论发展轨迹中的位置。还需说明论文与本人所从事管理工作的关系。

建议字数为 2000~3000 字。

（五）文献综述

一般为正文的第二章，内容包括：

（1）对论文有关的主要文献综述和分析。

（2）阐明论文观点的主要理论基础。

（3）介绍论文观点在国内外的研究状况。

（4）本人对文献的综述和评价。

注意事项：

选择论文综述的文献应该紧紧围绕所研究的问题，有的工商管理学生将许多与研究问题不相关的文献或关联度不大的文献也写进来，这种文献综述显然是不符合要求的。

综述主要是归纳材料，如将该课题的研究历史划分阶段、将课题的一些重要的学术观点归纳成类，对该课题的一些有代表性的观点进行评价。当然更重要的是要在归纳和评价中找到该课题存在的问题，如站在今天的思想水准看，过去的研究还有哪些不足？对过去研究成果有哪些不同意见？在研究课题方面还有哪些新的学术增长点？从自己的条件看可以从哪些方面获得新的突破？有了这样细致的分析与评估，就能确定自己的定位，顺利地进入写作阶段。

写作研究的角度、方法、技术路线与拟实现的创新点。在这一部分要把研究问题的方法、角度、技术路线以及初步思路写出来，方法运用应该写得具体，如运用有限元方法、遗传算法、博弈论的方法、计量经济学的方法、实验验证的方法等，但文字要简练，因为只是初步的构思，不必长篇累牍。

拟实现的创新是论文的亮点，要具体、恰当地写出创新的要点，不要太抽象，要展现思路与现有的研究相比存在不同之处，且展示出思路与现存的研究相比存在进步的地方，否则就不能说是创新。

建议字数 6000~8000 字。

（六）研究方法与架构设计

一般为正文的第三章，内容包括：

（1）研究对象。

（2）资料收集方法与过程。

（3）资料处理及统计方法。

（4）论文的研究方法。

（5）论文的架构与设计。

注意事项：

资料的收集方法和过程包括资料收集的时间、地点和方法，如问卷调查编制的依据、经过、调查过程、回收情况等，并证明资料的有效性，从而证明研究结果的可信性和客观性。问卷的表格作为附录。若采用个别访谈或座谈会的形式来收集研究所需要的资料，则应列出访谈对象或座谈会出席者的姓名、职务，及写出访谈或座谈会的纪要作为附录。

论文的研究方法有定性分析、定量分析、定性和定量相结合。定性分析要说明依据什么理论进行分析及资料整理的过程。定量分析要说明采用什么统计方法或公式、模型，并交代研究工具的性质、内容以及信度与效度。

论文的架构与设计是说明从选题到论文定稿的全过程。

建议字数 2000~3000 字。

（七）资料收集、分析与研究

一般为正文的第四章，内容包括：

（1）介绍具体的案例。

（2）研究的过程。

（3）进行问题分析。

（4）解决问题的办法和措施。

（5）构建模式。

（6）提出实施的策略。

（7）得出的结果。

注意事项：

第一，论文的正文是对研究或调查问题的展开和分析过程。按照提出问题、解决问题的思路，对要研究问题的各个层次和侧面通过典型案例进行剖析，综合应用学到的理论和方法、工具，收集翔实的资料数据，力图揭示问题的本质和找出深层次的原因，以便有针对性地提出建议措施。

第二，本章内容要与第一章中的待答问题相呼应。

第三，本章内容要与第二章中的文献评论和第三章中的研究方法相呼应。即要运用文献评论中的相关理论和第三章中所指出的研究方法对问题进行具体的分析研究。

第四，本章的写法可多样化。如内容较集中，则以"资料的整理、分析和讨论"作为标题，用一章来写。如果内容较丰富，可以分成几章撰写。各章标题可以另拟，不一定采用"资料的整理、分析和讨论"这一标题。

第五，本章是论文的主体部分，要特别注意论文内容的内在联系以及表述的逻辑性，以及立论正确、论据可靠。

建议字数 18000 字以上。

（八）结论和建议

一般为正文的第五章，内容包括：

（1）研究结论（对前述的分析和研究进行总结和概括）。

（2）研究结论的应用价值。

（3）后续的建议。

注意事项：

第一，结论是论文主要成果的总结，用简洁的言语概述并分条列出研究得出的主要观点、主要结论和主要建议意见，并对上述观点、结论和建议的意义及应用前景加以适当评价。结论重要具体写出创新的关键点，避免用描述性和概述性的语句来概括。

第二，通过研究得出的结论，与问题相呼应，是论文中研究内容的归纳和总结。

第三，研究结论的应用价值，包括实践应用价值或今后实践中可能产生的价值。

第四，结论中也可以指出对论文涉及工作的进一步展望和设想。

建议字数 1000~1500 字。

（九）参考文献

此部分表示研究者已读过的资料，提供特定主题的相关资料，方便读者研究。每篇学位论文要求参考文献至少 30 篇，其中英文文献至少 5 篇。参考文献可以是中外文专著（或译著）、报刊、工具书、统计年鉴、网络资料等，其中网络资料必须附上网站名称和网页。

（十）引注资料与注释

引用著作中的一些观点和案例可以大大提高论文的可读性和理论性，分为文内夹注和文末引注两种，写作时只可选取一种，并全文前后一致。

（十一）附录

附录在正文后，包括公式推导、数据、图表、统计输出结果、文中使用符号、缩写说明、访谈调查表、问卷调查表、个案调查、法律法规等。

二、四类工商管理学位论文大纲模板

案例、企业诊断、专题研究、调研报告等是工商管理学位论文中重要的写作形式，对应工商管理论文的大纲分为案例型、企业诊断型、专题研究型和调研报告型四种类型。

（一）案例型

案例作为管理学科的一种教学形式，在西方国家曾经历过数十年的探索、争论、丰富和完善，现已成为工商管理教学中的重要组成部分。案例写作大体上有两大类型：

第一类为描述型（或称实例型），它是指在案例中描写了某一段管理工作的全过程，或介绍了某一事件从引发、演变一直到解决的全过程。要求工商管理学生通过该案例的学习与讨论，能运用相关的理论并对其加以论述及评价，指出该管理工作或事件解决方案的成功经验、失败教训及其借鉴意义。

第二类为问题型（或称决策型），这类案例只介绍相关的管理情景、提供一些必要的数据、有时最多只提出一些问题。要求商学生通过该案例的学习与讨论，能从中分析原因、理出头绪、发现问题的关键并运用相关的理论提出方案或思路。此类型案例更有利于培养工商管理学生分析与解决问题的能力。

（二）企业诊断型

企业诊断就是分析、调查企业经营的实际状态，发现其性质、特点及存在的问题，并以建设性报告分析方式提供一系列的改善建议。

企业诊断就是根据所学的有关知识，运用科学、有效的方法，在充分的调查、研究、分析、计算基础上，找出企业在经营过程中各个环节或某几个环节存在问题，并着重找出造成这些问题的内因与外因，最后提出改进建议。

（三）专题研究型

专题研究的重点是"研究"，研究的对象是"专题"。"专题"的基点在"题"（问题），特点是"专"（深入、集中、专一、专注）。"专题"则是指典型、特别、有代表性的问题。因此，专题研究是指对典型、特别、有代表性的问题进行深入专注的研究。

（四）调研报告型

调研报告是指运用科学的调查研究方法对某对象（企业、组织、行业、决

策行为等）进行调查研究，提出调查研究报告，根据需要可以提供有关的决策建议。

调研报告的关键是调查和研究。工商管理学生的调研报告论文，要根据所学工商管理课程的有关知识，运用科学的方法，对某对象进行充分调查、研究、分析，了解对象的现状、性质、特点、存在问题，在此基础上，撰写调查研究报告论文，根据需要提供有关的决策建议。

示例 3-2

《A公司智能马桶项目可行性研究》论文大纲

1 公司概述

2 研究的问题

    2.1 智能马桶项目技术方案研究

    2.2 智能马桶项目管理研究

    2.3 智能马桶配套产业链研究

    2.4 智能马桶投入产出经济情况研究

3 文献研究

    3.1 产业链的理论综述

    3.2 项目管理的理论综述

    3.3 商业模式的理论综述

4 研究计划和研究方法

    4.1 研究思路

    4.2 研究方法

        4.2.1 文献资料法

        4.2.2 调查访问法

    4.3 研究计划和过程

        4.3.1 准备阶段

        4.3.2 调查访问行动阶段

        4.3.3 项目实施过程管理阶段

资料来源：高伟的学位论文。

|| 第四章 |
摘要与引言

　　学位论文的摘要是全文的精华，是对一项科学研究工作或技术实践的总结，对研究目的、方法和研究结果的概括。摘要置于主体部分之前，目的是让读者先了解论文的内容，以便决定是否阅读全文。论文的引言在正文之前。引言是论文的开场白，目的是向读者说明本研究的来龙去脉，吸引读者对本篇论文产生兴趣，对正文起到提纲挈领和引导阅读兴趣的作用。

第一节　论文的摘要

　　摘要也就是内容提要，是论文中不可缺少的部分。论文摘要具有独立性，有其特别的地方。它建立在对论文进行总结的基础之上，用简单、明确、易懂、精辟的语言对全文内容加以概括，留主干去枝叶，提取论文的主要信息。作者的观点、论文的主要内容、研究成果、独到见解，这些都应该在摘要中体现出来。好的摘要便于查找，易于收录到大型资料库中并为他人提供信息。因此摘要在资料交流方面承担着至关重要的作用。

一、摘要的写法

　　简短精练是学位论文摘要的主要特点，摘要包括研究目的、研究方法、研究结果和主要结论，只需简明扼要地概括即可，是对论文的内容不加注释和评论的

简短陈述重点是结论，具有独立性和完整性的特点，可以引用、推广。一般摘要在全文完成之后写。因此，摘要应包含以下内容：

（1）从事这一研究的目的和重要性。

（2）研究的主要内容，指明完成了哪些工作。

（3）获得的基本结论和研究成果，突出论文的新见解。

（4）结论或结果的意义。

虽然论文摘要要反映以上内容，但必须十分简练，内容要充分概括，字数不超过总字数的 5%。摘要内容应包含以下基本要素：

（1）目的。研究、研制、调查等前提、目的和任务以及所涉及的主题范围。

（2）方法。所用原理、理论、条件、对象、手段、程序等。

（3）结果。研究结果，调查结果，实验结果，观察结果和数据，被确定的关系，得到的效果、性能等。

（4）结论。结果的分析、研究、比较、评价、应用。提出的问题，今后的课题、建议、预测等。

（5）其他。不属于研究、研制、调查的主要目的，但就其结论和情报价值而言也是重要的信息。

二、摘要的撰写要求与注意事项

工商管理学位论文摘要的撰写通常在整篇论文将近完稿期间开始，才能包括所有内容。亦可提早写作，但需视研究的进度作适当修改。

（一）撰写要求

第一，摘要中应排除本学科领域中的常识内容。切忌把应在引言中出现的内容写入摘要。一般不要对论文内容作诠释和评论（尤其是自我评价）。

第二，不得简单重复题名中已有的信息。如题名是《几种中国兰种子试管培养根状茎发生的研究》，摘要的开头就不要再写："为了……，对几种中国兰种子试管培养根状茎的发生进行了研究"。

第三，结构严谨，表达简明，语义确切，要按逻辑顺序来安排。句子之间要上下连贯，互相呼应。摘要慎用长句，句型应力求简单。每句话要表意明确，无空泛、笼统、含混之词，不可采用电报式的写法，摘要不分段。

第四，用第三人称。建议采用"对……进行了研究""报告了……现状""进行了……调查"等记述方法标明一次文献的性质和文献主题，不必使用"本文""作者"等作为主语。

第五，要使用规范化的名词术语，不用非公知公用的符号和术语。新术语或尚无合适汉文术语的，可用原文或译出后加括号注明原文。

第六，除实在无法变通外，一般不用数学公式和化学结构式，不出现插图、表格。

第七，不用引文，除非该文献证实或否定了他人已出版的著作。

第八，缩略语、略称、代号，除相邻专业的读者能清楚理解外，首次出现时必须加以说明。科技论文写作时应注意的其他事项，如采用法定计量单位、正确使用语言文字和标点符号等，也同样适用于摘要的编写。

（二）注意事项

第一，整理材料使其能在最小的空间下提供最大的信息量。

第二，用简单而直接的句子。避免使用成语、俗语或不必要的技术性用语。

第三，请多位同僚阅读并就其简洁度与完整性提供意见。

第四，删除无意义或不必要的字眼。但也不要矫枉过正，将应有的字词过分删除，如在英文中不应删除必要的冠词如"a""an""the"等。

第五，尽量少用缩写。这种情况在英文中出现较多，量度单位则应使用标准化。特殊缩写字使用时应另加以定义。

第六，不要将在文中未提过的数据放在摘要中。

第七，不要为扩充版面将不重要的叙述放入摘要中，切勿画蛇添足。

第八，不要将文中的所有数据大量列在摘要中，平均值与标准差或其他统计指标仅列其最重要的一项即可。

第九，不要放置图或表于摘要之中，尽量采用文字叙述。

示例 4-1

《CCIC 深圳公司发展战略研究》中文摘要

【背景】

20 世纪 90 年代，随着政府对第三方检测市场逐步放松管制，我国的检测行业迅速发展，尤其在 2001 年我国正式加入世界贸易组织后，国内检测

市场全面开放，大量民营和外资检测机构进入中国，中国的第三方检测市场竞争日趋激烈。随着我国检测行业走向全面市场化，一直处于政府保护下的国有检测机构既要面对来自外资和民营检测机构的猛烈冲击，又要面临国有企业改制转型和机构整合带来的严峻挑战。

【目的】

属于国有性质的 CCIC 深圳公司，是一家综合性的检测认证机构，经过三十几年的发展，已具备一定的检测认证规模和能力，在华南地区也具有一定的领先地位，但是近两年来发展遇到瓶颈，内部又存在着市场意识薄弱、服务水平不高、创新能力滞后等一些有待解决的问题。面对这种内外部环境的变化，CCIC 深圳公司有必要对战略重新进行规划，找出增强其核心竞争力的发展战略。

【方法】

本文运用战略管理理论对 CCIC 深圳公司的发展战略进行研究。先运用 PEST 分析和五力模型对 CCIC 深圳公司的外部环境进行分析，找出企业面临的机会和威胁。然后通过对 CCIC 深圳公司内部环境的分析，找出企业自身的优势和劣势。

【结论及建议】

通过 SWOT 分析后，选择竞争差异化战略为企业的主导战略，并制定技术创新、人才强检、品牌、市场开发和服务五个子战略。为实现战略目标，提出了以下具体战略实施方案与控制措施：提高技术创新能力、加强人力资源建设、强化品牌建设、积极开拓市场、提高服务水平、加强质量管理、加强市场公信力建设及通过内部创新创业寻求公司转型升级发展。

【意义】

本文期望通过对 CCIC 深圳公司的案例研究，为同类型检测机构的发展提供一些借鉴和参考。

关键词：检测机构；战略选择；战略实施；战略管理。

资料来源：闫勇的学位论文。

第二节　论文的引言

在写引言之前应先明确几个基本问题：想通过本论文说明什么问题？有哪些新的发现，是否有学术价值？读者阅读前言后，是否可以清楚地知道作者选择该题目进行研究的原因。为此在写引言之前，要尽可能多了解相关的内容，收集主要资料，说明本研究设想的合理性。

一、引言的撰写

引言以简短的篇幅介绍论文的写作背景和目的，缘由和提出研究要求的现实情况，以及相关领域内前人所做的工作和研究概况，说明本研究与前工作的关系、目前的研究热点、存在的问题及工作意义，引出主题给读者作为引导。

引言也可点明论文的理论依据、实验基础和研究方法，简要阐述其研究内容、研究结果、意义和前景，但不必展开讨论。前言在内容上应包括进行这项研究的原因、立题的理论或实践依据、拟创新点、理论与（或）实践意义。首先要适当介绍历史背景和理论根据，前人或他人对本题的研究进展和取得的成果及在学术上是否存在不同的学术观点。明确告诉读者为什么要进行这项研究，语句要简洁、开门见山。如果研究的项目是别人从未开展过的，创新性就显而易见，要说明研究的创新点。但大部分情况下，研究的项目是前人开展过的，这时一定要说明此研究与被研究的不同之处和本质上的区别，而不是单纯地重复前人的工作。

引言的主要任务是向读者勾勒出全文的基本内容和轮廓，可以包括以下五项内容中的全部或其中几项：

第一，介绍某研究领域的背景、意义、发展状况、目前水平等。

第二，指出前人尚未解决的问题，留下的技术空白。也可以提出新问题，提出新问题的解决方法和思路，从而引出自己研究课题的动机与意义。

第三，说明自己研究课题的目的和意义。

第四，概括论文的主要内容，或勾勒其大体轮廓。

如何合理安排以上内容，将它们有条有理地描绘清楚，并非易事。经验告诉

我们，引言其实是全文最难写的部分之一。这是因为作者对有关学科领域的熟悉程度、作者的知识是否渊博，研究的意义何在、价值如何等问题，都在引言中充分体现。

我们可以将引言的内容分为三个层次：第一层由研究背景、意义、发展状况等内容组成，其中还包括某一研究领域的文献综述。第二层提出目前尚未解决的问题或亟须解决的问题，从而引出自己的研究动机与意义。第三层说明自己研究的具体目的与内容。第四层是引言的结尾，可以介绍一下论文的组成部分。

值得注意的是，引言中各个层次所占的篇幅可以有很大差别。这一点与摘要大不一样，摘要中的目的、方法、结果、结论四项内容各自所占的篇幅大体比例一样。而在引言中，第一个层次往往占大部分篇幅。对研究背景和目前的研究状况进行较为详细的介绍，研究目的可能会比较简短。

引言与摘要还有一点不同的是，摘要中必须列出主要研究结果，而在引言中（如果摘要与正文一同登出）结果则可以省略不写，这是因为在正文中已详细介绍结果，不必在引言中重复。而在语言上也有各自的特点，掌握这些特点会使写作过程化难为易。下面将对引言各层次的写作特点和技巧分别加以介绍。

1. 如何写引言的开头

引言开头（即第一层）最主要的目的是告诉读者论文所涉及的研究领域及其意义是什么，研究要解决什么问题，目前状况或水平如何。

2. 如何写研究动机与目的

在介绍了他人在某领域的工作和成果之后，下一步便介绍作者自己的研究动机、目的与内容。介绍研究动机可以从两个角度入手：一是指出前人尚未解决的问题或知识的空白；二是说明解决此问题，或填补知识空白的重要意义。

指出或暗示知识领域里的空白，或提出了问题或假设之后，下一步应告诉读者本研究的目的和内容，要解决的具体问题，以填补上述空白，或者证明所提出的假设。

3. 如何写创新点

一篇高质量的毕业论文，观点应是新颖独特的，所用的材料也能给读者新鲜感。新颖独特的理论观点的提出和确立，其实是同新鲜材料的使用分不开的。选用富有新意的材料，主要包括下面几种情况：一是把新的事实和思想观念作为材料使用。二是把早已存在，但尚未被发现或未引起人们普遍注意的事物作为材料使用。三是从新的角度使用人们已经比较熟悉的材料，把材料所包含的新内涵揭示出来，以使旧材料产生新意。

4. 如何写引言的结尾

研究目的完全可以作为引言的结尾，也可以简单介绍论文的结构及每一部分的主要内容，从而起到画龙点睛的作用，使读者了解论文的轮廓和脉络。至于研究结果，在引言中完全可以不写。研究结果是结论中最主要的组成部分。

二、引言撰写存在的问题与注意事项

绪论是论文的最重要部分，一般是从绪论看出思路是否具有条理性，选题是否具有意义，以及是否有创新。能否写好绪论反映出作者的概括能力和逻辑思维能力，以及对问题认识的深度。如果绪论写不好，整个论文的结构是混乱的。

(一) 引言撰写存在的问题

所谓的引言就是为论文写作立题，目的是引出下文。一篇论文只有"命题"成立，才有必要继续写下去，否则论文的写作就失去了意义。一般的引言包括两层意思：一是"立题"的背景，说明论文选题在本学科领域的地位、作用以及目前研究的现状，特别是研究中存在或没有解决的问题。二是针对现有研究的状况，确立拟要解决的问题，从而引出下文。一般作者在引言写作中存在以下两方面的问题。

1. 泛泛而谈

一些作者把论文的引言看成是一种形式，是可有可无的部分，将引言的内容和正文的内容相分离。常见的现象是，一般概念化地论述研究的重要性，甚至从技术所涉及的行业在国民经济中的地位开始谈起。就算围绕研究的主题，也是从宏观开始到微观结束，停留在一般性的论述较多。对研究现状的论述，不仅是考查作者对资料的占有程度和熟悉程度，更重要的是从资料的全面程度和新旧程度可以判断研究工作的意义和价值，以及研究结果的可信度。

2. 单纯罗列

引言不仅反映背景的广度，更重要的是要考察作者对研究背景了解的深度。如果对研究的问题了解不透彻，在介绍研究现状时往往是列出很多参考文献，以及不同研究者的不同作法和结论，缺乏作者的分析和归纳，没有概括出研究的成果和存在的问题。甚至将有些与研究没有直接关系的文献也列在其中，片面地强

调资料占有的丰富性。从论文写作的角度出发，引言的目的是阐述论文命题的意义，而并非是研究资料的综述，尽管综述对读者查找资料提供了方便。因此，应当用自己的语言概括研究现状，特别是存在的难点和不足，从而引出论文研究的主题。

论文引言写作常见问题有以下几点：

（1）作者论述的背景信息过于空泛，与作者的创新点没有关联。

（2）开门不见山。有的为了强调自己的创新性，往往把本研究的发展现状详细地进行说明。也有的为了省事，把课题申请书中的内容直接照搬过来。

（3）不会表达自己的创新成果，不能区别别人的成果和自己的贡献，使所述创新点含糊、矛盾。

（二）引言撰写的注意事项

撰写引言时应注意以下问题：

（1）开门见山，不绕圈子。避免大篇幅地讲述历史渊源和立题研究过程。

（2）言简意赅，突出重点。不应过多叙述同行熟知的常识性内容，确有必要提及他人的研究成果和基本原理时，只需以参考引文的形式标出即可。在引言中提示论文的工作和观点时，意思应明确，语言应简练。

（3）尊重科学，实事求是。在论述论文的研究意义时应注意分寸，切忌使用"有很高的学术价值""填补了国内外空白""首次出现"等不适之词。同时也要注意不用客套话，如"才疏学浅""恳求指教""抛砖引玉"之类的语言。

（4）引言的内容不应与摘要雷同，也不应是摘要的注释。引言一般应与结论相呼应，在引言中提出的问题，在结论中应有解答，但应避免引言与结论雷同。

（5）引言不必介绍开题过程和成果鉴定程序，也不必引用有关合同公文和鉴定的全部结论。

（6）引言最好不要分段论述，插图、列表和数学公式的推导证明不要出现在引言中。

（7）引言（或绪论）简要说明研究工作的目的、范围、相关领域的前人工作和知识空白、理论基础和分析、研究设想、研究方法和实验设计、预期结果和意义等，应言简意赅。

示例 4-2

《A 动漫公司发展战略研究》绪论

【背景】

随着中国经济的迅速发展和人们质量意识的提高，国内对动漫服务的需求大量增加，我国动漫行业正在快速发展起来。据统计，2018 年 1 月，经备案公示的全国国产电视动画片为 31 部，11350.7 分钟。成为中国发展前景最好、增长速度最快的服务行业之一。

目前我国动漫行业主要分为国有公司、民营公司和外资公司三类，其中，国有公司拥有政府背景、资金雄厚、服务项目齐全、项目范围广，在内销产品从事政府强制性、垄断性的质量动漫任务，具有明显的垄断优势。民营公司经营模式灵活、决策高效，在全国营销网络扩张更为快捷，并且价格低、服务效率高，因此对区域市场的中小型企业具有很大的渗透力。外资公司经验丰富、专业化强、涉及的领域较宽、分支公司较多、公信力高，在出口业务中处于绝对优势。从所有制属性来看，2017 年 12 月，按照企业实际开展授权业务的口径统计，活跃在我国的品牌授权企业总数为 327 家，已经开展授权业务的 IP 为 1032 项。

活跃在我国授权市场上的 IP 国别涉及 27 个国家和地区，其中主要国别为美国（40%）、中国（不包括港澳台地区）（26%）、日本（11%）、韩国（6%）、英国（6%）和中国港澳台地区（3%），如图 4-1 所示。

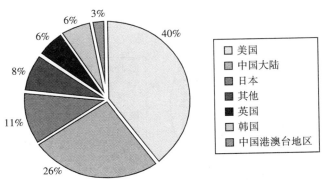

图 4-1　活跃在我国授权市场的 IP 国别分布

资料来源：品牌授权专业委员会。

其中随着 IP 时代的兴起，国内对 IP 和授权业务有突飞猛进的认识，过去一年中新加入授权的国产 IP 增长迅速。此外，来自其他国家的 IP 增长同样很快，市场上对 IP 的需求日趋小众化和个性化。

表 4-1   中国动画行业发展历程

黄金期	1926~1978 年	"万氏兄弟"开启中国动漫的序幕 上海美术电影制片厂是动画工业最早的开拓者 民族化是最大特色，涌现经典之作在全球影响力大
回落期	1979~2000 年	计划经济转为市场经济，纯手绘转数字化，出现系列作品 艺术情怀+低幼剧情，局限性大 国外动画进入中国，国产动画受到冲击 代工模式，推动经济发展，但导致人才断层，阻碍行业发展
培育期	2001~2012 年	政策扶持国产动画，产业发展势头迅猛，各地动漫基地涌现 动画产量高，但品质参差不齐，作品以低幼为主
成长期	2013~2017 年	移动互联网发展迅猛，视频平台崛起 现象级产品出现，青少年及成人作品日益增多 大量资本注入，解决动画生产的资金问题
高速 发展期	2018 年以后	动画人才逐渐壮大和成熟 文娱产业链成熟，动画商业模式清晰 作品精品化，类型多样化，创造中国特色的作品

资料来源：艾瑞咨询。

中国动画行业发展至今，先后经历三轮的促进因素。第一，早期的政策扶持，提高动画产量。第二，互联网视频网站崛起，覆盖广泛的用户群体，为动画内容提供新的发行渠道和广阔的创作空间。第三，资本的进入，为动画行业解决了生存问题，加速中国动画行业的发展。A 动漫深圳公司具有较大的发展空间，在国际大环境背景下该如果进行发展与国际接轨。如图 4-2 所示。

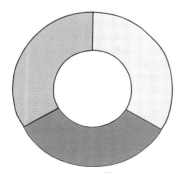

☐ 政策：2002 年起，国家扶持国产动画，提高作品数量，但数量多、精品少

■ 平台：互联网视频网站崛起，用户规模大，对文化内容需求大。动画内容发行渠道选择多

图 4-2   中国动画行业的促进因素

【研究问题】

本文从 A 动漫深圳公司未来发展的视角出发，研究 A 动漫深圳公司未来发展战略规划，针对 A 动漫深圳公司的特征，从如下三个方面来开展研究：

（1）A 动漫深圳公司内部条件是否能够支持公司未来发展？需要从公司规模、行业特征、资质能力、人力资源、业务情况等方面的影响进行研究。

（2）A 动漫深圳公司外部宏观环境如何？在政治法律环境、经济环境、社会文化环境、技术环境等方面，是否能给 A 动漫深圳公司的发展带来优势？

（3）A 动漫深圳公司竞争力分析，对同行竞争者、潜在竞争者、替代品、议价能力、竞争对手进行分析，看是否具备完备的应对机制以有效实现公司未来发展成长。

本文以动漫行业为背景，以 A 动漫深圳公司为研究对象，在以市场营销理论为指导的基础上，收集第一手的实验资料和数据，采用全面的实证研究，运用各种手段，如经验总结、比较分析法、问卷调查等，统计数据并处理分析，结合文献的方法，先后运用 SWOT 分析、PEST 分析、波特五力模型等，系统深入地研究 A 动漫深圳公司战略发展问题。

【研究目的】

属于国有性质的 A 动漫深圳公司，具有独立法人资格。经过十年的稳步发展，已具备一定的动漫规模和能力，在华南地区也占据一定的领先地位，但是近两年来发展遇到瓶颈，内部又存在着市场意识薄弱、服务水平不高、创新能力滞后等一些有待解决的问题。随着大量动漫 IP 衍生品授权对市场开放，A 动漫深圳公司将面临授权业务的流失，现在既要面对外资和国营动漫公司的激烈竞争，又要面临民有企业转型和动漫公司整合的趋势。在这种内外部环境发生巨大变化的情况下，A 动漫深圳公司有必要对战略重新进行规划，找出增强其核心竞争力的发展战略，抓住动漫公司整合的机遇，做大做强，成为国内一流、国际先进的动漫公司。

【研究意义】

随着动漫行业逐渐走向市场化，特别是广电总局对动漫产业的进一步指导和扶持，国有动漫公司原有的垄断地位将被打破，日益壮大的民营企业和实力雄厚的外资企业将不断地抢占市场份额。动漫公司面临着前所未有的竞争与挑战。

同时，为解决我国动漫公司布局分散、规模偏小、服务品牌匮乏、重复建设严重等一系列与市场经济不相适应的问题，近年来国家颁布了一系列鼓励政策，以提升国内动漫公司的核心竞争力。如以税收优惠和补贴大力扶持国产动画、对进口动画限制播出、将黄金时段播出资源划给国产动画、设立动漫基金。

中国动漫公司的快速发展，外资动漫公司逐步在中国站稳脚跟，民营动漫公司蓬勃发展，而国有动漫公司面临着改制进入市场竞争的局面，三种不同体制的动漫公司在市场中必将展开直接的竞争。在这种大背景下，根据自身的特点，制定出切实可行的发展战略规划显得极为重要。

【研究意义】

战略规划直接决定了未来公司发展之路的走势，本文从 A 动漫深圳公司内部因素中的规模、行业特征、资质能力、人力资源、业务情况，外部因素中的政治法律环境、经济环境、社会文化环境、技术环境以及竞争力分析等方面对 A 动漫深圳公司战略规划进行分析并制定合适的未来发展战略。

【相关概念】

（一）动漫的概念

动漫（Animation & Comic），即动画和漫画的合称，指动画与漫画的集合，取这两个词的第一个字合二为一称为"动漫"，并非专业术语。在中国台湾也常被称为"动漫画"。

"动漫"一词最早在正式场合被使用，是 1998 年 11 月中国大陆的动漫资讯类月刊《动漫时代》的创刊。这一词语后经由《漫友》杂志传开，因概括性强在中国大陆地区的使用开始普及起来。

（二）版权

版权（Copyright）即著作权，是指文学、艺术、科学作品的作者对其作品享有的权利（包括财产权、人身权）。版权是知识产权的一种类型，它是由自然科学、社会科学以及文学、音乐、戏剧、绘画、雕塑、摄影和电影摄影等方面的作品组成。

（三）品牌授权

品牌授权是指品牌授权者（版权商或代理方）将自己所拥有的或代理的品牌，以合同的形式授予被授权者使用，被授权者按照合同规定从事经营活动，并向授权者支付相应的费用——授权金，同时授权者给予被授权者人员培训、组织设计、经营管理等方面的指导与协助。

【论文结构】

战略管理是一个全过程的管理，首先对企业的内外部环境进行战略分析，然后通过 SWOT 分析进行战略选择，根据战略目标进行战略实施，并在实施的过程中对战略进行控制。本文采用理论与实际相结合的方法，以战略管理理论为指导，以 A 动漫深圳公司在激烈的市场竞争中谋求生存和发展为出发点，研究和解决 A 动漫深圳公司目前存在的机遇和挑战。本文主要研究的内容如下：

第一章　绪论。主要说明本论文的选题背景、研究问题、目的意义。

第二章　文献综述。主要介绍了本论文所采用的战略管理理论并对国内外的相关文献进行研究和评述。

第三章　研究方法与论文设计。主要介绍了本论文所采用的文献分析法、统计分析法、访谈法、理论与实际相结合的方法等研究方法以及 PEST 分析、五力模型和 SWOT 分析三个分析工具，并对论文设计结构进行了介绍。

第四章　发展战略。对 A 动漫深圳公司的内部环境进行详细的分析，介绍了 A 动漫深圳公司的基本概况并从资质能力、人员、业务等方面对其内部资源和能力进行研究。运用 PEST 分析方法对 A 动漫深圳公司所面临的宏观环境（政治法律环境、经济环境、社会文化环境、技术环境）进行全面的分析，并采用波特五力模型对 A 动漫深圳公司面对的行业竞争环境进行研究。同时采用 SWOT 分析法找出 A 动漫深圳公司的优势、劣势、机会和威胁、而进行战略选择。在制定发展战略的基础上，具体布置战略实施与控制措施。

第五章 结论与建议。

图 4-3 为论文结构图。

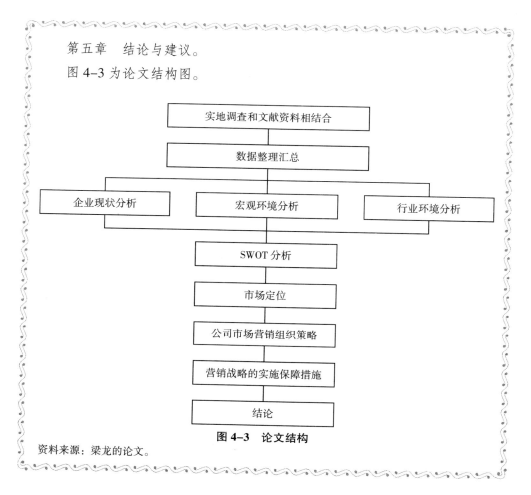

图 4-3 论文结构

资料来源：梁龙的论文。

文献研究与综述

在撰写工商管理学位论文的过程中，除好的选题和标题、研究背景、研究问题、研究意义和可能的创新外，还应培养工商管理学生能独立从事学术研究的能力，特别是培养学生检索、收集、整理、综合利用学术文献资料，根据所研究的论文方向、范围和课题，对文献资料进行有效的归纳、分析与总结的能力，从而提高毕业论文质量，在撰写毕业论文过程中必须认真完成学位论文中的文献综述。

第一节　文献研究概述

所谓文献，泛指记录知识的一切载体，主要是指已发表或虽未发表但已被整理使用，具有历史价值和现实价值的资料，其中主要包括图书、报刊、会议资料、各种文件、学位论文、报告、专利文献等资料。文献资料的功能是汇集和保存人类在科学方面的研究成果，记录和传播科研情况，并以最简洁、最直观的方式提供人们使用，帮助研究人员掌握本学科的研究情况。

一、文献研究的内涵

文献研究是指根据一定的研究目的或课题需要，通过查阅文献来获得相关资料，全面、正确地了解所要研究的问题，找出问题的本质，从中发现问题的一种研究方法。文献研究法是论文研究中最常用的方法，几乎所有的论文，都要进行文献研究。文献资料的检索对学生来说至关重要，如可以引导学生尽快查找到有关资料，可以帮助学生了解某一学科研究的新成果、新思想、新观点等学术信息以及查找到所需要的材料，包括数字统计资料等。

　　文献综述在论文写作中占据着重要的地位，是论文中的一个重要章节。文献综述是文献综合评述的简称，是研究者通过阅读某一学科、专业或专题的大量文献后，经过整理筛选、融会贯通，分析研究、综合提炼和评价而组成的一种学术研究，是高度浓缩的文献产品。根据涉及的内容范围不同，综述可分为综合性综述和专题性综述两种类型。综合性综述是以一个学科或专业为对象，而专题性综述则是以一个论题为对象的。其特点是"综"和"述"，综是要求对文献资料进行综合分析、归纳整理，使材料更精练明确、更有逻辑层次。述是要求对综合整理后的文献进行比较专门、全面、深入和系统的论述。综述的目的是当前某一领域中某分支学科或重要专题的历史现状、最新进展、学术见解和建议，它往往能反映某一课题的新水平、新动态、新技术和新发现，从历史到现状，存在问题及发展趋势等，要求对国内外相关研究的动态、前沿性问题做出较详细的综述，并提供参考文献。一般不发表个人见解和建议，也不做任何评论，只是进行全面的介绍和评论，客观反映事实。在此基础上提出自己的见解，预测发展趋势。

　　综上所述，工商管理学位论文中的文献综述是指学生在论文研究方向或研究题目确定后，通过收集、整理、阅读国内外相关学术文献资料，与该研究方向直接相关的主要研究成果、学术意义、研究动态、最新进展等问题进行归纳、总结与综合分析后所做的简要评述。其中，文献综述所评述的学术文献必须与工商管理学生所撰写论文保持高度一致，必须对可能影响所撰写论文主要论点、政策建议或反驳依据等主要学术结论的文献做出清晰、准确、流畅的说明，保证综述本身结构的完整性，反映学生利用学术文献的综合能力。

二、文献研究的原则

　　一个成功的论文文献综述，能够系统地分析评价和有根据地预测趋势，为课题的确立提供强有力的支持和论证。但撰写文献综述必须具有以下原则，如图 5-1 所示。

图 5-1　文献研究的原则

（一）尊重客观事实

这是进行文献综述的首要原则。不能捏造事实或者扭曲文献的含义，对于研究者而言，既要以严肃的态度对待学术、对待论文，同时需要具有一定的理论水平。特别是在文献研究时经常碰到英文文献，由于语言文化的差异，需要研究者翻译时慎重对待，否则失之毫厘，差之千里。另外，应该从正规的渠道收集文献资料，在互联网发达的今天，信息浩如烟海，形形色色的信息铺天盖地，要求研究者去伪存真，挖掘其中有价值的文献资料。

（二）博采众长，形成系统

在研究文献时常发现，很多学生往往从不同的角度进行研究，有时得出的结论也不甚相同。如以战略管理的论文为例，对企业动态能力的研究，目前学界主要存在三种不同的视角：战略管理理论视角、演化理论视角、组织理论视角。这需要在做文献研究时深入探究各种不同角度的研究结果，加以总结，形成一个有机的系统。

（三）吃透文献

无论做任何主题的论文，都会存在该主题的若干经典文献，研究者必须认真阅读和思考。例如，在研究战略管理的文献时，巴尼（Barney）的公司资源与持续竞争优势的文献、波特的五种竞争力量的论述、普拉哈拉德的核心能力的文献、资源基础观的文献等都是该领域所必须认真研读的重要文献，这是完成论文的必经之路。

三、文献研究的作用

在新经济的信息化社会里，信息呈几何级数涌现，许多问题别人已经注意，可能有人已经研究过或者正在研究。如果我们确定的论文题目和方向是别人已经研究或正在研究的，那么是在做重复劳动，徒劳无功。因此，文献研究方法可以帮助我们了解有关问题的历史和研究现状，从而为我们确定课题提供参考。在确定题目前，先对相关问题查阅大量资料，对该问题研究的历史、现状、前景做全面的了解，从中发现存在的问题或不足，进而确定自己的研究课题。

文献综述要针对某个研究主题，就目前学术界的成果加以探究，其意义在于几十篇甚至上百篇散乱无序的同类文献的成果与存在的问题或争论的焦点，达到条理化和系统化的程度。文献综述为论文的前期节省了大量时间。文献综述旨在整合研究主题的特定领域中已经被思考过与研究过的信息，并将此议题上的权威学者所做的努力进行系统的展现、归纳和评述。

在决定论文研究题目之前，必须关注的几个问题是：研究所属的领域或者其他领域对此问题了解的程度；已完成的研究有哪些；以往的建议和对策是否成功；是否有建议新的研究方向和议题。简而言之，文献综述是一切合理研究的基础。

综上所述，文献综述在论文中起一个承上启下的作用，具体体现在以下五个方面，如图 5-2 所示。

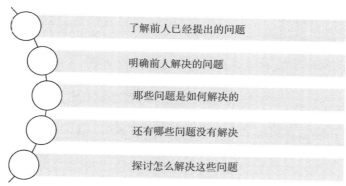

图 5-2　文献综述在论文中的作用

（一）了解前人已经提出的问题

通过阅读文献，了解之前学者的观点。以战略管理理论研究的文献为例，对于战略管理的研究可以分为三个阶段：经典战略管理理论阶段、定位阶段和能力理论阶段。在经典战略管理理论阶段，安德鲁斯提出了战略决策的 SWOT 分析框架；在定位阶段，波特提出五种竞争力量模型，用来解释不同的企业绩效有差别的原因；在能力理论阶段，普拉哈拉德提出了核心能力的概念，有别于波特，从内部来寻找企业成功的原因。一般对于任何研究主题，前人基本都涉及过，都提出了若干观点，为论文写作或者研究提供了启发。

（二）明确前人解决的问题

前人解决了什么？解决到什么程度？这也是文献综述所要解决的第二大议题，作用很明显，防止重复劳动。例如，波特运用产业经济学的原理，经过严密的论证，提出五种竞争力是如何影响企业的竞争地位的，后来的研究者则不必再对其进行研究，直接拿来说明解释问题即可。

（三）那些问题是如何解决的

前人解决问题的思路方法能够对研究者产生借鉴启发作用。作为后来的研究者，可以尝试在相同的背景下模仿其研究方法，常用来解决问题的方法有案例研究、规范研究、实证研究和演绎推理等。

（四）还有哪些问题没有解决

这是文献研究时需要得出的一个重要问题，找到前人尚未研究的内容，作为论文研究的依据。同时结合前人的研究思路，构思如何进行研究。

（五）探讨怎么解决这些问题

探究前人尚未解决的问题，有些问题限于水平与时间精力，不一定能解决，这就需要从中探讨有哪些问题是能解决的，形成一个较清晰的研究思路。

四、文献研究的目的

大多数工商管理学生在毕业论文写作过程中并不考虑这些问题，而直接进行文献探讨，在短时间内找到的现有文献做简略引述或归类，甚至与论文研究的可行性、必要性并无关系。其实文献回顾的目的就是了解探索性研究，必须主动积极地扩大研究文献的来源，才可能增加研究的假设与变量，以改进研究的设计。

文献综述至少可达到的基本目的有：让读者熟悉现有研究主题领域中有关研究的进展与困境；提供后续研究者的思考，未来研究是否可以找出更有意义与显著的结果；对各种理论的立场说明，可以提出不同的概念架构；作为新假设提出与研究理念的基础，对某现象和行为进行可能的解释；识别概念间的前提假设，理解、借鉴并学习他人如何界定与衡量关键概念；改进与批判现有研究的不足，推出另外研究，发掘新的研究方法与途径，验证相关研究。

总之，研究文献不仅可帮助确认研究主题，也可找出对研究问题的不同见

解。发表过的研究报告和学术论文就是重要的来源，对论文的回顾会提供宝贵的资料以及研究可行性的范例。

第二节　文献的收集来源

根据不同的划分标准，文献的内容与来源多种多样，按不同的分类标准有不同的内容，但文献的内容与来源大致可分为出版物、加工层次、网络资料等方面。

一、出版物

出版物是指以传播为目的贮存知识信息并具有一定物质形态的出版产品。广义的出版物，根据联合国教科文组织的规定，包括定期出版物和不定期出版物两大类。定期出版物又分为报纸和杂志（也称期刊）两类。狭义的出版物只包括图书和杂志，不包括报纸。

（一）图书

图书是指对某一领域的知识进行系统阐述或对已有研究成果、技术、经验等进行归纳、概括的出版物。图书的内容比较系统、全面、成熟、可靠。图书包括教科书、专著、文集、工具书等，它提供系统、完整的知识，有助于全面、系统地了解某一领域的历史发展与现状，将人们正确地引入自己所不熟悉的领域。

（二）期刊

俗称杂志，是指有固定名称、版式和连续的编号，定期或不定期长期出版的连续性出版物。期刊的特点是内容新颖、信息量大、出版周期短、传递信息快、传播面广、时效性强，能及时反映国内外各学科领域的发展动态。期刊主要有学术性期刊、快报性期刊和检索性期刊。

1. 战略管理方面的学术刊物

（1）国内刊物：《管理世界》《中国工业经济》《经济管理》《企业管理》《中国软科学》《南开管理评论》等，各大学的学报有时也有战略管理的论文发表。

（2）国外刊物：*Strategic Management Journal*、*Business Strategy Review*、*Advances in Strategic Management*、*Journal of Economics & Management Strategy*、

Journal of Business Strategy、*Competitive Intelligence Review*、*Academy of Management Review*、*Journal of Management Studies*、*Academy of Management Executive*、*Harvard Business Review*、*Sloan Management Review*、*California Management Review*、*McKinsey Quarterly*。

2. 营销管理方面的学术刊物

（1）国内刊物：《企业管理》《经济管理》《经营与管理》《销售与市场》《市场营销导刊》《中外管理导报》《营销科学学报》《外国经济与管理》《企业家》等。

（2）国外刊物：*Applied Marketing Research*、*European Journal of Marketing*、*International Journal of Research in Marketing*、*International Marketing Review*、*Journal of Marketing Research*、*Journal of Euro-Marketing*、*Journal of International Marketing*、*Journal of Marketing Education*、*Journal of Marketing*、*Marketing Management*、*Marketing*。

3. 组织行为与人力资源管理方面的学术刊物

（1）国内刊物：《中国管理科学》《管理科学学报》《管理工程学报》《心理学报》《应用心理学》《行为科学》《南开管理评论》《中外企业文化》《中外管理》《中外管理导报》《中国人才》《中国劳动科学》《中国人力资源开发》《企业管理》《心理科学》《应用心理学》《心理学报》等。

（2）国外刊物：*Employee Benefit Plan Review*、*Employee Benefits Journal*、*Employee Counseling Today*、*Employment News*、*Employment Organization*、*Journal of Applied Psychology*、*Journal of Managerial Psychology*、*Journal of Organizational Behavior*、*Leadership Quarterly*、*Organization Science*、*Organization Studies*、*Organizational Dynamics*、*Personnel Psychology*、*Personnel Review*、*Psychology & Marketing*、*Public Relations Journal*、*Public Relations Quarterly*、*Zeitschrift Fuehrung & Organization*、*HR Focus*，*formerly Personnel*、*HR*，*Human Resource Planning*、*HR*，*Magazine*，*formerly Personnel Administrator*、*Human Relations*、*Human Resource Development Quarterly*、*Human Resource Management*、*Journal of Human Resources* 等。

4. 财务与投资管理方面的学术刊物

（1）国内刊物：《会计研究》《审计研究》《金融研究》《国际金融研究》《金融论坛》《财经理论与实践》《投资研究》《财政研究》《税务研究》《证券市场导报》

《上海金融》《中国金融》《现代财经》等。

（2）国外刊物：*The Accounting Review*、*Issues in Accounting Education*、*Accounting Horizons*、*Journal of Accounting Research*、*Journal of Accounting and Economics*、*The Accounting Review*、*Abacus*、*Accounting and Business Research*、*Accounting Horizons*、*The Accounting Review*、*Journal of Accounting and Economics*、*Journal of Accounting Literature*、*Journal of Accounting Research*、*Journal of Finance*、*Journal of Financial Economics*、*Review of Financial Studies*、*Financial Management*、*Journal of Banking & Finance*、*Financial Markets*，*Institutions and Instruments*。

5. 其他管理方面的学术刊物

（1）国内刊物：《科研管理》《科学学研究》《数量经济技术经济研究》《科学学与科学技术管理》《研究与发展管理》《科技导报》《系统工程理论与实践》《管理工程学报》《管理科学学报》《运筹学学报》《系统工程学报》《管理信息系统》《运筹与管理》《中国管理科学》《中国软科学》等。

（2）国外刊物：*Research Policy*、*Science & Public Policy*、*Technovation*、*Journal of Product Innovation Management*、*IEEE Transactionon Engineering Management*、*Journal of High Technology Management*、*Management Science*、*Decision Sciences*、*Naval Research Logistics*、*Journal of Operations Management*、*Technology and Operations Review*、*IIE Transactions*、*MIS Quarterly*、*Communication of the ACM*、*Information System Research*、*Management Science*、*ACM Transactions*、*Harvard Business Review*、*Omega*、*Information Systems* 等。

（三）科技报告

也称研究报告，它是科学研究工作和开发调查工作成果的记录或正式报告。科技报告的特点是内容新颖、详细、专业性强、出版及时、传递信息快，是一种重要的信息源，尤其在某些发展迅速、竞争激烈的高科技领域，人们对其需求更为迫切。

（四）会议论文

对大多数学科而言，除科技期刊外，会议论文是获取信息的主要来源。另外，许多科学领域的新进展、新发现、新成就以及新设想都是最先在学术会议上披露的，因此学术会议本身就是获取学术信息的重要渠道。

（五）学位论文

学位论文是指高等学校或研究机构的学生为取得某种学位，在导师的指导下撰写并提交的学术论文，它是伴随着学位制度的实施而产生的。学位论文有博士论文、硕士论文、学士论文等，其研究水平差异较大，博士论文论述详细、系统、专深，研究水平较高，参考价值大。

（六）政府出版物

政府出版物是指各国政府部门及其所属机构出版的文献，又称官方出版物。包括行政性文献、科技文献。政府出版物对了解各国的方针政策、经济状况及科技水平，有较高的参考价值，一般不公开出售。

（七）报纸

报纸以及广播、电视等大众传媒传递信息快，信息量大，现实感强，传播面广，具有群众性和通俗性，是重要的社会舆论工具和信息源。一些专门刊登科技类文献的报纸对了解当前的学科前沿和水平以及科学新闻很有益处。

二、加工层次

按照对信息加工的程度方式和用途大致可分为零次文献、一次文献、二次文献和三次文献。按文献的性质可分为学术性文献和资料性文献等，如表5-1所示。

表5-1　文献综述的分类

序号	项目	分类
1	信息加工方式和用途	零次文献、一次文献、二次文献、三次文献
2	实物形态	文字类资料、音像资料、网络资料

零次文献，也称第一手文献，是指经历过特别事件或行为的人撰写的目击描述或使用其他方式的实况记录，是未经发表和有意识处理的最原始的资料，包括未发表的书信、手稿、草稿和各种原始记录。

一次文献也称原始文献，是指直接记录事件经过、研究成果、新知识、新技术的专著、论文、调查报告等文献，是发表过的资料。

二次文献又称检索性文献，是指对一次文献进行加工整理过的文献，包括文献特征、内容要点，并按照一定方法编排成系统，并便于查找的资料。

三次文献又称参考性文献，是在利用二次文献的基础上，对一次文献进行系统整理并概括论述的文献，这类文献具有主观综合的性质。

学术性文献与资料性文献至关重要，对工商管理学位论文而言，学术性文献与资料性文献是形成理论基础的主要来源。

三、网络资料

随着互联网技术的发展，除文字类资料外，其他形态的资料，如音像和因特网资料，这也为论文资料的收集打开了另一扇大门，常用来搜索资料的网络主要有百度、谷歌、各大主题网站，或者各种数据库，常见的有中国期刊网全文数据库、维普资讯网、万方数据等。文献资料的收集途径有利用有关的检索工具（包括目录、文摘和索引等）收集文献资料、利用国际联机检索系统收集文献资料、利用原始文献（包括专业期刊、科技报告、专利文献、学位论文、会议文献、专著和标准等）收集文献资料、利用三次文献（包括综述、述评、百科全书、年鉴和手册等）收集文献资料、通过因特网和光盘数据库收集文献资料。

1. 百度

百度是目前全球最优秀的中文信息检索与传递技术供应商。中国所有提供搜索引擎的门户网站中，80%以上都由百度提供搜索引擎技术支持，现有客户包括新浪、搜狐、腾讯、263、21.cn、广州视窗、新华网等。百度中文搜索引擎是全球最大的中文搜索引擎。提供网页快照、网页预览/预览全部网页、相关搜索词、错别字纠正提示、新闻搜索、Flash 搜索、信息快递搜索、百度搜霸、搜索援助中心。

2. 谷歌

谷歌是目前支持多语种的最优秀搜索引擎之一。提供网站、图像、新闻组等多种资源的查询，包括中文简体、中文繁体、英语等 35 个国家和地区的语言资源。按相关性对搜索结果进行排序，最有价值的参考信息会显示在页面顶部，搜索结果中列出被引用次数。

3. ABI/INFOFM Complete

ABI/INFOFM 是世界上著名的商业、经济管理期刊全文图像数据库，由 UMI 公司出版，在欧美大学普遍应用。它全面覆盖重要的商业经济与管理性学术期刊的内容，深入报道影响全球商业环境和影响本国市场和经济的具体时间。它收录世界顶级的国际性商业管理期刊 3810 多种，其中全文刊 2835 种，提供有关全世界 20 万多个公司的商业信息。收录有 1971 年至今的文摘、1986 年至今的期刊全文。部分期刊从创刊号开始收录，最早回溯时间可达 1918 年。

4. EBSCO

EBSCO 公司提供学术期刊和商业信息网络版数据库。EBSCO-ASP 学术期刊数据库（Academic Search Premier）包括生物科学、工商经济、咨询科技、通信传播、工程、教育、艺术、医药学等领域的 4370 种全文期刊（最早回溯至 1975 年），其中同行评审（Peer-reviewed）全文期刊 3270 种；EBSCO-BSP 商业资源数据库（Business Source Premier）包括经济学、经济管理、金融、会计、劳动人事、银行以及国际商业等领域的 8752 种出版全文。EBSCO-Newspaper Source（报纸全文）收录近 300 种各类报刊传媒全文。

5. PQDT 学位论文

UMI Pro Quest Digital Dissertations（博士论文数据库）。收录了欧美 1000 余所大学的 160 多万篇学位论文，学科覆盖了数学、物理、化学、农业、生物、商业、经济、管理、社会科学、工程技术和计算机科学等，可获得 14000 篇经管方面的博士论文全文。

6. 中国期刊网

中国期刊网是由清华大学与清华同方光盘股份有限公司组织实施的中国知识基础设施工程，它提供了中国期刊全文数据库、中国重要报纸全文数据库、中国引文数据库等一系列数据库，其中中国期刊全文数据库是目前世界上最大的中文期刊文献全文数据库。中国期刊网提供多种完备的检索系统和多种方便的付费渠道。

7. 台湾华艺数字（股）公司

台湾华艺数字（股）公司成立于 2000 年 1 月，是一家以中文为主的电子期刊服务商。它主要收录中国（不包含港澳台地区）、中国台湾、中国香港及其他全球各地以中文为主要语言的期刊（但不限此类语言）。除了最基本的期刊文章查询、下载服务外，还提供全文检索、浏览摘要、订阅新到期刊目次、引文分析查询、期刊与作者影响力分析等增值服务。

8. 人大复印报刊资料

该数据库是中国人民大学复印资料光盘版，收录 1995 年至今公开发表的人

文科学和社会科学中各学科、专业的重要论文和重要动态资料的全部原文。其信息资源覆盖了人文科学和社会科学领域国内公开出版的 3000 多种核心期刊、专业期刊和报纸，分为四大类：教育、经济、政治、文史。

9. 中国宏观经济信息网

中宏数据库是由国家发改委所属的中国宏观经济学会、中国经济学奖管理委员会（百人团）、中国宏观经济信息网等权威机构联合研制，由 18 类大库、74 类中库组成，是目前国内门类最全、分类最细、容量最大的经济类数据库。内容包括 20 世纪 90 年代以来的宏观经济、区域经济、产业经济、金融保险、投资消费、世界经济、政策法规、统计数字、研究报告等。中宏数据库信息内容的实践性强；统计数据全部为 Excel 格式，可直接调用或导入到 SPSS、SAS、Eview、TSP 等统计软件中，进行更深层的加工运算。

10. 国务院发展研究中心信息网（国研网镜像版）

大型经济类专业网站，它全面整合了中国宏观经济、金融研究和行业经济领域的专家学者以及研究成果。包括国研报告、宏观经济、金融中国、行业经济、企业胜经、区域经济、世经评论和高校参考等。

第三节 文献资料整理与写作

社会研究所收集的资料一般可分为数据资料和文字资料。前者是通过结构化的调查问卷及访问表格得来的，它涉及大量调查对象，对此可进行统计分组和汇总。后者多为无结构的观察、访谈材料和文献资料，一般是少数典型或个案的材料。

一、文献资料整理

（一）查找文献资料

查找文献资料常见的方法有四种：顺查法、逆查法、引文查法和综合查找法，如图 5-3 所示。

图 5-3　查找文献资料常见的方法

1. 顺查法

顺查法是指按时间范围，以检索主题研究的发生时间为检索始点，按事件发生、发展时序，由远及近，由旧到新的顺序查找，一般可以查全。查的过程中可以随时比较、筛选，查出的结果基本上反映事物发展的全貌。顺查法多用于范围较广泛，项目较复杂，所需文献较系统全面的研究主题以及学术文献的普查。

2. 逆查法

逆查法又称倒查法，与顺查法正好相反，是按由近及远，由新到旧的顺序查找。这种方法多用于新文献的收集、新主题的研究，而这种主题大都需要最近一个时期的论文和专著，不太关注历史渊源和全面系统，易漏检。

3. 引文查法

引文查法又称跟踪法，是以已掌握的文献中所列的引用文献、附录的参考文献作为线索，查找有关主题的文献。优点与缺点都比较鲜明。优点：文献涉及范围比较集中，获取文献资料方便迅速，并可不断扩大线索。这种回溯过程往往会找出有关研究领域中重要的、丰富的原始资料。缺点：查得的文献资料受原作者引用资料的局限性及主观随意性影响，资料往往比较杂乱，没有时代特点。因此，要注意文献的可靠性。

4. 综合查找法

综合查找法则指将以上几种方法综合使用以快速查到文献的一种方法。

（二）整合文献资料

将所需要的文献资料全部收集之后，就需要对其进行整合，为撰写工商管理学位论文服务。整合文献资料一般为三个步骤：分类阅读、发现问题、提出问题。

分类阅读是整合文献资料的第一步，也为进一步发现问题与提出问题打下了基础，分类阅读理解的程度与论文的研究质量紧密相关。一般而言，为节省时间，研究者初次只需要精读摘要与前言，明白作者的基本观点，快速浏览全文即可。最后将持不同视角的文章分类，再从中挑出其中著名学者的文章精读。

在分类阅读与充分理解的基础上，研究者可以发现该研究领域的一些问题，如某位学者的研究局限性、有待继续深入研究的问题，这能够为论文找到切入点与创新点，是论文完成中最为关键的一步。承接前一步骤的结果，提出前人未解决问题的原因在哪里，解决该问题的意义在哪里，并从文献中找到解决问题的可能方法，这就基本上形成了论文的研究思路，包括研究背景、意义与研究方法。

总之，将前面的成果综合就是论文的文献综述部分。一般而言，文献综述部分的篇幅占整篇论文的 1/3，是论文主体结构中非常重要的一部分。

二、管理类资料

从论文研究的角度看，管理学者黄铁鹰（2006）认为最不值得读的一类管理书是介绍别人企业管理经验的书。

工商管理学的目的为使公司盈利，都以公司为根本组织起点，探讨如何使组织更有效率地完成创造、解决生产经营活动中出现的问题。

迈克尔·波特在 20 世纪 80 年代初的专著《竞争优势》同其随后的《竞争战略》。波特明确说明，在竞争的前提下，一个企业要在行业中生存，要么采取低成本战略，要么采取差异化战略。这是工商管理学中第一次明确揭示竞争对单一企业的根本拘束。波特带出来的问题是：如何获得比其他竞争者更低的制造和流通成本？如何使企业与其他企业与众不同？第一个问题和一系列专集管理理论关联，如流程改造、价值链思考分析与判断、重点关键要素路线思考分析与判断、精益创造等。和成本相关联的文献，还包括各种管理方式的探讨。第二个问题则包括企业品牌的营造、采用生存的模式竞争、关系营销等。经过以上研究，使一个企业有自身的特点，不同于其他企业，使其他企业很难模仿，从而获得优势，这样一些重点关键要素被称为中心竞争力。另外，企业不应该只保持当前的产品和状态，为了使企业能够获得更高的盈利，还需思考分析与判断当前产品的生命周期、目标追求创新。甚至需要去研究社会未来的发展趋势和进步方向变动。

这样一些理念信念和术语，构成了绝大部分企业研究的主要中心话题。几乎大部分的当代管理思想史，都可以沿着这个纲要寻找到相关联的知识，新的知识也可以在这个纲要中寻找到相应的谱系或评估定位。

从经济学角度看，彼得·圣吉的《第五项修炼》会被以为是一个不严谨的命题，为什么是第五项修炼，而不是第六项？彼得·德鲁克的《公司的概念》只研究通用汽车，只能被看成一个个案而没有被证明能够在其他公司中适用。

所以在进行工商管理学位论文研究时，应该尽可能多看与自身研究方向相关的经典著作，或多看一些管理类最新的学术著作，这样可以提高文献的前沿和高度。

三、文献综述的写作步骤

第一，收集资料。文献资料是撰写文献综述的物质基础，选定综述的题材后要大量地收集和阅读有关中文和外文文献，文献越多，综述的质量就越高。选择文献应先看近期的（如 3~5 年内的），再看远期的，在广泛阅读资料的基础上，再深入学习几篇有代表性的文章，必须找到原文阅读，特别是有权威性的文章应细读。在阅读文献的过程中应做好读书卡片或笔记，为撰写综述准备资料。

搜索文献资料的渠道多种多样，需要从中确定一种或几种渠道。一方面，网络寻找文献资料，如百度、谷歌、中国期刊网全文数据库、维普资讯网、万方数据都是经常用来搜索文献资料的渠道。另一方面，书籍、MBA、硕士、博士论文和相关管理刊物，对于特定主题而言，经典刊物是必不可少的，以研究战略管理的相关主题。书籍类如《战略管理》《竞争战略》《竞争优势》《核心能力》《动态能力》《多元化经营》《战略联盟》《价值链管理》《企业资源论》及相关著名大学、著名管理导师培养的 MBA、硕士、博士论文等。

第二，整理资料。综述不是众多文献资料的堆积，而是作者在阅读了一定数量资料的基础上，根据资料的重要程度进行细读，抓住文献主要观点和结论，对掌握的资料进行分析、综合，先列出提纲，写出各级标题，然后将观点相同的资料分别归入有关问题，并排好顺序。综述要如实反映原作者的观点，不能任意改动，但对引用的资料也要加以选择，不能把收集和阅读过的所有资料都写进去，应有所取舍。

第三，写作与综述。根据写作提纲，逐项将内容展开，并注意观点与内容的一致。在写作过程中，可根据需要调整结构和补充内容。论述观点时，作者可有倾向性，但不同观点也应列出。初稿写出后，再进行反复修改和补充，包括内容增减、结构统一、数据核对和文字润色，综述完成前，最好请有关专家和同行审阅，力求做到主题明确、层次清楚、数据可靠、文字精练、表达准确，最后定稿完成文献综述。

四、注意事项

第一，收集文献应尽量齐全。掌握全面、大量的文献资料是文献综述的前提。

第二，注意引用文献的代表性、可靠性和科学性。在收集到的文献中可能出现相同的观点，有的文献在可靠性、科学性方面存在差异，因此在引用文献时应注意选用代表性、可靠性和科学性较好的文献。

第三，引用文献要忠实文献内容。由于文献综述有作者自己的评论分析，因此，在撰写时应分清作者的观点和文献的内容，不能篡改或者曲解文献的内容。评述时，特别是批评前人不足时，要引用原作者的原文（防止对原作者论点的误解），不能从二手材料来判定原作者的"错误"。

第四，要围绕主题对文献的各种观点作比较分析，不要教科书式地将有关的理论和学派观点简要地汇总陈述一遍。

第五，文献综述在逻辑上要合理，做到由远而近，先引用关系较远的文献，最后才是关联最密切的文献。所有提到的参考文献都应和所研究问题直接相关。文献综述结果要明确前人工作的不足，衬托出进一步研究的必要性和理论价值。文献综述最后要有简要总结，表明前人为该领域研究打下的工作基础。

第六，所引用的文献应是亲自读过的原著全文，不可只根据摘要即加以引用，更不能引用由文献引用的内容而并未见到被引用的原文，因为这是造成误解或曲解原意的重要原因，有时会给综述的科学价值造成不可弥补的损失。

第七，参考文献不能省略。有的论文可以将参考文献省略，但文献综述绝对不能省略，而且应是文中引用过的，能反映主题全貌且是作者直接阅读过的文献资料。采用了文献中的观点和内容应注明来源，模型、图表、数据应注明出处，不要含糊不清。

总之，一篇好的文献综述，应有较完整的文献资料，有评论分析，并能准确地反映主题内容。

示例 5-1

《数字经济驱动下乡村物流协同模式与策略研究》的文献综述

在数字技术的驱动下，乡村物流相关研究从公共基础设施、仓储运输网络、互联网技术等硬实力优化整合主题，逐渐迁移到治理制度机制、产业组织结构、企业商业模式等软实力协同创新主题，并聚焦于电商物流模式、大数据驱动模式和生态链模式等产数融合的新模式，从"四功能流"（信息流、商流、物流、资金流）与"五结构链"（信息链、供应链、价值链、技术链、产业链）等方面探索破解乡村物流难题的策略。

1.乡村物流协同的相关研究

随着"协同"管理思想（Hermann Haken，1971）的形成和发展，乡村物流协同的研究在物流供应链协同的基础上不断深化，逐渐成为破解区域农业发展瓶颈的"良方"，相关研究主要从冷链物流、信息技术、低碳经济、物流金融等角度，研究粮食、生鲜等具体农产品的运输、储藏、加工、装卸、包装、流通和信息处理等基本功能如何实现有机结合的问题（赵晓飞、李崇光，2012），并提出了库存协同策略、计划协同策略、多式联运协同策略等（李松、庆吴童，2017）。在协同模式方面，相关研究从运营与组织协同角度分析乡村物流供应链、物流联盟等物流协同管理和农业第三方物流、第四方物流等物流企业协同组织，探讨功能协同、结构协同等乡村物流资源协同问题，并提出知识协同策略、契约协同策略、信息协同策略等（Ghane-Ezabadi M，Vergara H A，2016）。

2.乡村物流生态圈的相关研究

生态圈源于生态系统的研究（Tansley，1935），是经济生态系统不可缺少的重要部分，主要研究圈内主体的竞合演化关系、组织形态的变化、协同运作等方面内容（Freeman，1989）。乡村物流生态圈是乡村经济社会生态圈和物流商业生态圈的重要组成部分，目前尚未有正式提法，与之相近的提法是农村物流体系、乡村物流体系或农产品物流体系，相关研究主要集中在农村物流体系构建与优化（岑丽阳，2015）、供应链视角下乡村物流体系构建

（张建军等，2013）、数据信息化下农产品物流体系建设（陈苏广，2014）、冷链物流体系构建（贺盛瑜、马会杰，2016）等方面，为乡村物流生态圈形成机理的系统阐述奠定了重要基础。

3.乡村物流协同化、数字化、智能化的发展趋势

随着电子商务等数字化的新商业模式逐渐往乡村市场下沉，乡村物流蓝海市场逐渐显现，协同创新活动也开始活跃。在梅特卡夫法则、摩尔定律、达维多定律三大定律的支配下，乡村物流的协同化、数字化、智能化趋势越发明显，引发乡村物流所包含的"四功能流，五结构链"深刻变革（孔栋、左美云等，2016；吴清一，2017），并沿供应链整合、信息链主导、价值链重塑、产业链优化等方向推进（完世伟、赵然、赵西三，2014），加速了乡村物流的顶层设计和制度革新，为乡村物流变革创造了良好的外部环境（孙苗苗、张智光，2016；仝海霞，2013）。

4.研究评述

国内外学者在乡村物流协同、乡村物流生态圈、乡村物流发展趋势等方面的相关研究比较丰富，也取得了值得借鉴的成果，但相关研究还处于"技术驱动型"和"技术改造型"研究阶段，即主要研究数字技术如何实现农业供应链、物流信息链、价值链、产业链等融合发展等问题。很少有学者以"数字中国"为背景，立足于经济社会的基本单元乡村，研究当下乡村物流变革的"跨界""协同""多层次协同创新动力"等系统性核心问题。因此，"数字中国背景下乡村物流生态圈形成机理与协同策略研究"是当前研究的薄弱环节，亟待深入探索。

资料来源：网络公开资料整理。

第六章

研究方法与研究设计

工商管理教育是培养能运用现代管理综合知识，并根据实际情况进行科学决策，能把握全局的应用型、复合型工商管理的人才。注重培养学生发现、分析和解决实际问题的能力。通常案例型论文、企业诊断型论文、专题研究型论文、调研报告型论文是 MBA 研究生学位论文中重要的写作形式。

第一节　案例研究法

案例研究法是工商管理学位论文中十分重要并有成效且颇具特色的一种论文形式。案例研究类学位论文是对某一特定的事例，先把工商管理学位论文写成案例，再运用规范的理论方法和实践知识对其进行系统分析，从而得出富有启发性的结论的论文形式的研究成果。这里所讲的事例，可以是国内某个典型企业的经营和管理实践，也可以是国外某个企业的经营和管理实践，也可以是某些或某类经营管理实践的组合，还可以是某个事件或项目，如投资、并购、营销、战略转型等。为了及时更新并补充一些反映当前我国经济生活中的管理现实问题，充分发挥工商管理学生的资源优势，加强学生在毕业论文撰写过程中的针对性，培养发现、分析、解决实际问题的能力，特鼓励工商管理学生利用学位论文环节撰写高质量的案例论文。

一、案例研究法的基础

案例研究法创始于美国哈佛大学法学院。1870 年，兰德尔担任哈佛大学法学院院长时，法律教育正面临巨大的压力：一是传统的教学法受到全面反对。二是法律文献急剧增长。这种增长是因为法律本身具有发展性，且在承认判例为法律的渊源之一的美国表现尤为明显。兰德尔认为："法律条文的意义在几个世纪以来的案例中得以扩展。这种发展大体上可以通过一系列的案例来追寻。"由此揭开了案例法的序幕。1908 年，案例法在哈佛商学院开始被引入商业教育领域。由于商业领域严重缺乏可用的案例，哈佛商学院最初仅借鉴了法律教育中的案例法，在商业法课程中使用案例法。由此，人们开始有针对性地研究和收集商业案例。

（一）案例研究法的内涵

案例的英语为 Case。Case 一词还可译为个案、实例、个例、事例。其实案例早就作为一种很有效的研究手段，在社会科学的各个领域被广泛地应用。一般来说，案例是指对现实生活中某个事件的真实记录和客观的叙述。与案例这个词相关的术语很多，如案例报告、案例历史、案例研究、案例教学等。案例的种类不同，用途也是多种多样的，如法院的判例、军队的战例、医院的病例、管理案例等。它们形成的方式各不相同，用途也各异。

案例研究（Case Study）是运用案例对社会科学进行研究的一种实证方法。目前案例研究在社会学、人类学、教育学、政治学和管理学等诸多领域都得到较大认可和普遍运用。虽然这种方法被越来越多的人采用，但真正理解案例研究方法精髓的人却并不多。对于案例研究的定义，目前还未形成一致的认识和观点。根据一些学者对案例研究定义的总结分析，目前存在着两种截然不同的观点：第一，认为案例是特殊事件，从案例中不能总结出一般规律性的结论。其代表人物及观点有阿德尔曼（Adelman et al.，1997）将案例研究看作是对一组研究方法的笼统术语，这些方法着力于一个事件的研究。尼斯贝特（Nisbet，1978）认为案例研究是一种对特殊事件进行系统研究的方法。第二，认为对案例的研究可以得出新的假说以及分析性的普遍结论。如锡欧（Shaw）认为案例研究强调总的场景或所有因素的组合，描述现象发生的事件过程或事件后果，在大环境下对个体行为进行研究与分析并形成假设。吉（Gee）认为，作为一种研究方法，案例研究似乎用于描述当前资料或数据，并从中得出归纳性的普遍结论。

对于案例研究的内涵，案例研究专家美籍学者罗伯特·K.殷（Robert K. Yin, 2004）对"案例研究"也作了一个较为经典的定义，即案例研究是一种经验主义的探究（Empirical Inquiry），它研究现实生活背景中的暂时现象（Contemporary Phenomenon）。在这样一种研究情境中，现象本身与其背景之间的界限不明显，大量运用事例证据（Evidence）来进行研究。对于案例研究方法的核心内涵，罗伯特（2004）还从案例研究方法的适用范围及其技术层面对其进行界定分析。第一，认为案例研究是一种实证研究，其主要内涵包括两点：一是它在不脱离现实生活的情况下研究当前正在进行的现象；二是待研究的现象与其所处环境背景之间的界限并不十分明显。第二，技术层面上，案例研究有以下特点：一是处理有待研究的变量比数据点还要多的特殊情况；二是需要通过多种渠道收集资料，并把所有数据资料汇合在一起进行交叉分析；三是需要提出理论假设，以指导资料收集及资料分析，减少研究工作量，避免走弯路。为此，罗伯特进一步指出，案例研究既不是资料收集技术，又不限于设计研究方案本身，而是一种全面的、综合性的研究思路。作为一种研究思路的案例研究包含了各种方法，涵盖了设计的逻辑、资料收集技术，以及具体的资料分析手段。

不仅有国外学者提出自己对案例研究的看法，国内学者也有，如毛泽东在谈到调查研究的方法时，曾经形象地将案例研究法称为"解剖麻雀"，即通过对一个单一个体进行深入、全面的研究，来取得对一般性状况或普遍经验的认识。风笑天（2002）对案例研究界定为个案研究（即案例研究）是对一个个人、一件事件、一个社会集团，或一个社区所进行的全面深入研究。

总之，案例研究基本上是写实的，是已发生过的事实记录，不是杜撰、虚构与主观意识的产物。案例研究法是对事实的描述，分析存在的问题及根源，提出解决措施与策略。本书认为，这里的案例研究是指对某一特定管理情景的客观书面描述或介绍，介绍的对象往往是一个组织中的人员行动、事件、背景与环境，通过对事实、对话的描述及数据与图表等形式表达出来的，是以一个或多个案例的研究素材，对案例资料进行收集、分析、判断和评价，以期从中形成某种带有普遍性结论的一种探测性的定性研究方法。

（二）案例研究法的原则

实践证明，在培养工商管理学生的过程中，案例研究法是一种行之有效的研究方法。这种方法能将学生的注意力吸引到企业管理实践中已经做过或应当做的事情上，有利于巩固和加深学生对所学课程理论的理解，培养学生综合运用所学知识去解决实际问题的能力。工商管理毕业论文通过案例研究法能给学生创造一个身临其境的感觉，得到一个开发和锻炼对企业管理面临的问题进行分析和处理的机会。此外，案例研究法还可让学生以企业决策者的角色去解决企业中各方面的问题，从而提高学生从事管理工作的能力。

由于案例研究法具有很强的实践性和可讨论性，案例本身只是对企业的某些情况作一番描述。案例研究的对象具有客观性，主要以企业存在的问题和客观事实进行研究。有详有略，但有数据支撑。案例本身有中心议题，如经营决策、投资决策等。深入思考分析，能发现各种各样的问题，有时表面平铺直叙，却隐含着各种问题。因此要勤于思索，发现问题所在，找出问题产生的原因，提出问题解决的方案。

思考过程中，既是培养和开发智力的过程，又是综合运用所学的各种理论知识的过程。案例研究，需要熟悉企业管理的业务情况，如生产经营情况、市场、财务、人事、组织等，是一个庞大的系统。基于上述情况，在对案例进行分析时，应注意以下特点：

（1）多因素的环境。把分析的对象，放到原来错综复杂、多因素的环境中去认识、了解并深入研究。

（2）多角度分析。一个案例中，一般会有一个或多个矛盾。矛盾一般存在两面性，不同的观点和方法，会沿不同的思路展开分析。对同一个案例，很少遇到只有一种分析方法或途径的情况。

（3）多方案的结果。案例研究目的在于运用所学理论去分析、解决问题。因此，案例研究会出现多方案的结果，只有在比较的情况下，才能简单得出最佳方案，其结果是能解决实际问题，并提出解决的方案和措施。

在案例研究过程中，一般要遵循如下四个原则：

（1）合乎科学原则。案例研究的对象，有时虽仅针对单一个体，但探求变项及情境包罗万象，案例研究分析需采取纯粹客观的态度，是应合乎科学原理的。

（2）详尽深入原则。案例研究对研究对象不仅要有表面的观察，而且还要有深入探讨和分析，这是案例研究的目的所在。

（3）准确描写原则。案例研究的技术，如会谈控制技巧及记录方式一致等技术，现均有长足的进步，透过问卷法及访问法，运用一致的格式将所得予以记载，可以说是准确描写研究。

（4）非正式手续原则。案例研究可不拘时地，要时时注意，留心观察，对研究对象做深入研究。此外，对案例研究的结果要深入分析，合理评估，并根据有关反馈及时做出相应的调整。案例研究法的原则，如图6-1所示。

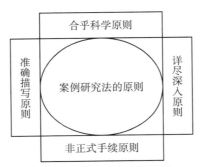

图 6-1　案例研究法的原则

（三）案例研究法的功能

从上述关于案例研究法的介绍中，我们可以归纳为研究对象是真实具体的，至少涉及一项管理问题，而不论该问题是否已获解决或解决得是否恰当。案例研究法的功能包括：

（1）可以培养工商管理学生独立地、综合地解决管理问题的能力，管理工作能力中最核心的是分析判断与决策能力。管理问题复杂、多因，无简单通则可循，处理起来常因管理和环境不同而选择不同对策。即使对同一问题，也可能通过采取不同办法而获得成功。逐渐归纳和领悟出一套适合管理者个人特点的分析和解决问题的思维方法和程序，使个人工作能力产生了一种由量变到质变的飞跃。

（2）具有增进知识、扩大信息量的功能。案例分析与研究中，旁征博引，涉及古今中外各行业、上中下层管理、微观与宏观诸方面，把许多情景和典型管理事例带到论文研究中，使学生获得接近真实的体验，思路扩展，有助于拓宽知识面和知识的系统性。

（3）工商管理学生的企业管理案例研究，特别是在答辩过程中，能提高表达能力，增强说服力。

二、案例研究法的类型

案例研究法就是通过对企业问题的个案进行研究了解管理的实际情况，从而达到提高决策技巧的目的。由于在实际工作中，企业所面临的环境处在不断变化之中，而且影响的因素也特别多，同时各行各业的业务特点也不相同，因此案例的情况千差万别，类型也极其繁多。

案例的分类方法有多种，角度不同，分类的方法也不同。对于案例研究法的类型，管理学者余菁（2004）提出根据不同的划分标准，可以区分出不同案例研究法的类型，有一些案例研究方法只适用于特定的案例研究类型，也有一些案例研究可以同时综合应用多种案例研究方法。案例研究法的类型如图6-2所示。

根据研究任务的不同对案例进行类型区分		
五大类	四大类	三大类
探索型、描述型、例证型、实验型、解释型	探索型、描述型、解释型、评价型	探索型、描述型、解释型
根据研究案例的多少来区分的案例研究类型		
单一案例研究	多案例研究	

图 6-2　案例研究法的类型

（一）根据研究任务的不同对案例进行类型区分

根据研究任务的不同，案例研究大体上可分为五大类、四大类或三大类。案例研究方法可以被区分为五种类型（Scapens，1990；Hussey & Hussey，1997）：探索型、描述型、例证型、实验型和解释型的案例研究法。其中，探索型案例研究往往会超越已有的理论体系，运用新的视角、假设、观点和方法来解析社会经济现象，这类研究以新理论的形成作铺垫为己任，其特点是缺乏系统的理论体系支撑，相关研究成果非常不完善。而其他四种类型的案例研究都是在已有的理论框架之下进行的。如描述型案例研究是在已有的理论框架下对企业实践活动进行详尽描述的案例研究。例证型案例研究是在已有的理论框架下阐述企业组织的创造性实践活动或企业实践新趋势的案例研究。实验型案例研究则是在已有的理论框架下检验一个企业中新实践、新流程、新技术的执行情况并评价其收益的案例研究。而解释性案例研究则适用于运用已有的理论假设来理解和解释现实中企业实践活动的研究任务。

　　根据任务的不同，案例研究方法又可区分为探索型、描述型、解释型和评价型四种类型（Bassey，1999）。其中，探索型案例研究侧重于提出假设，它们的任务是寻找新的理论。描述型案例研究侧重于描述事例，它们的任务是讲故事或画图画。解释型案例研究侧重于理论检验。而评价型案例研究侧重于就特定事例作出判断。

　　此外，还有一些学者将案例研究方法区分为三种类型，即探索型、描述型和解释型。也有学者将解释型称为"分析型"。另有学者将探索型和描述型之外的案例研究统称为方法组合型案例研究。

　　根据任务不同对案例研究的分类也不同，但人们对探索型和描述型这两种类型的案例研究的内涵基本没有争议，这两种类型分别对应着超出现有理论框架解释范围之外和完全在现有理论框架解释范围之内的案例研究，而分歧主要集中于那些立足于现有理论框架但又尝试有所突破与发展的案例研究活动的分类及其属性上。

（二）根据研究案例的数量来区分的案例研究类型

　　根据研究案例的数量可分为单一案例研究和多案例研究两大类型。美国案例研究专家罗伯特（2004）提出案例研究设计有单一案例研究与多案例研究之分。单一案例研究可以用作确认或挑战一个理论，也可以用作提出一个独特的或极端的案例。多案例研究的特点在于包括两个分析阶段：案例内分析和跨案例分析。通常，单一案例研究不适用于系统构建新的理论框架。单一案例研究主要用于证实或证伪已有理论假设的某一个方面的问题，它也可以用作分析一个极端的、独特的和罕见的管理情境。而在多案例研究中，研究人员首先要将每一个案例及其主题作为独立的整体进行深入的分析，这被称为案例内分析。依托于同一研究主旨，在彼此独立的案例内分析的基础上，研究者将对所有案例进行归纳、总结，并得出抽象的、精辟的研究结论，这一分析被称为跨案例分析。

　　除了上述两种案例研究分类外，根据案例研究过程中不同程序、步骤和应用方法的不同，可以区分出多种不同的案例研究类型。例如，根据数据收集方法的不同来区分的案例研究类型。常见的数据收集方法有文件法、档案记录法、访谈法、观察法等。

　　上述不同的案例研究分类，形成了各种案例研究类型。一般情况下，研究者可以在同一个案例研究中同时运用两种以上的分析方法。

三、案例研究的过程

案例研究法是一种经验性研究方法，旨在对现实中某一复杂和具体的现象进行深入和全面的实地考察。Nisbet 认为，案例研究可划分为四个阶段：第一阶段为开放式阶段。研究者不做事先判断，阅读历史卷宗、档案材料、运用访谈法、直接观察法、参与式观察法等了解事实真相。第二阶段为重点突破。这一阶段更为系统、全面地收集资料、证据，目的是发现事件或重要人物的本质特征。而不是无的放矢，收集杂乱无章的资料。第三阶段是写作阶段。好的案例研究论文不仅反映作者严谨的科学精神，而且也要求作者有高超的文学素养。第四阶段为检查阶段。所谓检查，是指将论文初稿送交被采访者、被调查者或事件的当事人阅读，由他们提出论文是否与事实有出入或修改意见。此外，中山大学管理学院孙海法教授（2004）认为案例研究一般包括建立基础理论、选择案例、收集数据、分析数据、撰写论文与检验结果等步骤。根据上述对案例研究的过程分析，本书认为案例研究设计和实施过程大体包括四个阶段，即案例研究设计阶段、数据收集阶段、数据分析阶段和撰写案例论文，如图 6-3 所示。

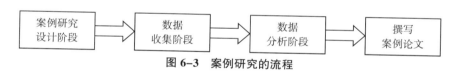

图 6-3 案例研究的流程

（一）案例研究设计阶段

案例研究设计为案例研究提供了一个指导性的框架。罗伯特（2004）提出了研究设计需要包括五个要素，即研究问题的内容、研究的理论主张（或理论假设）、研究的分析单元和数据与理论主张之间的逻辑关系以及诠释数据的标准。

1. 研究问题的内容

这不仅反映了案例研究的目的，这些问题一般是"怎么样"和"为什么"的问题，而且对案例研究必须明确要回答的问题，即要研究什么，研究目的是什么。

2. 研究的理论主张即研究者的主张

研究主张可以关注所要研究的问题，对日后的研究起引导作用。研究主张并不能改变研究的目的，而在某种程度上的研究主张，特别是提出与正面形成对比的反面主张，却有利于提高案例研究的有效性。

3. 研究的分析单元

研究的分析单元可以是一个实体、一个人、一个群体、一个组织或一个社区等。研究的分析单元是研究所要聚焦的主要对象，也是研究数据收集的边界。可见，研究的分析单元与研究问题确定是相关的。

4. 数据与理论主张之间的逻辑联系，以及诠释数据的标准

一般来说，在研究设计之初，就必须对研究主张进行明确的表达。特别是在研究者反复阅读数据时，很有可能产生新的主张，这就需要根据新的主张对数据进行重新分析。可见，数据与理论主张是相关联的。对于数据的分析可以采用量化的解释性分析技术，也可以采用以定性为主的结构性分析和反射性分析技术。

此外，在案例研究设计中，研究者还要确定一个重要且必不可少的环节便是案例选择。案例选择的标准与研究对象和研究问题有关。研究者在案例选择的过程中必须不断地问自己在哪里寻找案例才可以满足研究目的和回答研究的问题，以便找到最适合的案例。美国案例研究专家罗伯特认为，案例研究设计有单个案例研究与多个案例研究之分。单个案例研究设计适用以下条件：一是当一个案例代表测试理论的关键案例。二是当一个案例代表一个极端或独一无二的案例。三是当一个案例是揭露性案例。对于运用多个案例设计的优势在于多个案例得出的证据更有说服力。

总之，在案例研究过程中，应该认真分析，找出问题的症结所在，并对需要解决的问题进行概括，对问题的概括应指出关键之处何在？解决的主要障碍是什么？这一环节至关重要且具有一定的难度，它需要读者在详细理解问题的基础上，作出合理的假设和设计，要能够通过现象看本质，如新产品销售不力只是表面现象，是生产、管理、销售中具体哪个环节出了问题，造成这种现象的内在原因究竟是什么等。

（二）数据收集阶段

案例研究最为突出的优势在于，研究者可以从案例中获得极为丰富的研究数据。案例研究的资料收集必须是学生亲身经历（如通过本人所从事的工作或深入实际的调查研究课题等）获得，而不能靠他人提供的文字、音像资料或口头介绍等经整理、编写而成。案例资料所涉及的单位，原则上为某一企业。对特别有现实意义的案例，也可以是针对某一行业、某一科研院所或政府的某一经济主管部

门。案例资料需真实可靠。

对案例研究的数据收集既有定性，也有定量的收集方法。常用的数据收集方法包括文件法、档案记录、访谈法、直接观察法、参与观察法和人工制品法。

文件主要包括信函、备忘录和其他通信信息；日程、公告、会议记录、其他事件报告；行政文件——提案、进展报告和其他内部文件；对事件或场所的正式研究或评估；新闻报道或大众传媒的其他文章等。

档案记录包括个人资料的日记、日程安排、电话本；人口普查等问卷资料；地图、图表；名单及其商品信息；服务记录以及组织记录等。相关的档案记录存于计算机，或档案馆、资料室、图书馆等地方。

访谈法是案例研究中最重要的数据来源。典型的访谈包括开放型访谈、结构型访谈和半结构型访谈等。开放型访谈是在访谈之前，研究者不必预先设定访谈问题。结构型访谈也称为聚焦式访谈。研究者事前准备很多访谈问题，但避免提出引导性问题。半结构型访谈是在访谈之前也预先准备好一系列的访谈问题，但要保持灵活开放的态度，同时根据受访者的反应来提出后续问题和探究问题。

直接观察法是指直接在现场观察事件或相关人物，从而获取直接和客观的信息。

参与观察法是指观察者参与到时间之中去。作为一种独特的观察方法，参与观察法能让数据收集者深入到研究的事件中获取详细具体的资料，在组织调查或人类学的研究中较常使用。对人工制品也可以成为案例研究中的有形证据，这类物品包括技术装置、机械工具、艺术作品或其他有形证据等。

总之，在这个过程中至关重要的是收集全部已知事实，并且要对每一事实认真估价、仔细区别、筛选分类。值得注意的是，不能仅依靠企业案例中所给的数据或事实来进行简单分析，因为这些数据及事实有一些是表面现象，必须去伪存真才能保证分析的正确性。也不能让案例中人物的观点来影响自己的思路，因为个人的主张往往过于褊狭，缺乏全局观念。

（三）数据分析阶段

数据分析往往与数据收集同步进行。初步数据收集的同时进行数据分析，之后会产生下一阶段的数据收集和数据分析。在这种数据收集和数据分析不断循环的过程中，研究问题也许会得到重新提炼，并带来更多的数据和发现。相对于其他部分，数据分析是案例研究中发展得最不全面的部分。罗伯特提出了两个主要的分析数据的策略。第一个策略是使用研究者已经形成的理论主张（或理论假设）来指导研究，这些理论主张（或理论假设）有助于研究者聚焦到相关的数据，并组织案例研究。第二个策略是形成组织案例研究的描述性框架。这一策略无须理论主张（或理论假设）作指导，描述性框架可以是关于研究对象的各个维度或各个方面的。

对于数据分析方法，Gall 等还从总体上指出了三种数据分析方法：解释性分析、结构性分析和反射性分析。

解释性分析是通过对数据的深入考察，找出其中的构造、主题和模式。由于解释性分析要求案例研究的结果尽量客观，因此一般要使用计算机对数据进行处理。

结构性分析是通过对数据的考察，确认隐含在文件、事件或其他现象背后的模式。结构性分析不同于解释性分析，它不需要理解每一个数据的意思并作出推断。作为一种常规的分析，结构性分析只需要考察文字或叙述上的数据。

反射性分析是一种主观的分析方法，它依赖于研究者的直觉和判断对数据进行描述。Gall 等提出，当研究者需要重视一种现象，并需要对此作出大量描述时，反射性分析是最理想的分析方法。

除此之外，国内学者吴金希等（2004）指出数据分析是案例研究方法构建新理论的关键环节，同时数据分析又是最困难和最没有现成规范的。一般数据分析主要包括三种相互配合的方法和流程：数据提炼、数据展示和数据推导（或确认）。其中，数据提炼就是指将数据加以筛选、聚焦、简化、抽取，以及将现场记录加以转化的过程。数据展示是将数据加以适当组织、压缩、集成，以便归纳的过程。数据推导是指确认数据具有的规则、形式、解释性、可能的结构、因果流程和性质的过程。实际上，上述三种数据分析方法是相互交织、联系在一起的，它们在数据收集和数据分析中共同形成一个循环，在实际中很难非常明确地区分这些活动。

（四）撰写案例论文

案例研究的最后一个阶段，就是撰写案例论文。案例研究的目的不仅是给一个案例、一个事件绘制肖像，而且更为重要的是得出分析性归纳结果或建立理论模型，从而做出深层次的理论分析。

案例研究论文一般比较长，但不宜冗长乏味。一般要将事实与结论分开，将重要事实与一般事实分开。即描述事实和解释结论两者之间的平衡是研究论文书写的关键。Erickson 建议研究报告包括：第一，特别的描述。引用数据中的资料，如访谈的内容、文件的摘录或者一些小插图等。第二，一般的描述。论述引用的资料是否具有代表性、与其他的数据是否相关，以及对所有的数据进行概括性的描述。第三，描述的解释。对以上两种描述进行解释和归纳，并得出结论。

另外，在案例研究论文的过程中，除了案例设计、收集与分析数据及撰写案例论文等方面，还应强化案例质量的指标：第一，建构效度。对研究的概念形成一套正确的、可操作性的测量。在案例研究中，采用多元的证据来源，形成证据链，要求证据的提供者对案例研究论文草案进行检查、核实。第二，内在效度。仅用于解释性或因果性案例研究，不能用于描述性、探索性研究。从各中纷乱的假象中找出因果联系，即证明某一特定的条件将引起另一特定的结果。案例研究策略为进行模式匹配，尝试进行某种解释，分析与之相对立的竞争性解释，使用力多逻辑模型。策略所使用的阶段是证据分析。第三，外在效度。建立一个范畴，把研究结果进行归纳。案例研究策略为用理论指导单案例研究，通过重复、复制的方法进行多案例研究。第四，信度。表明案例研究的每一步骤，如资料的收集过程，都具有可重复性，并且如果重复这一研究，就能得到相同的结果。

四、案例研究的写作思路

尽管案例研究性质是实证研究，但应当尽可能地体现出应有的学术水平。从这个意义上讲，案例研究类的学位论文不同于在课堂上应用的案例讨论或案例研究。

从总体上讲，可供参考的研究思路，应该寻找基础理论与所研究案例的结合点。也就是说，要明确论文的研究背景、文体、意义和方向。在此前提下，学生可以充分收集案例研究对象的相关资料，越详细越好。在占有和消化资料的基础上，学生可以运用一定的研究框架或方法，对研究对象进行系统分析，结合相关理论知识或工作经验，得出一些启发性的结论或建议，并整理成文。

此外，学生还可以按以下思路撰写此类论文：案例的背景分析、问题分析、解决问题的方法、措施分析、相关结论分析、案例的启示性意义分析等。

一篇规范案例研究类工商管理学位论文，其基本的研究内容包括（此处不代表正式行文的顺序，可展开，也可调整），如图 6-4 所示。

研究意义与理论文献

案例基本情况介绍

对案例的剖析

结论与建议

图 6-4　案例研究论文的写作思路

（一）研究意义与理论文献

工商管理学生应介绍研究案例相关研究背景、研究问题、研究目的与意义及基础文献，为后文分析案例奠定基础。理论分析可以以文献回顾的方式或以研究重点总结的方式进行，然后可以对此做出评论并进而提出自己的倾向性观点或理论模式，以此为参照可以对案例加以分析和研究。

（二）案例基本情况介绍

案例研究与理论研究不同，案例的情况千差万别，熟悉某一理论的读者或论文评阅人并不一定知道研究案例中涉及的企业或事件。所以，在这部分应当把研究对象的基本情况和相关信息、资料进行较客观、较详细的介绍，以使读者或论文评阅人对论文的研究对象有一个初步的了解。

（三）对案例的剖析

在这部分，应依据理论设计或相关知识，有层次、有重点地对案例中的某些或部分问题进行专门的分析和论述。研究过程可以按流程的顺序展开，也可以按所涉及到的问题的类别展开，视工商管理学生对案例材料的掌握和对理论分析的程度而定。这是论文的核心部分，工商管理学生应综合运用相关知识，在案例所给定的条件限制下，进行相应的分析。很大程度上是对工商管理学生的基本功的考验。

（四）结论与建议

案例研究的最终目的应当是基于案例，但又不完全拘泥于案例。在对案例进行系统分析和研究后，应当结合相关理论知识或实践经验，把在案例分析过程中得到的启发或"火花"以启示、结论或建议的形式表述出来，并整理成文。这也是案例研究的最终"落脚点"。没有结论和建议的案例分析，可以说是一篇不完

整的案例研究论文。

五、案例研究需注意的问题

在案例研究中经常易犯的错误有：不能清晰地表述自己的思想，语言的陈述缺乏一定的序列，提供的细节太多，混淆了读者的视线和思维，背景信息太多或太少等。此外，还要考虑到以下几方面的问题，如图 6-5 所示。

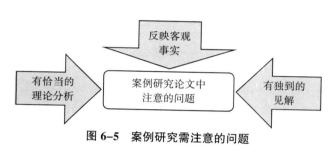

图 6-5 案例研究需注意的问题

（一）端正写作态度

在案例论文写作时，虽然案例论文要反映学生的真实情感，但不能陷于感情的宣泄。案例围绕一定的事件展开，工商管理学生往往是事件的当事人，一方面选择对自己情感有触动的事件作为素材，另一方面有时也会不由自主地大肆渲染这种感情，使案例的问题重心转移到个人情感的层面上去。由于成长经历与生活阅历的不同，在每个人的心灵深处，有时难免会形成对一定事物或人的固定认识，这种认识有的是合理的，有的则是不合理的。在案例论文写作中，注意到这些态度、价值观的存在，既有助于澄清问题所产生的根源，也有助于读者把握问题涉及的多种不同因素。

为了维护案例论文的权威性，案例论文作者的客观态度是十分重要的，可使用下列方法：使用有关论著、文件或自己所作的采访中得到的直接引语；注明资料来源，避免产生任何偏见和同情；所使用的语言，既不是单调乏味的叙述，又不致激起强烈的感情；尽可能使用事实性材料；按事件发生的顺序进行报道，保持前后一致；不仅列入所发生的事件，而且写对这些事件的看法；可以在案例的开头或结尾写下案例作者的评论，这样可以指明案例的基本论点。

（二）要有恰当的理论分析

案例研究还需有恰当的理论分析，提高案例的说服力和可读性。撰写案例论文时，尝试以下三步：

第一步，收集、整理实践素材。

第二步，经过分析研究，提炼出有价值的东西，并有所感悟，实际上就是反思。

第三步，进一步把相关事件串联起来进行剖析，举一反三，寻找理论支持，写出有质量的案例论文。

（三）要有独到的见解

从一定意义上说，案例论文的质量是由工商管理学生思考水平的高低所决定的。因为选择典型事件，揭示人物心理，都是从一定的观察角度出发，在一定的思想观点的引导下进行的。要从纷繁复杂的现象中发现问题、提出问题、解决问题。具备这样的功力没有什么秘诀和捷径，只有在长期的磨炼中去领悟和掌握。案例论文写作对很多学生来说可能还是一种新生事物，但它正在成为工商管理教育理论界和实践界的"新宠"。

第二节　诊断研究法

企业诊断研究是工商管理学位论文的一种形式，工商管理学生所做的企业诊断就是根据所学的有关管理知识与方法，解决企业的实际问题，同时通过这种方法，有利于提高工商管理学生的综合处理问题的能力。

一、企业诊断研究的基础

企业诊断就是分析、调查企业经营的实际状态，发现其性质、特点及存在的问题，并以建设性报告的形式进行分析，提供一系列有效的改善措施和建议。为了使导师能清楚地指导工商管理学生写作论文，使学生能更清楚做企业诊断方面的毕业论文，需要了解企业诊断研究法的定义、原则、诊断过程等方面的知识。

（一）诊断研究法的内涵

企业诊断研究法就是指通过所学的有关工商管理理论知识，运用管理科学理论和有效的方法，在对企业充分的调查、研究、分析的基础上，找出所诊断的企业在经营管理过程中存在的问题，进行定量或定性分析，找出产生这些问题的原因，进而以建设性报告的方式，提出解决措施、办法及改进建议。企业诊断是工商管理学中的临床医学，可以通俗地比喻为给企业"看病"的一门学问。如同人体的治疗医师对人体进行医学诊断，企业的经营顾问也会对企业进行管理诊断，并采取各种必要的预防和治疗措施，如图6-6所示。其中，经营顾问好比"事务医生"，对企业的诊断是以行业动向为中心的企业环境作为诊断对象，进而发现问题并解决问题，达到企业诊断的预期疗效。由于各国企业实践的不同，企业诊断的定义尚未形成一个统一的说法。

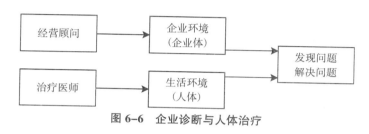

图 6-6　企业诊断与人体治疗

在美国，W. L. Campfield 博士认为企业诊断是对企业的计划、作业方法、人员工作等有关问题，做出客观性的分析和评价，并以报告的形式提出一系列的改善建议。W. Lenoard 教授认为，企业诊断就是对企业全部或部分组织结构、生产计划、运营流程、人力资源、财务状况等做出有效的分析，拟出建设性的诊断报告提供给企业管理层参考和改进。

在日本，明知大学富三郎教授认为企业诊断是指通过对经营和经营活动的定性和定量的分析，采用对比的方法，对经营的经济性进行综合评价的同时，发现经营上的缺陷，提出改善的建议和指导的一系列活动。同时还认为，企业诊断是指对经营现状的分析，在明确经营地点、经营环境、经营体制、经营机能等方面问题的情况下，指出改善的对策，取得领导或领导集团的承认，并进行指导和帮助，以达到实现经营基本目标的活动。由此可见，企业诊断不仅要考虑企业的过去和现在，更要关注企业的未来。正如神户工商管理大学三木信一氏教授所强调的企业诊断生命在于未来的创造。

在中国，企业诊断专家宋绍华教授认为企业诊断就是通过对企业环境和企业能力的分析，对企业的经营作出综合的评价。在此基础上，以产品、市场战略为核心，制定经营战略，为了明确实现这个经营战略必须采取的经营革新课题，对解决的问题提出具体的建议和指导，以实现企业基础结构改革的一系列过程。总之，企业诊断是以企业为对象而进行的综合分析和诊断。

综上所述，虽然对企业诊断的定义各不相同，但是学者们对其内涵的把握却是一致的，即企业诊断是现代管理学中的一门"临床"应用学科，诊断专家运用管理理论及方法，通过对企业的全方位分析，以发现企业实际运营中的问题，并给出具有建议性的诊断报告，以解决实际问题，达到企业预期目标。

(二) 企业诊断研究的原则

企业诊断研究的特点主要表现为企业诊断的临床性。如同医学的临床诊断一样，企业诊断也是解决企业的实际问题的临床性医学问题。首先，企业诊断必须亲临现场，解决企业生产经营中的实际问题。其次，企业诊断还是一种具有较强综合性和系统性的企业服务活动，即企业诊断是以企业综合系统最优化为目标的系统工程。最后，企业诊断更加突出其临床性，诊断人员必须根据企业具体情况和所处环境状况，利用实践性的技术开展诊断活动，进而提出企业的改善建议或方案。为了保证企业诊断研究的顺利进行，必须严格执行以下原则。

1. 综合性原则

企业诊断必须以企业的整体目标为中心，始终站在全局的立场上进行企业综合协调。

2. 环境意识原则

企业诊断不仅局限在企业内部，还要包括企业外在的环境，如自然环境、社会环境与企业竞争环境，因此企业诊断要确保企业自身的利益和外在的效益相一致。

3. 成长性原则

企业诊断要以发展的眼光，根据企业所处的发展阶段进行企业诊断。

4. 指导性原则

企业诊断一般仅以建议性的诊断报告对企业进行指导。

5. 客观性原则

企业诊断要求诊断人员必须从中立的第三者立场客观地进行诊断，保守诊断保密，具有一定的职业道德修养。

(三) 企业诊断研究的意义

企业诊断研究是以企业整体为研究对象，研究的目的在于强化企业体质、发现病症以及了解现状作为未来计划的起点。所以，必须在综合分析企业内外条件

的基础上，揭示企业经营管理上存在的问题并谋求其改善途径，企业诊断不仅为企业排忧解难，协助其改进，提高企业的经营管理水平，强化企业的应变能力，而且能增加社会经济效益，具有积极的作用。

对于企业诊断来说，它的意义在于从生产、销售、财务、综合管理等各个角度调查分析整个企业的经营情况，根据企业诊断的结果对企业的经营提出必要的改进措施，促进企业健康发展以及获得持续的竞争能力，基业长青。具体而言，在于了解企业内外环境的变化，指出管理实况的症候，分析经营管理的根因，检讨经营战略的方向，健全整个组织的运作，提高长期财务的收益，确保整体目标的达成，防范企业危机的发生等方面。

二、企业诊断法的类型

对于企业诊断研究法，主要包括"诊"与"断"两个方面。其中"诊"，就是找出企业存在的问题，而"断"，是在"诊"的基础上进行"断"，是在分析问题的原因基础上，提出诊断报告，解决问题。

如果从定性和定量分析的角度看，企业诊断方法可分为企业管理诊断和企业经营诊断分析两种方法。企业管理诊断是一种定性分析，是从管理的角度找出企业目前存在的问题，深入分析产生的原因，提出可行的解决方案。这种管理诊断一般是从整体上对企业进行宏观分析，提出方向性的解决方案。企业管理诊断强调分析问题且抓问题的本质，并从根本上彻底解决企业内部存在的问题。对于具体问题分析，往往问题难以量化，而且对企业诊断者要求具有较高的专业知识和丰富的诊断。而企业经营分析是一种定量分析，通过企业所有的财务数据，找出目前企业经营中存在的主要问题及产生的原因，提出改善和解决方案。相比较企业管理诊断，企业经营诊断是以具体数字来说明问题，又以数字寻求解决问题的方法。这种诊断方法主要通过各种财务数据，将企业存在的问题进行量化，从而找出解决问题的方法。企业诊断研究法注重从表象发现和解决问题，并不探究问题存在的根本原因，也就很难在本质上彻底解决问题。

对工商管理学位论文来说，所做的企业诊断研究法大致可以分为三大类型，如表 6-1 所示。每种类型有不同的要求，工商管理学生在做企业诊断时需根据自己的知识背景、经验、时间、其他资源选择某类型的企业诊断。

表 6-1 企业诊断研究法的类型

诊断研究法的类型	具体类型	要求
综合诊断	企业成长诊断	综合知识、企业高层运作经验、较充足的时间
	企业收益诊断	
	企业活动诊断	
	企业投入产出诊断	
基本诊断	企业经营管理诊断	专业知识、企业管理经验、一般时间
	企业发展战略诊断	
	企业组织设计诊断	
	企业营销管理诊断	
	企业计划管理诊断	
活动诊断	企业销售业绩诊断	专业知识、一般的工作经验、一般时间
	企业生产管理诊断	
	企业质量管理诊断	
	企业人事管理诊断	
	企业财务管理诊断	

三、企业诊断的过程

企业诊断的过程，实质上是发现问题、分析问题与解决问题的过程。Chase、Aquilano 和 Jacobs（2001）认为企业诊断流程包括下列八个步骤：业务与计划制订；问题分析；对策方案之设计、制定和测试；提出最终报告；制定系统的绩效衡量方法；实施改进；客户满意度确认；诊断个案信息的收集与学习。而这些步骤从业务接单到结案以及个案信息回馈与学习，形成了一个循环。

一般来说，企业诊断的过程可分为准备诊断、实施诊断和治理弊病三个阶段。在准备诊断阶段，要抓住诊断立案、收集资料、初步调查、制定诊断方案和确定分工等环节。在实施诊断阶段，要抓住探索分析、常规检查、追踪调查、确定弊病等环节。在治理弊病阶段，要抓住听取意见、研究方案、提出报告、进行指导、回访等环节。而在具体的实际运作上，企业诊断又会细化为诊断前准备阶段、诊断需求确认阶段、预备诊断开展阶段、正式诊断与提交报告阶段、诊断实施及反馈阶段五个阶段，如图 6-7 所示。

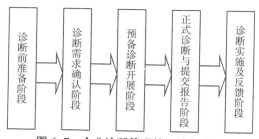

图 6-7   企业诊断管理的五阶段流程

（一）诊断前准备阶段

诊断前准备阶段包括明确诊断需求、成立诊断小组、完成诊断前分析报告等环节。其目的是要初步掌握产业环境与了解受诊断企业的经营概况。首先，企业要明确有企业诊断的需求。其次，诊断人员成立企业诊断的先遣小组，派遣至有诊断需求的企业。对诊断先遣小组要求有必须依诊断需求而成立、成员人数在2~3 人、成员必须是学有专精且经验丰富的诊断专家。先遣小组的任务是收集相关数据与数据分析。最后，完成诊断前准备。先遣小组必须在诊断前收集诸如产业环境及企业经营现状的数据，完成诊断前的分析报告。

（二）诊断需求确认阶段

诊断需求确认阶段包括：决策者访谈、诊断委托是否接受的判定等环节。其目的在于一方面确认要进行诊断企业的真实需求，另一方面诊断小组评估诊断项目，从而作为是否接受诊断委托的依据。具体做法分为：第一，与企业决策者进行谈判，如了解企业的经营方针、目标和愿景。了解企业决策者的需求和期望；了解企业决策者改革进行企业诊断的决心和支持度；确定企业诊断的目的及范围；收集相关数据。第二，通过与决策者谈判，先遣诊断小组对是否接受诊断委托进行判断。

（三）预备诊断开展阶段

先遣诊断小组接受委托诊断之后，便展开企业诊断。在开展正式诊断之前，便是预备诊断。对于预备诊断，包括诊断与资源分配计划、可行性确认、预备诊断（企业经营现状诊断与企业经营分析）等环节。其目的在于为以后的正式诊断进行准备。首先，企业进行诊断和资源分配计划，如诊断小组正式产生。企业也要成立企业诊断项目管理委员会，完成诊断计划书，其中计划书中包括诊断进度表、诊断内容、对象以及成本预算和项目管理。其次，就是对诊断计划书进行可行性确认。双方确认的诊断计划书便是日后双方共同履行的依据。最后，预备诊断。

（四）正式诊断与提交报告阶段

正式诊断与提交报告阶段包括诊断问题分析与对策、诊断信息研究、诊断报告等环节。该阶段的目的是找出企业问题点，并拟定对策，改善企业经营现状，以达到企业诊断的目的。首先，企业正式诊断是从企业相关信息中找出问题点，提出有效的对策。其次，通过收集信息，进行诊断信息分析。最后，在企业诊断分析后，提出企业诊断报告。诊断报告书包括企业背景摘要、企业经营诊断范围与内容、企业经营诊断问题分析、企业经营诊断结论、企业诊断建议和对策方案等。

（五）诊断实施与反馈阶段

诊断实施与反馈阶段包括对策方案实施、效果评估、客户满意度调查等环节。诊断实施与反馈阶段是企业诊断后的后续作业，其目的是考核诊断企业是否按照企业诊断报告中所提出的对策方案实施，在企业实施诊断后，企业诊断报告之实施成效和客户满意度如何。

四、对工商管理学生的要求

（一）企业诊断是在企业中找出问题，并能为企业解决问题

企业诊断必须走进企业中去找原因，否则永远找不出问题的关键。企业是鲜活的，环境是变化的，不同的企业有不同的特点。不同地域企业不同，不同产品企业不同，因此做企业诊断应经常密切关注企业。

（二）深入企业内部才能诊断出病因

企业的许多难题是企业内部原因造成的，错综复杂，涉及面广，只有深入企业内部研究诊断才能发现。而且，大多数经营管理实践中出现的问题没有现成的解决方法可以借鉴，不可能套用某个格式进行诊断。可能的话应经常深入到企业、深入到各级领导和员工中去，做深层次的、细致入微的定性访谈和定量问卷诊断，反复论证以找出病因和解决方案。

（三）解决问题比诊断问题更重要

仅仅诊断出企业经营过程中的问题，无解决问题的方法，于事无补，于人无益。做诊断更注重解决问题、注重实效。如果为了诊断而诊断，会使企业经营更

混乱，这样的诊断不做也罢。

（四）客观科学乃诊断之本

企业诊断首先要客观，不带任何主观意识、个人成见、感情因素。企业诊断更需要科学，需要科学的方法、专家的学识与经验、脚踏实地的精神。

（五）诊断工具的广泛使用

把自己所学的知识、掌握的方法和技巧、自己和别人的经验尽可能地使用，同时借鉴专家经过长期的实践，已经摸索出的一套客观的科学可行的定性与定量诊断方法，确保诊断作业的质量与效果。

（六）注意事项

为了保证企业诊断型工商管理学位论文的质量和应有的水平，在撰写时必须注意这些要求：

（1）所完成的企业诊断论文必须具有一定的典型性、前瞻性、新颖性和代表性。

（2）必须真实可靠，不允许虚构企业或杜撰其经营状况。

（3）正文部分应介绍被诊断企业的基本情况，诊断类型和范围，并综合运用所学的理论、方法、工具进行剖析，提出诊断意见、改进方案和措施等。

（4）如果有保密的必要，在论文中可对诊断对象的有关资料进行适当的处理。

（5）诊断报告的结构严谨、语言流畅，具有可读性。

总之，对一篇企业诊断类型工商管理学位论文，要求所完成的报告必须具有一定的代表性，所反映的是当前某个领域的重要问题。诊断报告应包括诊断类型和范围、对所诊断对象的分析和诊断意见、改进的方案和措施等。

第三节　调查研究法

调查研究类工商管理学位论文要求学生运用科学、规范的调查研究方法，对工商管理领域内的某个或某些现实问题进行深入、系统的调查研究，应用合适和规范的理论与问卷方法对调查所得的数据和资料进行分析、总结归纳、推论出正确结论，并最终形成工商管理学位论文。

一、调查研究的基础

目前调查研究已成为研究工商管理学位论文写作过程中的重要方法之一，作为工商管理学位论文的调查研究报告，一般意义上的调查研究报告在专业性、学术性和深度要求上有其特殊的要求。论文所调查问卷的问题应主要界定在工商管理和经济领域，且调查研究的具体对象要有代表性和典型性。

（一）调查研究的分类及特点

调查研究是有目的、有计划、有系统、直接地收集有关企业的现实状况或相关资料的方法，运用科学的分析和综合的方法进行研究，从而阐明企业生存与发展规律的认识过程。调查研究法是研究工商管理领域中常用的基本研究方法，它综合运用问卷调查研究法、观察研究法等以及谈话、问卷、个案研究、测验或实验等科学方式，对有关企业管理的问题进行有计划的、周密的、系统的了解，对调查收集到的大量资料进行分析、综合、比较、归纳，借以发现存在的管理问题，提出调查研究及分析报告，供企业决策建议和改进措施。

调查研究一般包括调查和研究两个阶段，旨在为了解企业，且收集实施和相关资料，对企业管理的问题和现象进行系统研究，从而认识企业管理的本质和发展规律。调查研究法具有如下特点：

（1）目的性。调查研究具有很强的针对性和目的性，这也是调查研究法的生命力所在。

（2）综合性。调查研究作为一门系统的研究方法，必须综合运用各方面的知识和方法进行调研活动。

（3）实践性。实践性是调查研究最为突出的特点。调查研究离不开调查，而调查本身就是一种实践活动，调查要求一定要到实地考察，方能体现调查研究的价值。

（二）调查研究遵循的原则

调查研究法是科学研究所不可缺少的重要工具，调查研究作为一门广泛运用的实证研究方法，必须遵循科学研究的一般原则：

（1）客观性原则。调查研究是一种科学实践活动，调查研究必须保持研究的客观性，即对客观事实坚持实事求是的态度。

（2）理论联系实际原则。调查研究必须以企业的调查实践为基础，调查实践

是调查研究的出发点和归宿点。这也就决定了调查研究的内容和目的。

（3）系统性原则。调查研究要求完整地、全面地认识和概括研究现象和经验事实，揭示现象之间的相互联系。

（4）科学性原则。调查研究是建立在实地调查和正确的逻辑推理上。

（三）调查研究法的作用

调查研究要从工商管理教育的客观现实出发，从实际问题出发，必须坚持实事求是的态度，尊重客观事实，并采取认真、严谨的科学态度，遵守科学研究的规范。所以，调查研究法的作用具体如下：

（1）为工商管理学生提供研究专题的第一手材料和数据，揭露企业存在的问题，暴露矛盾，通过不断解决各种矛盾促进企业持续地发展。

（2）为企业有关部门制定管理政策、战略规划、完善企业管理提供事实依据，为实现不同层次和不同要求的企业管理层提供预测和建议。

（3）调查研究可以了解企业先进的经验或存在的问题，并提出解决问题的新见解、新理论，从而推进该领域工作的科学化。

二、调查问卷的设计

工商管理学生在导师的指导下选择所要研究的问题，先了解有关问题的理论进展，提炼自己最关心的核心问题，并拟订调查计划或方案，设计研究方法，然后将调查计划付诸实施（即问卷调查等工作，这是调查研究中最重要、最花费精力的工作），获得调查资料和数据，运用既定的研究方法对资料和数据进行规范的分析，并对分析结果进行讨论和总结，最后形成自己的结论和建议，并将之整理成文。

（一）调查问卷设计的原则

问卷法（Questionaires），是研究者用来从个体对一些问题的回答中收集各种信息的一种调查方法。它的形式是一份精心设计的问题表格，用途在于测量人们的态度、行为等特征。20世纪以后，结构式的问卷越来越多地被用于定量研究，它与抽样调查相结合。

问卷法按照提问和反应的结构方式，通常可分为两大类：自由回答（无结构）和有选择回答（有结构）。自由回答问卷通常被称为开放式问卷，后者则被称为封闭式问卷或固定选择问卷。封闭式问卷的最大优点是答案较为集中，数据处理较为简单。而自由式的问卷，可能得到各种不同的回答，要对回答归类、评分和编码。而这过程需要有专业知识和对研究问题的了解，相对花时较多且费用较大。而回答者也可能觉得要详细叙述颇为复杂枯燥而有可能不作答或只给出简单的回答，但自由式问题不限制回答者的思路，因而有可能提供一些研究者没有考虑到但具有价值的信息，发现新问题。一般来说，调查问卷的设计具有以下原则，如图 6-8 所示。

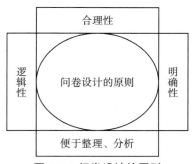

图 6-8　问卷设计的原则

1. 合理性

合理性指的是问卷必须紧密与调查主题相关。

2. 逻辑性

问卷的设计要有整体感，这种整体感即问题之间要具有逻辑性，独立的问题不能出现逻辑上的谬误，从而使问卷成为一个相对完善的小系统。

3. 明确性

所谓明确性，事实上是问题设置的规范性。这一原则具体是指命题是否准确，提问是否清晰明确、便于回答，被访问者是否能够对问题作出明确的回答。

4. 便于整理、分析

首先，这要求调查指标是能够累加和便于累加的。其次，指标的累计与相对数的计算是有意义的。最后，能够通过数据清楚明了地说明所要调查的问题。只有这样，调查工作才能收到预期的效果。

（二）调查问卷的设计

问卷的设计是关系整个调查成败的一个关键环节，调查研究的组织者要耗费时间和精力，认真琢磨、反复推敲，设计出高质量、高水平的问卷。调查问卷的设计，如表 6-2 所示。

表 6-2　调查问卷设计

调查的过程	调查问卷的结构	设计问卷注意的问题
准备阶段	前言	问卷一般不宜太长
调查阶段	主体	问卷设计中的难点是问题的表述
分析阶段	结束语	坚持先易后难的原则
总结阶段		

1. 调查的过程

对于调查问卷的过程，一般可以分为四个阶段：准备阶段、调查阶段、分析阶段和总结阶段。准备阶段包括确定课题、设计调查方案、具体准备。调查阶段是调查研究方案的执行阶段，主要是按照调查问卷方案中所确立的调查计划、调查方式进行资料的收集，具体贯彻调查设计中所确定的思路。分析阶段也称研究阶段，这一阶段是指在实地调查完成后，调查者对所收集的资料审核、整理、统计、分析的过程。总结阶段是调查问卷的最后阶段，这一阶段主要是总结调查工作、评估调查结果和撰写调查报告。

2. 调查问卷的结构

一份完整的问卷应包括前言、主体、结束语三部分。前言是对调查目的、意义、调查的组织者以及有关调查事项的说明，以获得被调查者的理解和支持。前言的语言要诚恳、平易近人，特别是要说明调查的保密原则和匿名性。主体是问卷的核心，包括问题和答案。结束语主要是向被调查者表示感谢，并询问一下对问卷设计和调查本身的看法和感受。

3. 设计问卷注意的问题

首先，问卷一般不宜太长，控制在 30~40 分钟为宜。如果问题太多，会使被调查者付出的精力多，花费的时间长，以至于不予以配合，给调查工作带来不必要的麻烦。其次，问卷设计中的难点是问题的表述。如何用文字表述好所要问的问题至关重要。一般问题要具体，不要抽象、笼统。问题的用词要通俗、易懂，不要适用过于专业化的术语。用词要准确，不要适用模棱两可、含混不清或容易产生歧义的词。避免带有双重含义即一题两答式问题，同时提问题的态度要客观，不带有倾向性，使用中性语言，避免使用否定句，对敏感问题尽量采用第三人称。最后，在排列问题时要坚持先易后难的原则，容易回答的问题放在前面，难以回答的问题放在后面。先一般后敏感的原则，把能引起兴趣的问题放在前面，敏感性的问题放在后面。此外还有先封闭后开放的原则，封闭性的问题放在前面，开放式的问题放在后面。在问题的排列上还要考虑到逻辑性，按照事情发生的先后顺序进行。

三、调查研究的实施

在调查研究我们必须考虑两个因素：回收率与有效率。因此，特别是问卷调查，应充分考虑这两个关系到结果的重要因素。

（一）调查对象数量的控制

对于问卷调查，我们必须考虑两个因素。一是以问卷的回收率，即发出问卷后，经被调查者填答并能被研究者收回的问卷比率，回收率的大小与问卷的发放方式与问卷设计质量有关。二是问卷的有效率，凡未作回答或者不按要求填答，都属于无效回答。

（二）问卷的分发与回收

问卷的分发方式有多种，在管理研究中最常用的有四种方式。

1. 邮政投递式

研究者通过邮局向被选定的调查对象寄发问卷，并要求被调查者按照规定的要求和时间填答问卷，然后再通过邮局将问卷寄回给研究者。邮递问卷有利于控制发卷的范围和对象，有利于提高被调查者的代表性，回答质量较高，可节省时间。但问卷的回收率较低，在30%~60%。这种方法的优点是简单易行、费用低廉、节省人力、具有匿名性，在一些敏感性问题上可能得到真实的回答。它的缺点是：资料回收率低、收集资料的时间很长、由于没有访员的帮助而废卷较多、被调查者会出现自我淘汰使资料具有某些局限性，也就是说，收集的样本肯定不包含不愿意回答问题的那部分人，无法知道问卷是否由被调查者本人完成，这都影响研究的准确性。

2. 专门递送式

这是研究者派专人将问卷送到选定的调查对象，待被调查者填答完后，再派专人收回问卷。这种方法最适合于有组织的集体调查对象，如参加某次会议的代表、某一单位部门的成员等。这种方式的问卷回收率达90%以上，而且回收时间迅速、整齐。但由于被调查对象过于集中、范围较窄、代表性较差，而且由于过于集中，被调查者之间可以互相询问、互相影响，回答结果容易失真，甚至可能

出现请别人代答的现象。

3. 集中填答式

这是研究者亲自到被调查对象的单位，将调查对象集中起来，由研究者向被调查对象说明调查的目的和填答问卷的方法，被调查者即时填答，然后由研究者收集问卷。由于访员的缘故，能保证问卷有效完成，回收率高（可高达 100%），方式灵活，适用于结构复杂的问卷。但这种方式浪费人力、浪费时间、浪费财力，只适用于特定的场合，如对在岗的员工、管理者进行调查常用此法，而且这种方式下被调查者的填答容易受研究者主观因素的影响、存在由访员引起的误差，匿名性差，影响一些敏感问题的回答真实性。

4. 网络投递式

随着网络技术的发展和普及，人们之间相互沟通的快捷程度已今非昔比，现在许多研究者把调查问卷发布在网站上，这样回收数量较大，但回答者主要是具有上网条件的用户，其代表性受到限制。此外，可以节省时间，在较短的时间内完成问卷调查工作，且可降低成本，省去邮寄费用或派专人调查的差旅费用。但由于网络的匿名性和缺乏约束性，被调查者很可能不愿合作或随意填写，或者为了某种利益，故意作弊，直接影响调查结果的客观性及可信度。

通常为了取得较好的研究成果，可以同时结合使用四种方式。除了上述四种方式外还有报刊问卷，也就是把问卷印在报刊上，随报刊的传递分发问卷。但报刊问卷被调查的对象只限于报刊的读者，其代表性差、回收率低，因此在管理研究中极少使用此法。

（三）问卷调查的常见问题

问卷调查经常会出现以下问题：

（1）被调查者仔细考虑后对问题的回答，有可能并不是他的真实想法。

（2）被调查者的知识水平、表达能力对研究的结果有一定的影响。

（3）对于某些敏感问题，即使问卷设计很合理，被调查者仍然有可能不愿透露真实想法。

（4）回收率太低，以至于影响后续研究工作的开展。

（5）自愿接受调查的人，其动机包括了自豪感、自我实现感和荣誉感，志愿者最主要的激励来自于精神方面。志愿者不同于一般随机抽样抽中的被调查者，他们有表达的欲望，有影响别人的欲望，故其会对结果造成一定的偏差或误差。

（6）由于调查研究需要一定的经费，对接受委托的调查研究执行机构，很有可能会受到委托方的压力，做出一定的妥协，从而影响到研究成果的可信度、学术性。

为了避免上述问题必须采取些措施。虽然没必要让回答者知道研究的真正原因（以免出现偏差），但要让回答者知道该研究对他们有益，这样才能获得支持与协助，并降低心中的顾虑。同时，也有必要向回答者确保信息及回答内容将被保密，不会对外泄露。此外，研究者要避免以欺骗的方式获得信息，以免发生回答者的不信任。这些工作应该以填写问卷说明的方式在问卷前言部分加以介绍。

对回收的问卷必须进行认真的审查，一些回答不完整、不按要求回答和回答不正确的问卷都应作为无效问卷。在对问卷数据进行整理加工时，不能把无效问卷的数据算入。否则会影响研究的可靠性和准确性。对问卷的数据处理，必须建立在有效问卷的基础上，才能保证问卷调查结论的科学性。

四、问卷的信度与效度检验

根据调查目的设计的调查问卷是问卷调查法获取信息的工具，其质量高低对调查结果的真实性、适用性等具有决定性的作用。为了保证问卷具有较高的可靠性和有效性，在形成正式问卷之前，应当对问卷进行试测，并对试测结果进行信度（Reliability）和效应（Validity）分析，根据分析结果筛选问卷题项，调整问卷结构，从而提高问卷的信度和效度。

（一）信度分析

信度即可靠性，它是指采用同样的方法对同一对象重复测量时所得结果的一致性程度。信度指标多以相关系数表示，大致可分为三类：稳定系数（跨时间的一致性）、等值系数（跨形式的一致性）和内在一致性系数（跨项目的一致性）。信度分析的方法主要有以下三种：

1. 重测信度法

重测信度法也叫稳定系数，对同一组调查对象采用同一调查问卷进行先后两次调查，采用检验公式 $r = \dfrac{\sigma_{x1x2}}{\sigma_{x1}\sigma_{x2}}$，其中，$\sigma_{x1x2}$ 为两次调查结果的协方差，σ_{x1} 为第一次调查结果的协方差，σ_{x2} 为第二次调查结果的协方差。系数值越大说明信度越高。重测信度法特别适用于事实式问卷，如性别、出生年月等在两次施测中不应有任何差异，大多数被调查者的兴趣、爱好、习惯等在短时间内也不会有十分

明显的变化。如果没有突发事件导致被调查者的态度、意见突变，这种方法也适用于态度、意见式问卷。由于重测信度法需要对同一样本试测两次，被调查者容易受到各种事件、活动和他人的影响，而且间隔时间长短也有一定限制，因此在实施中有一定困难。

2. 复本信度法

复本信度法是让同一组被调查者一次填答两份问卷复本，计算两个复本的相关系数。复本信度属于等值系数。复本信度法要求两个复本除表述方式不同外，在内容、格式、难度和对应题项的提问方向等方面要完全一致，而在实际调查中，很难使调查问卷达到这种要求，因此采用这种方法者较少。

3. 折半信度法

折半信度法也叫内在一致性系数法，将调查的项目按前、后分成两等份或按奇、偶题号分成两部分，通过计算这两部分调查结果的相关系数来衡量信度。当假定两部分调查结果得分的方差相等时，检验用 Spearman-Brown 公式来表示：$r=\dfrac{2r_{半}}{1+r_{半}}$，其中，$r_{半}$ 表示折半信度系数；当假定方差不相等时，采用 Flanagan 公式：$r=2\left(1-\dfrac{\sigma_a^2+\sigma_b^2}{\sigma^2}\right)$，其中，$\sigma_a^2$、$\sigma_b^2$ 分别表示两部分调查结果的方差，σ^2 表示整个问卷调查结果的方差。如果折半信度很高，则说明这份问卷的各项题之间难度相当，调查结果信度高。

4. α 信度系数法

Cronbach's α 信度系数是目前最常用的信度系数，其公式为：$\alpha=\dfrac{k}{k+1}\left(1-\dfrac{\sum\sigma_i^2}{\sigma^2}\right)$。其中，k 表示问卷中的题目数，$\sigma_i^2$ 为第 i 题的调查结果方差，σ^2 为全部调查结果的方差。从公式中可以看出，α 系数评价的是量表中各题项得分间的一致性，属于内在一致性系数。这种方法适用于态度、意见式问卷（量表）的信度分析，α 信度系数法也是目前最常用的信度分析法，如表 6-3 所示。

（二）效度分析

效度即有效性，它是指测量工具或手段能够准确测出所需测量的事物的程度。效度分为三种类型：内容效度、准则效度和结构效度。效度分析有多种方法，其测量结果反映效度的不同方面。常用于调查问卷效度分析的方法主要有以下三种分析（如表 6-3 所示）。

表 6-3　信度和效度分析方法

信度分析	效度分析
重测信度法	单项与总和相关效度分析
复本信度法	
折半信度法	准则效度分析
A 信度系数法	结构效度分析

1. 单项与总和相关效度分析

这种方法用于测量量表的内容效度。内容效度又称表面效度或逻辑效度，它是指所设计的题项能否代表所要测量的内容或主题。对内容效度常采用逻辑分析与统计分析相结合的方法进行评价。逻辑分析一般由研究者或专家评判选题项是否符合测量的目的和要求。统计分析主要采用单项与总和相关分析法获得评价结果，即计算每个题项得分与题项总分的相关系数，根据相关是否显著判断是否有效。若量表中有反意题项，应将其逆向处理后再计算总分。

2. 准则效度分析

准则效度又称为效标效度或预测效度。准则效度分析是根据已经得到确定的某种理论，选择一种指标或测量工具作为准则（效标），分析问卷题项与准则的联系，若两者相关显著，或者问卷题项对准则的不同取值、特性表现出显著差异，则为有效的题项。评价准则效度的方法是相关分析或差异显著性检验。在调查问卷的效度分析中，选择一个合适的准则往往十分困难，使这种方法的应用受到一定限制。

3. 结构效度分析

结构效度是指测量结果体现出来的某种结构与测值之间的对应程度。结构效度分析所采用的方法是因子分析。有的学者认为，效度分析最理想的方法是利用因子分析测量量表或整个问卷的结构效度。因子分析的主要功能是从量表全部变量（题项）中提取一些公因子，各公因子分别与某一群特定变量高度关联，这些公因子即代表了量表的基本结构。通过因子分析可以考察问卷是否能够测量出研究者设计问卷时假设的某种结构。在因子分析的结果中，用于评价结构效度的主要指标有累积贡献率、共同度和因子负荷。累积贡献率反映公因子对量表或问卷的累积有效程度，共同度反映由公因子解释原变量的有效程度，因子负荷反映原变量与某个公因子的相关程度。为了提高调查问卷的质量，进而提高整个研究的价值，问卷的信度和效度分析是研究过程中的重要环节。

五、访谈调查

访谈调查法简称为"访谈法"。访谈法是社会调查中最古老、最常用的方法之一。它是调查员通过与调查对象进行交谈，收集口头资料的一种调查方法。访谈通常是面对面进行的，由调查人员（也称为"访谈员"）接触调查对象，就所要调查的问题作出回答，并由访谈员将回答内容及交谈时观察到的动作行为及印象详细地记录下来。

（一）访谈的类型

结构式访问，也称标准化访问，是一种高度控制的访问，即按照事先设计、有一定结构的访问问卷进行的。访问者提前准备题项清单，按照设计好的问题来询问受访者，当受访者表达意见时，研究者会进行记录，同样的问题也可以相同的方式询问每个人，当得到足够信息时，就可以结束访谈，并将信息列表显示，进行分析。

无结构式访问，又称非标准化访问，与结构式访问相反，不提前制定统一的问卷、表格和访问程序，而只给访问者一个题目，由访问者自由发挥。其目的是引进些初步的议题，以便研究者决定可对哪些变量做进一步的深入调查。

重点访问又称集中访问，它是集中于某一经验及其影响的访问。

深度访问又称临床访问，它是为搜寻特定经验及其行为动机的主观资料所做的访问，常用于个案调查。

客观陈述法又称非引导式访问，其最大特色是让被访问者对自己和所处的工作生活环境进行考察，再客观陈述出来，即访问者鼓励被访问者把自己的价值观念、行为以及他所工作生活的环境客观地加以描述。

座谈会是种集体访问方法，即将许多调查对象同时进行访问，也就是通常说的"开调查会"。

头脑风暴法，即调查会会议主持者不说明会议目的，而只就某一方向的总议题，请到会者自由地发表意见，会议主持者不发表意见，更不对到会者的意见提出批评。

逆向头脑风暴法，即调查会会议先列出某方面的问题，参加者不仅自己发表意见，而且必须针对别人的意见展开批评与评价，以寻求解决问题的途径。

小组访谈法，指调查者邀请若干被调查者，通过小组座谈的方式研究管理问题的方法。小组访谈法是访谈法的一种扩展形式，与个案访谈法一样都是进行直接的口头调查。特点是同时访谈若干个被调查者，是若干个被调查者之间互相影响、互相作用的过程。围绕着某个专题展开，这类调查方法被称为"专题小组访谈"或"焦点小组访谈"。其缺点是容易受到其他受访者的影响、保密性差、比较费时。

（二）访谈法的特点

访谈法的优点是信息量大、灵活性高、适用范围广、控制性强，访谈法可以与其他方法相结合。访谈法的缺点是开放式的访谈标准不一、其结果难以进行定量研究、成本较高、访谈通常时间长、匿名性不够强、受访谈对象周围环境的影响大。

访谈法比观察法更深入地了解被调查对象的内在信息，调查者常常也要观察被调查者的非语言信息，最基本的获取信息途径是通过直接语言交流。

访谈法有时要利用问卷进行，这类访谈一般被称作问卷调查访谈，但很多时候调查者并不是按照事先拟订好的问卷访问被调查者，而是围绕相关主题进行比较自由、广泛和深入的交谈。

（三）访谈实施

在访谈前需要做一系列的准备，包括熟悉调查内容、了解被访者的组织特征、确定并了解访谈对象、拟订实施访谈的工作计划、准备工具。

在访谈之初容易出现的问题有：由于陌生感使被调查者受到拘束；调查对象以各种原因拒绝受访，访谈者因此产生怯场或不耐烦情绪；由于调查者与被调查者地位不平等，产生不自然感。因此作为访问员，除对访谈对象表示礼貌外，可以先谈谈调查对象具备或熟悉的方面，形成有利于调查的气氛后，就可详细说明调查内容，提出第一批问题。

对访问员进行培训是必要的，内容包括研究指导者进行简要介绍；阅读问卷、调查员手册或访谈指南及其他与该项研究有关的材料，举行模拟访谈；结合模拟访谈，集体讨论，建立监督管理办法。

小组访谈主持人的指导与控制要有技巧，具体有打破短暂的沉默、创造良好的访谈气氛、开展民主平等的讨论、把握访谈的主题、做一个谦逊客观的主持人、做好被调查者之间的协调工作、应当场做好访谈记录。

Leedy 和 Ormrod（1993）在综合多位学者观点的基础上，结合自己的体会，

提出一些访谈的技巧：确定被访者在群体中具有一定的代表性、选择适宜的地点、花几分钟时间协调相互关系、征得记录许可、关注实施而不是关注抽象与假设、逐字记录回答、注意自己的翻译。

示例 6-1

专家深度访谈讨论提纲

一、问题提纲

请回顾一下中文系统（或中文文书处理系统、MIS 软件、PCGame 软件）这个产业最早的源起与逐渐演变的过程。

请叙述一下中文系统（或中文文书处理系统、MIS 软件、PCGame 软件）这个产业随后的成长与变化过程。

请叙述一下中文系统（或中文文书处理系统、MIS 软件、PCGame 软件）这个产业最近的状况与变化。

请叙述一下这个产业在上述的变化过程中，有关市场规模、产业结构、同业厂商的出现与竞争情况、相关特殊事件的发展与演变状况。

请叙述一下这个产业在上述的变化过程中，有哪些代表性的公司，这些公司的规模、技术、产品线、营业额、组织架构、营运机制等在不同的演变过程中有哪些特殊的变化或特殊的事件。

二、焦点（专家）小组访谈议程

1. 引言

简单介绍本研究的研究主题及目的，说明受访者所陈述的内容对本研究的重要性，说明访谈以开放形式进行，访谈内容以讨论提纲为主但不以此为限，最后说明访谈过程资料的记录方式。

2. 讨论

依上述讨论提纲进行，其他补充事项，请教受访者是否还有重要情节有所遗漏需要补充。

3. 结论

谢谢受访者接受访谈，盼望允许对后续问题继续请教。

资料来源：网络公开资料整理。

（四）扎根理论方法

扎根理论（Grounded Theory）是美国学者 Glaser 和 Strauss 总结出的一种定性研究方法。所谓扎根理论，是指用归纳的方式，对现象加以分析整理所得的结果，是经由系统化的资料收集与分析，而发掘、发展并已暂时验证过的理论，是忠实于证据的理论。

扎根理论方法的主要目标是从数据开始，并从中建立起理论框架，也可以和深度访谈等方法结合使用，这时不应该用过多的结构性问题限定谈话的范围，而应该更多地请专家自由地讲述个人见解，访谈者只是注意谈话内容不要离开主题就可以了。这时，在访谈之前也应该有个研究性架构，并通过编码来生成模型。

示例 6-2

满意度调查表

食堂满意度调查表

1. 您认为食堂供应的食物是否新鲜、卫生的满意度是：

□非常满意 □满意 □一般 □不满意 □非常不满意

2. 您认为食堂的服务态度的满意度是：

□非常满意 □满意 □一般 □不满意 □非常不满意

3. 您认为食堂供应的菜肴售价合理性的满意度是：

□非常满意 □满意 □一般 □不满意 □非常不满意

4. 您认为食堂供应的菜肴合乎需求的满意度是：

□非常满意 □满意 □一般 □不满意 □非常不满意

5. 您对车队的日常出车及时性的满意度是：

□非常满意 □满意 □一般 □不满意 □非常不满意

6. 您认为夜班车服务质量的满意度是：

□非常满意 □满意 □一般 □不满意 □非常不满意

7. 您对车队的服务质量的满意度是：

□非常满意 □满意 □一般 □不满意 □非常不满意

8. 您对车队的车辆维修与保养是否满意：
□非常满意 □满意 □一般 □不满意 □非常不满意

9. 您对工作环境的满意度是：
□非常满意 □满意 □一般 □不满意 □非常不满意

10. 您对厂区保洁（道路、广场、绿地等）的满意度是：
□非常满意 □满意 □一般 □不满意 □非常不满意

11. 您对厂区绿地植物配置合理性的满意度是：
□非常满意 □满意 □一般 □不满意 □非常不满意

12. 您对所接受的花卉服务的满意度是：
□非常满意 □满意 □一般 □不满意 □非常不满意

13. 您对饮用纯净水水质及送货及时性的满意度是：
□非常满意 □满意 □一般 □不满意 □非常不满意

14. 您对文件复印服务的满意度是：
□非常满意 □满意 □一般 □不满意 □非常不满意

15. 您对文件管理与服务的满意度是：
□非常满意 □满意 □一般 □不满意 □非常不满意

16. 您对法律事务管理与服务的满意度是：
□非常满意 □满意 □一般 □不满意 □非常不满意

17. 您对会议组织与服务的满意度是：
□非常满意 □满意 □一般 □不满意 □非常不满意

18. 您对所居住环境与服务的满意度是：
□非常满意 □满意 □一般 □不满意 □非常不满意

19. 您对接待工作的满意度是：
□非常满意 □满意 □一般 □不满意 □非常不满意

20. 您对客餐安排与服务的满意度是：
□非常满意 □满意 □一般 □不满意 □非常不满意

21. 其他意见或建议：

资料来源：网络公开资料整理。

第四节　专题与可行性研究法

一、专题研究法

工商管理专题研究型论文应重点体现研究问题的实际意义和实用价值，应综合运用所学的现代管理理论与方法解决实际问题。

（一）专题研究的基础

所谓"专题"就是围绕某一个或某一类问题而形成的相关问题的集合。专题研究类的工商管理学位论文主要是对某个或某类实际问题，要求工商管理学生独立运用相关理论和方法进行深入系统研究，学生通过个人的分析见解、建议或对策，从而形成一篇合乎规范要求的论文。与普通硕士研究生学位论文相比，专题研究法的学位论文在保证较强的学术研究特征时，更侧重应用性，具有较强的应用价值或借鉴价值。

专题研究的重心是"研究"，研究的对象是"专题"。"专题"的基点在"题"的问题上，特点是"专"的深入、集中、专一、专注。"专题"则是指典型、特别、有代表性的问题。因此，"专题研究"就是指对典型、特别与有代表性的问题进行深入、专注的研究。合理确定所要研究的问题是写好此类论文的前提。在论题确定后，依据相关基础理论，收集与本论题相关的文献资料、信息或数据，再运用合适的理论分析方法进行系统分析和论证，从而得出论之有据、言之成理的观点、建议或对策。

（二）论文的构成

从内容上讲，专题研究类工商管理学位论文主要应当包括以下几个方面（这并不代表实际写作中的章节安排顺序），如表 6-4 所示。

表 6-4　论文的构成

序号	构成部分
1	所研究问题的基本状况
2	国内外的相关研究进展
3	解决此类问题所涉及的相关因素分析

续表

序号	构成部分
4	结论或建议
5	相关问题或进一步的分析

1. 所研究问题的基本状况

在这部分就是要对研究对象有一个简要说明或介绍，以及此类问题在我国的发展现状及相关问题。

2. 国内外的相关研究进展

即要了解国内外解决此类问题的成功经验、做法或理论研究成果，以及作者对此的基本评论。

3. 解决此类问题所涉及的相关因素分析

相关因素包括有利因素、不利因素、内部因素、外部因素等，这一部分的主要作用是承上启下，目的是寻找解决问题的努力方向。

4. 结论或建议

在经过上述几个方面的分析后，应当就所研究的问题提出自己的观点。观点可以以建议、对策或结论的形式明确表示出来。这是学位论文的重要组成部分，也是作者对自己在该论文中的创新努力进行归纳的部分。

5. 相关问题或进一步的分析

这一部分的作用是对结论或建议进行补充说明或对研究问题做出某种展望，并形成具有一定应用价值的、系统的对策建议。

二、可行性研究法

可行性研究方法最早出现于美国。早在 20 世纪 30 年代美国为开发田纳西流域，开始采用可行性研究，并把这种方法作为开发规划的必要程序，保证了工程的顺利进行，取得了较好的经济效益。后来，可行性研究在工程建设和生产领域得到广泛运用，并在很多国家得到大力推广。作为一整套系统、科学的研究方法，可行性研究已被诸多国家所采用，如在西方国家称为可行性研究，俄罗斯和东欧称为技术经济论证，日本称为投资前研究，印度、巴基斯坦、科威特等国家也有各自的名称，有的叫投资研究，有的叫费效分析，但基本内容大致相同。而直到 20 世纪 70 年代末，可行性研究才从国外传入我国，目前主要应用于工程建设项目。

（一）可行性研究的基础

可行性研究是项目投资决策前进行技术经济论证的一门科学。可行性研究是就项目是否可行的研究，即在某一经济活动实施之前，对项目的建设方案或技术方案或生产经营方案的实施可能性、技术先进性和经济合理性进行调查研究、分析计算和评价，以确定一个技术上合理，经济上合算的最优方案。从项目的规划来说，可行性必须包括技术上和经济上能否成功两个方面。简而言之，是关于投资是否值得和在各种可行方案中，何者为最佳选择的研究。

对于可行性研究，一般来说应具有预见性、公正性、可靠性、科学性的特点。首先，可行性研究是对项目是否可行进行研究，因此这在一定程度上体现了可行性研究的预见性。其次，对于可行性研究，必须站在客观公正的立场进行调查研究，体现了研究的公正性。再次，对于可行性研究，应尽量收集相关的数据资料，通过切实可靠的资料，保证研究的可靠性。最后，可行性研究更加倾向于量化研究，从而体现了研究的科学性。

可行性研究是目前工程项目投资决策前技术经济论证的环节，其作用可归纳如下：

（1）主要是根据这个项目的可行性研究结果。

（2）可行性研究可以作为向银行申请贷款进行筹集资金的依据。目前，世界银行等国际金融机构，都把"可行性研究"作为建设项目申请贷款的先决条件，只有在他们审查可行性研究报告以后，认为这个建设项目经济效益好，具有偿还能力，不承担很大风险时，才能同意贷款。

（3）可行性研究可以作为对项目进行验收和考核的依据。工程项目的竣工验收以及正式投产后的生产考核，均应以可行性研究所制定的生产纲领、技术标准以及经济效果指标作为考核标准。

（二）可行性研究的内容

对于项目的可行性研究，一般而言大体包括以下内容（如图 6-9 所示）。

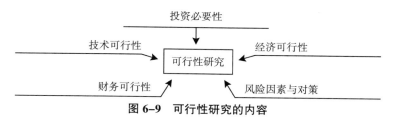

图 6-9 可行性研究的内容

1. 投资必要性

主要根据市场调查及预测的结果，以及有关的产业政策等因素，论证项目投资建设的必要性。在投资必要性的论证上，一是要做好投资环境的分析，对构成投资环境的各种要素进行全面的分析论证；二是要做好市场研究，包括市场供求预测、竞争力分析、价格分析、市场细分、定位及营销策略论证。

2. 技术可行性

主要从项目实施的技术角度，合理设计技术方案，并进行比选和评价。各行业不同项目技术可行性的研究内容及深度差别很大。对于工业项目，可行性研究的技术论证应达到能够比较明确地提出设备清单的深度。对于各种非工业项目，技术方案的论证也应达到目前工程方案初步设计的深度，以便与国际惯例接轨。

3. 财务可行性

主要从项目及投资者的角度，设计合理财务方案，从企业理财的角度进行资本预算，评价项目的财务盈利能力，进行投资决策，并从融资主体（企业）的角度评价股东投资收益、现金流量计划及债务清偿能力。

4. 经济可行性

主要从资源配置的角度衡量项目的价值，评价项目在实现区域经济发展目标、有效配置经济资源、增加供应、创造就业、改善环境、提高人民生活等方面的效益。

5. 风险因素与对策

主要对项目的市场风险、技术风险、财务风险、组织风险、法律风险、经济及社会风险等风险因素进行评价，制定规避风险的对策，为项目全过程的风险管理提供依据。上述可行性研究的内容，适用于不同行业各种类型的投资项目。

（三）可行性研究的过程

可行性研究作为一门技术经济论证的科学，旨在研究项目在技术上的先进性，在经济上的合理性及整个项目的可能性，从而为项目投资决策提供综合的可行性研究。一般情况下，对于一项新建的工程项目开发建设的全过程，大体分为三个时期：投资前期（建设前期）、投资期（建设期）和生产期。每个时期又分为若干个阶段，可行性研究一般分为以下四个阶段：投资机会研究、初步可行性研究、详细可行性研究、项目评估和决策，如图6-10所示。

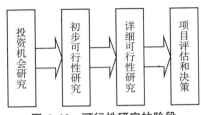

图 6-10 可行性研究的阶段

1. 投资机会研究

投资机会研究阶段主要是为投资项目提供一个方向性的建议，也就是根据调查研究，寻找投资机会。对投资机会一般考虑两大问题：一是社会是否需要，二是有没有可以开展的基本条件。投资机会研究是项目的初选阶段，要求投资估算的精确度在−30~30。由于投资机会研究比较粗略，所需时间比较短，费用比较少。

2. 初步可行性研究

初步可行性研究是在投资机会研究的基础上，为了对投资项目的经济性进行进一步确认。这一阶段的主要工作目标是对收集的有关资料进行较详细的分析研究，以便作出是否值得进一步深入研究，对某些关键性问题是否要进行专题的辅助研究的决定。初步可行性研究是介于投资机会研究和详细可行性研究之间的一个中间阶段，它与详细可行性研究的内容基本相同，只是研究的深度不同。该阶段对投资额和生产成本估算的精确度要达到±20，所花费的费用一般占投资额的0.25~1.25，时间为2~3个月。初步可行性研究的结果，要选出经济效益较好的方案，做进一步的深入研究。

3. 详细可行性研究

详细可行性研究又称技术经济可行性研究，是对工程项目进行深入细致的技术经济论证，为投资决策提供技术、经济、商业等方面的依据，为工程项目的投资决策提供依据。详细可行性研究阶段最后的结论是最终判定投资项目到底是上还是下的重要依据。这个阶段工作量很大，需要的时间长，费用高。一般来说，

对投资额和生产成本的计算精确度要求达到–10~10，所需费用与项目大小有关，小型项目占投资额的 1.0~3.0，大型复杂的项目占投资额的 0.2~1.0，时间为 3~6 个月。

4. 项目评价和决策

详细可行性研究本身不是目的，它仅仅为投资决策提供依据，是作出可靠选择的一种手段。项目评价的目的是使所选择的投资项目能合理利用国家有限资源，兴建对国家和社会贡献大的项目，使有限的国家资源达到最有效的分配利用。项目评价包括项目建设必要性评价、建设条件评价、技术评价、经济评价以及项目总体评价。根据可行性评价报告，对投资项目进行决策，决策结果不一定都与可行性研究结论相一致，但它确实为决策者提供了可靠的决策依据。

第五节　实验研究方法

任何一项课题研究都要依据一定的方法来进行，实验研究法就是其中一种重要的方法。所谓实验研究法，是针对某一问题，根据一定的理论或假设进行有计划的实践，从而得出一定的科学结论的方法。实验研究方法涉及的概念主要有变量、实验处理与实验变异、前测与后测、实验组与对照组、配对与随机化。

一、实验研究的特征与原理

实验研究是一种受控的研究方法，通过一个或多个变量的变化来评估它对一个或多个变量产生的效应。实验的主要目的是建立变量间的因果关系，一般的做法是研究者预先提出一种因果关系的尝试性假设，然后通过实验操作来进行检验。

（一）实验研究及其特征

1. 实验研究的含义

实验研究方法是对物理学研究方法的借用，原先是在自然科学领域中广泛采用的一种研究方法，后来逐渐推广到社会科学领域内。用实验方法研究变量间关系、特别因果关系的研究方式，也是管理科学研究的主流研究方式之一。

2. 实验研究的基本特征

实验研究具有如下特点：一是可以观察到在自然条件下遇不到的情况，从而扩大研究的范围。二是可以把某种特定的因素分离出来，便于分析某一特定因素的效果。三是便于测量，并从中获得比较可靠的研究成果。四是可以重复验证。因此，实验研究可以人为设定观察情况、直接建立研究结论，但实验结果受实验人员和实验对象的主观影响，会产生自觉或不自觉地只注意那些与假设一致的现象，研究结论不全面或不真实，或自觉或不自觉地诱导或暗示实验对象，使实验结果产生偏向。

（二）实验研究的一般原理

实验研究的一般原理可表述为，先测量在没有受到 A 的影响之前 B 的情况（前测），然后施加实验刺激 A 并保持其他条件完全相同，再对受 A 影响后的 B 进行测量（后测）。最后通过比较前后两次测量的结果是否存在差异来判定 A 和 B 之间是否存在因果关系。如果前后两次情况发生变化，则能够初步认为 A 是导致 B 变化的原因。因此，实验的实施阶段可以概括为：选择合适的实验对象；在随机原则下组合实验对象，并对他们进行实验必需的指导，对因变量进行前测，进行实验刺激，进行实验后测；向实验对象说明实验的真实目的和原因，询问他们的实际感受。

二、实验研究的基本模式

（一）单组实验

单组实验指同一实验因素 X，只对同一组（或一个）实验对象 O 施加作用，然后测定对象所产生的变化，以确定实验因素的效果如何。单组实验通常采用前测与后测比较的方法来研究实验因素的效果。在未进行实验处理之前，先进行一次测量（前测），其结果为（Y_0），进行实验处理（X_0）后，再进行一次测量（后测），其结果为（Y），则整个实验结果 $C = Y - Y_0$。

（二）等组实验

等组实验是以两个或两个以上条件相同的实验组（等组）为实验对象（O_1 和 O_2，$O_1 = O_2$），使之分别接受不同的实验因素的作用（X_1 和 X_2），然后将各个实验因素所产生的效果加以测量和比较。

（三）轮组实验

有时候因受到许多条件的限制，无法对实验对象进行随机抽样处理，也无法进行测量选择分派。在这种情况下，则可以采用轮组实验法，即把各个实验因素轮换作用于各个实验组，而各实验组条件并不均等。然后根据各个实验因素作用所引起的变化总和来决定实验结果。

三、实验研究的类型与构成

分类是对事物的一种分析方法。用不同的标准对实验进行分类，就是从不同的角度对实验进行分析，多角度的分析可以对实验有更全面、更深入的认识。

（一）实验研究的基本类型

根据不同的实验目的，通常可分为如下几种类型的实验。

1. 判断性实验

判断性实验通过实验判断某种现象是否存在，某一种关系是否成立，某个因素是否起作用，着重探讨研究对象具有怎样的性质和结构。这类实验就是为了解决"有没有""是不是"类的问题，它往往肯定一种事实，从而产生一种新的观念，通常是在典型或极端的条件下进行实验。

2. 对比性实验

对比性实验是通过实验对两个不同群体、不同时间或不同条件进行差异性比较。这种实验有两个或两个以上的相似组群，一个是"对照组"，作为比较标准。另一个是"实验组"，通过某种实验步骤，以确定实验因素对实验组的影响。

3. 析因性实验

析因性实验是通过实验探讨影响某一事件的发生和变化过程，是主要的或决定性作用的因素。这类实验的一个重要特点是其结果是已知的，而影响或造成这种结果的各种因素，其中特别是主要因素却是未知的、待寻找的。

（二）实验研究的基本构成

管理学实验研究由实验者及其活动、实验对象和实验手段三个基本部分组成。

1. 实验者及其活动

实验者是实验活动的主体。实验者必须进行系列操作活动，这些活动包括对实验变量的控制，实验者借助感觉器官或仪器在实验过程中获取信息、逻辑思维与理论分析等活动。如企业经营决策仿真实验、企业产销模拟实验、群决策实验、物流实验等，在这些实验中，研究者是实验的主体，通过一系列实验活动获取信息资料，并进行分析对比，从而总结出其中的规律。

2. 实验对象

这是实验活动的客体。管理学实验研究的对象主要是管理过程中的个体或群体。他们可以是作为社会成员的人，有思想、有意识、有主观能动性，也可以是以物为主要对象的实验。

3. 实验手段

在管理学实验研究中，主要的实验手段是现代媒体以及某些测量仪器和其他实验装置。实验手段的基本功能主要是刺激、干预、控制和检测实验对象的活动，或对实验对象施加影响，以及记录和分析实验结果。

刺激手段是指实验者按照一定的目的，通过设计、控制媒体的各种因素，包括媒体的内容构成、媒体的种类、媒体的组织、媒体的演播方式等方面，对实验对象产生不同的刺激作用，从而观察、测量实验对象的行为和心理上的反应，以探索其规律。

四、实验研究策略

工商管理实验方法的基本过程与一般实验方法相似，即进行实验设计、选择实验对象、确定实验条件、指挥实验进行、分析实验数据。

（一）实验研究的效度

实验效度表明实验所能揭示事物本质规律的有效程度。

内在效度是指研究者对因果关系的信心程度，换言之，我们的研究对自变量 A 引起了因变量 B 的变化这个问题有多大的把握，Kidder 和 Judd（1986）认为，如果一项研究内在效度很高，我们就可以比较肯定地说这就是因果关系；反之我们无法得出因果关系。内部效度可通过测量实验数据统计值偏离真实值的程度得到。

根据 Campbell 和 Stanley 的看法，影响内在效度的因素有：特殊事件、被研究者的变化、受测经验的增加、测量工具信度、统计方法的影响、被试者流失、前测影响、实验组和控制组出现沟通。

外在效度是指研究者在实验中发现的结果在多大程度上可以转化应用到实际

的组织或实地环境中。换言之，在实验中发现因果关系后，研究者对同样的因果关系在组织环境中也成立有多大的把握。影响实验外在效度的因素有：实验控制的影响、样本的代表性影响、测量工具的影响、指标设计有局限性。

实地试验的外部效度较高，而内在效度较低，即实地试验的结论比较难以扩展到其他类似的组织环境中，但 A 对 B 的单独影响力有多大就不确定了。如果是在实验室进行的实验，则情况正好相反，其内在效度较高，而外部效度较低，即由于其他会产生影响的外部变量已得到控制，我们可以肯定 A 是 B 的因，但也为了确定因果关系而控制了其他变量的影响，不知道研究结果在多大程度上可以扩展到其他实地环境中。由于存在外部有效性问题，管理研究很少应用实验室实验。

（二）实验控制

实验控制是研究者用来控制实验中无关因素以获取高效度的手段。实验是用来确定各变量（自变量与因变量）之间因果关系的有控制的程序。在管理学实验研究中，影响实验效果的因素很多，有许多非实验因素，也称无关因素或混杂因素，它们也能使因变量发生变化，其结果或与实验因素一致或与实验因素相反，都起干扰作用，影响实验的内部效度。为了能准确测定实验因素的效果，提高实验的效度，就需要把实验因素和无关因素所产生的效果分离开来，对无关因素加以控制，以说明结果确实是由实验因素而不是其他无关因素引起的。

（三）实验研究应注意的问题

邢廷铣〔2001〕认为，实验研究需要注意以下几点：制定实施方案日程表、做好实验记录、阶段性总结与分析、补充与优化后续实验方案。

Sekaran（2003）认为，在进行研究之前研究者需要仔细考虑以下问题。

第一，是否有必要进行实验研究？若有，那么复杂到什么程度？

第二，是否有必要找出因果关系？还是只知道相关关系就足够了？

第三，若有必要找出因果关系，那么内部效度与外部效度哪个更重要？

第四，成本、时间是否是重要因素？若是，简单的实验可行吗？

除上述问题之外，研究者还需避免下列伦理问题：

第一，通过恐吓或社会压力迫使他人参加实验。

第二，不尊重受试者的自尊。

第三，欺骗受试者。

第四，限制受试者自由。

第五，损害受试者的利益。

第六，泄露受试者提供的信息。

第六节　质化研究与量化研究方法

质化研究（Qualitative Research，也称定性研究），是指通过发掘问题、理解事件现象、分析人类的行为与观点以及回答提问来获取敏锐的洞察力。质化研究是研究者用来定义问题或处理问题的途径。如果说量化研究解决的是"是什么"的问题，那么质化研究解决的就是"为什么"的问题。

量化研究（Study on Measurement），是指确定事物某方面量的规定性的科学研究，就是将问题与现象用数量来表示，进而去分析、考验、解释，从而获得意义的研究方法和过程。量化，就是以数字化符号为基础去测量。量化研究通过对研究对象的特征按某种标准作量的比较来测定对象特征数值，或求出某些因素间量的变化规律。由于其目的是对事物及其运动的量的属性作出回答，故名量化研究。

一、质化研究与量化研究的定义

质化研究通过分析无序信息探寻某个主题的"为什么"，而不是"怎么办"，这些信息包括会谈记录脚本和录音、电子邮件、注释、反馈表、照片以及视频等。与量化研究不同，它并不仅仅依靠统计数据或数字来得出结论。它也有像"扎根理论""人种学"等正式的研究方法。

二、质化研究与量化研究的研究方法和特点

（一）研究方法

量化研究设计的主要方法有调查法、相关法和实验法。质化研究是在一群小规模、精心挑选的样本个体上的市场研究，该研究不要求具有统计意义，但是凭借研究者的经验、敏感以及有关的技术，能够有效地进行分析。主要方法有：小组座谈会（Focus Group）、一对一深度访谈、观察法、德尔菲法、头脑风暴法和反向头脑风暴法。

（二）研究特点

1. 量化研究的特点

（1）在自然情境（田野）中收集资料。

（2）以文字、图画、视听器材、访问逐字稿、照相、录音、笔记记录资料。

（3）重视过程与结果。

（4）将收集到的资料归纳分析。

（5）注重现场参与者的观点。

（6）以统整的观点进行研究。

（7）研究者保持客观立场。

（8）视研究对象为独特的个案量化研究。

2. 质化研究的特点

（1）可在短时间内收集资料，有利于现存问题的分析。

（2）严格控制研究情境。

（3）以旁观者的角色了解研究对象。

三、质化研究与量化研究的主要区别

其实在自然科学领域中，一直都强调质化研究与量化研究相互结合，因为两者不仅不是对立的，而且相互促进。例如，在物理学中，物理学家就十分重视观察到的物理现象，继而通过高度精确、量化的公式计算出各种物理现象的变化规律，若观察到的现象与规律不一致，则要对更进一步的研究进行验证。在生物学中，以达尔文的进化论为例，他在非量化的自然条件下观察物种间的差别，收集到丰富的生物材料，继而在实验室进行高度数量化的物种基因学研究，著成巨作《物种起源》。但在社会科学领域中，就目前情况而言，量化研究与质化研究并不像自然科学领域一样和谐相处，而是争论不休、相互攻击，掀起了轩然大波。

质化研究与量化研究的主要区别，如表 6-5 所示。

表 6-5　质化研究与量化研究的主要区别

维度	量化研究	质化研究
对现象与本质之间关系的看法	将世界看作一个"核桃"，其寓意是现象是"壳"，本质是"核"，研究的实质是"透过现象看本质"	将世界看作一个"洋葱"，其寓意是：现象与本质之间是"你中有我，我中有你"的关系，研究的实质是针对现象本身再现现象本身的"质"

续表

维度	量化研究	质化研究
对问题的看法	在了解人性问题时一般采用逻辑实证主义（Logical Positivism）的看法，认为自然和社会现象的本质都是一种单一的客观实在（Single Objective Reality），不因个人的情感或信念而有所不同	基本上赞同自然现象主义（Naturalistic Phenomenalism）的观点，认为自然和社会现象的本质都是多元实在（Multiple Realities），而其之所以多元实在又与个体的不同特征和其生存环境的差异关系密切
研究目的	旨在寻求影响被试行为与有关变项之间必然性的因果关系或固定性的相关关系	旨在了解被试行为与其生存环境之间存在着的多变性的交互关系
研究取向	一般采用假设演绎取向	一般采用经验归纳取向
研究者角色	研究者的角色要保持客观中立，主要靠观察、实验与测量工具收集（仪器和量表等）资料	研究者的角色是参与性的，这要求研究者要有较高的研究技巧和能力，否则难以做出合理的主观判断和解释
研究假设提出的时间	强调在研究开始时有明确的研究假设	主张在研究过程中逐渐生成研究假设
概念定义	强调在研究开始时明确陈述定义	主张在研究过程中，在特定的环境中进行定义
样本	喜欢运用随机取样技术来获得有价值的样本	习惯使用熟练报告者（或目的）样本
信度	注重评价与提高使用工具所得的分数的信度（通常运用某些统计技术衡量信度的好坏）	一般假设所做的推论都具有足够的信度
效度	注重评价与提高使用工具所得的分数的效度（通常运用某些统计技术衡量效度的好坏）	通过不同信息来源的检验来评价效度（三角互证）
无关变量	主张通过实验设计或统计技术来控制无关变量	主张使用逻辑分析来控制或解释无关变量
研究过程	习惯于先将复杂心理现象进行"还原式"处理，分成多个具体部分，然后逐一进行分析	习惯对复杂的心理现象进行整体的描述
描述方式	主张对研究过程进行明确的描述，为此，在描述时注重将数据简化为数量化的分数	倾向于对研究过程进行叙述性、文学性描述
过程偏差的控制方式	强调用特殊设计控制过程偏差	主要依靠研究者处理过程偏差
研究结果的处理方式	一般将研究结果进行统计处理	一般将研究结果做叙述性概括
研究结论的推论	从理论上讲，科学研究都有两个目的：一是了解事实的真相；二是依据研究结果对同类问题做推论解释。量化研究所得结论，试图对同类情境问题作广泛推论，不考虑研究结果所代表的被试心理反应是否受其生活情境因素的影响。此种推论方式叫免情境限制普遍推论	因重视情境因素，故对所得结论不企图广泛推论。除了经由研究而解决面对的个别问题之外，不考虑用以普遍解释所有的同类问题，这种推论方式叫情境限制推论

资料来源：网络公开资料整理而成。

四、质化研究与量化研究各自的不足

实际上，无论是量化研究还是质化研究，都建立在经验的基础上，在实践层面上，任何单一模式的使用都会带来无法解决的问题。

量化研究以其客观、精确而著称。这种研究大多采用假设—演绎的模式，即首先根据对研究对象的一般性了解，作出一定的理论假设，然后通过对样本的调查研究，作出对研究对象整体的推论。研究开始之前的理论假设无疑是重要的，因为它规定了后继的研究方向。但是量化研究恰恰在这一阶段容易出问题。因为量化研究的客观原则要求研究者持"中立"的态度。为了保证中立的态度，量化研究往往选择与研究对象没有直接联系的个体，以防止研究者个人情感的涉入。然而这意味着研究者对研究对象的社会文化背景缺乏了解或了解不够透彻。这样一来，理论假设和以这一理论假设为基础的调查问卷就出现了问题，其所得的结论也就很难令人信服了。

但是，量化研究的劣势恰恰是质化研究的优势。质化研究强调的是情景性和文化契合性，强调从被研究者的角度看问题，了解被研究者的文化历史背景。因此，如果在量化研究进行之前，首先通过质化研究的无结构访谈对研究对象有一般性的了解，那么理论假设就具有文化契合的基础了。

质化研究的单一模式在实践中也面临着许多问题。正如量化研究指责的那样，质化研究所得到的结论往往不具备迁移性。换言之，质化研究结论的应用范围是有限的。当然，质化研究并不在意结论的一般性，它的本意就是研究典型的案例，得到一种特质性的结论。但是，科学研究与经验常识的基本区别就在于前者是概括性的结论和一般规律的研究，而后者仅仅是个人经验知识，缺乏跨情景的迁移性。

五、质化研究与量化研究在实践层面的整合

质化研究与量化研究两种研究方式彼此对立，相互攻击。前者批评后者是实证主义的、决定论者和客观主义的，后者攻击前者的研究具有模糊性和主观性（Todd and Nerlich，2004）。这些对立一方面，体现出社会科学高度关注自身的研究方法，为社会科学在方法论问题上提供了一种前进的张力。另一方面，它们也使社会科学领域的方法支离破碎、获得的知识在彼此之间不相通，进而严重地阻

碍了社会科学的正常发展。为解决这一问题，或许我们应该转换视角，重新考察两者的关系。

在小样本的基础上得到的质化研究结论可以再放到大样本的量化研究中进行考察或检验。此外，量化研究结论可以给质化研究提供有关研究对象的一般结构和分布状况。以这些信息为基础，质化研究者可以更便利地选择典型事例，得到更具有代表性的结论。所以，超越量化研究与质化研究的对立意味着在实践层面上将两者结合起来，互为利用、取长补短，坚持一种方法多元论的立场。新倾向的倡导者主张"混合的方法设计"，它标志着社会研究中一个新时代的开始。这个新时代的特征就是从实用的角度把量化方法和质化方法相互结合。

示例 6-3
《PSP 公司发展战略研究》研究方法与设计

【研究方法】

当前，由于我国的建筑装潢产业发展并不完善，在行业内部还没有形成一套行之有效的运转体系，当前我国的装潢企业主要以缺乏资质的中小型公司为主，同时不同的企业之间还存在着比较严重的同行竞争现象，这对于促进我国装潢产业的发展存在一定的弊端。为了深入分析我国装修行业的整体状况，了解在当前的市场竞争中相关公司到底具有哪些优势和劣势，不同的公司应该如何通过调整自身战略提升自身竞争力来扩展市场份额，进一步促进公司的发展，如何制定同一标准为客户提供服务，解决装潢企业以行业规则来降低装修成本等问题。这些问题都是当前装修公司普遍存在的，而为了解决这些问题就需要对当前我国的装修公司有一个全面深刻的认识。在这一背景下，本文将尽可能全面地通过选取相关的评价方法来了解当前的装修公司所面临的现状。

为了探讨 PSP 装饰工程公司在市场竞争中所占据的位置，以及自身的一些情况是否适合市场竞争中的发展，进而探讨 PSP 公司的发展战略，明确其发展方向。本章针对以上分析的相关分析工具进行基本介绍，对整个研究过程进行简要概述。

一、研究过程

先要通过网络平台、图书馆等途径收集相关文献，进而通读文献内容，对文献进行大概的概括。然后对相同课题或是相近课题的文献进行整理，综合评价。在进行完文献研究之后，找出适合本课题研究的分析工具，对分析工具进行学习，同时结合 PSP 公司的实际情况，以分析工具的大概结构将 PSP 公司概况进行整理，得出 PSP 公司在市场竞争中的优势、劣势、机遇、威胁还有面临的竞争环境，以及宏观条件。针对 PSP 公司现状分析完毕后，就要对该公司的发展战略进行设计，在结合其现状的基础上，提出该公司的发展战略以及保障措施。

二、研究方法

（一）文献研究法

大量阅读装修行业以及企业战略管理的相关研究资料，收集已有的国内和国外的文献，并把收集到的信息进行研究、处理和利用，从中找到对 PSP 公司发展有借鉴意义的建议和观点。利用校园图书馆和电子数据库等资源，大量阅读资料对绩效考核的相关理论进行学习研究，并结合 PSP 运营现状的资料，寻找适合其特点的评价方法，确保论文中所提出的改良建议有科学的理论基础。

（二）案例研究法

在上文中，我们分析了当前我国的建筑装修市场所面临的现状，但是由于我国的建筑装饰市场规模庞大，不同的快递公司所面临的发展状况和行业形式也存在差距。为了使得本文的研究更加具有说服力，且文章的相关结果具有更强的指向性和参考性，本文将采用案例分析法进行研究。在该方法的具体运用中，主要通过分析、归纳、比较、综合利用，利用模型分析 PSP 公司的优势、劣势及市场定位，从理论上建构了 PSP 装饰公司的发展战略。在对公司实际情况有一定了解的基础上，将理论和实践知识相结合来完成本文研究。

（三）调查研究分析

在对案例公司的研究中，为了尽可能全面地、详细地了解当前的 PSP 公司所面临的状况和实际经营情况，需要通过调查研究的方法对案例公司进行相关的研究。在具体的操作过程中，需要通过收集资料、行业从业者访谈等方式调查 PSP 公司的各方面情况，了解其外部环境及内部情况，收集、整理、分析、归纳资料，对公司的机遇与威胁、优势与劣势做出判断。并对收集到的资料进行筛选剔除，对有价值的资料进行分类整理，厘清 PSP 公司当前的经营状况。

（四）实地调查和调研访谈

在了解当前 PSP 公司的经营状况的过程中，我们将采用实地调查和调研访谈的方式了解当前公司的现状，在具体的调查过程中，需要对 PSP 公司技术中心的员工进行询问了解公司当前运营的现状，基层、中层、领导层对公司现有业务体系的认知度、满意度和需求度等。发现其当前运营过程中的问题，提供 PSP 现有的业务基础和依据，研究提出 PSP 公司发展战略及其保障措施和建议。

三、相关工具

（一）PEST 分析

公司的外在环境是指除了公司内部架构之外的，可能会影响公司在行业里的竞争优势的不确定因素。销售方案与战略研究以某些情况考察，基本上都以公司构成对资源重整效率为切入点，在不同的方面对构架的外在环境进行评估，如公司所处的政治环境、经济环境、社会环境及科技环境等，本文也试图从这些方向对 PSP 企业的外在环境进行研究。

（二）波特五力分析

以波特的研究方法为依据，可能对公司产生风险的因素大致包括：产品提供方的定价权、市场需求端的定价权、可能参与竞争的第三者、产品替代壁垒、产业内竞争者的实力。这几大因素都可能对企业竞争产生不同的作用力，波特将其归纳为五力研究模型。为了能对 PSP 公司的竞争能力有个更清晰的认知，将依据波特的五力模型对相关的装修装饰类产业加以分析。

（三）内部能力分析

内部能力分析主要指针对公司内部环境的分析，其中主要包括公司财务资源情况、公司品牌形象、公司组织结构、人力资源管理情况以及公司质量控制系统等公司内部情况的分析。

（四）SWOT 分析

SWOT 分析模型把公司所处的外在环境和公司自身相结合，把公司收集的市场资讯与其现有资源进行重组，让公司对自身的优缺点有清醒的认识，综合性、系统性、全面性地制定出公司的发展战略及销售方案，让公司在激烈的竞争环境里，能自如地把握市场机会，使公司快速有效地行进，始终抢占优势的一面。任何时候，公司都能以合适的策略促使本身成长。在市场机会丰富的情况下，外加公司在竞争实力相对占优势时，以 SO 策略应对，运用好的市场机会，促使公司快速成长。虽然市场机会丰富，但公司的竞争能力不占优势时，公司则可用 WO 策略应对，使公司本身的短板得以补足，提升竞争能力，趁机紧抓市场机会，实现自身的快速壮大。假如公司可能迎来严重的外在威胁，则以 ST 策略来应对，运用公司的优势竞争力避免风险的到来。抑或在公司面临外在的不利情形下，可以 WT 策略加以应对，远离外部环境可能带来的威胁。

【研究设计】

深圳顺络电子 SWOT 分析

根据上述对深圳顺络电子股份有限公司（以下简称顺络电子）外部环境和内部环境的分析，得出深圳顺络电子股份有限公司所面临的优势（S）、劣势（W）、机会（O）和威胁（T），并在此基础上建立 SWOT 矩阵分析表，对深圳顺络电子股份有限公司的内外部因素进行组合、匹配，为深圳顺络电子股份有限公司的发展战略选择提供参考依据。

一、优势分析

顺络电子成立于 2000 年，是一家专业从事各类片式电子元件研发、生产和销售的高新技术企业，主要产品包括叠层片式电感器、绕线片式电感器、共模扼流器、压敏电阻器、NTC 热敏电阻器、LC 滤波器、各类天线、NFC 磁片、无线充电线圈组件、电容、电子变压器等电子元件。产品广泛应用于通信、消费类电子、计算机、LED 照明、安防、智能电网、医疗设备以及汽车电子等领域。公司始终重视研发，研发投入不断增长。2008~2017 年，研发投入年增长率达到 28.7%，2017 年研发投入达到 10183 万元，同比增长 38.84%，研发占营收维持在 4%~5%。2017 年技术人员达 676 人，比 2012 年增长近一倍。随着持续的研发投入和多轮募集资金到位，公司在技术储备、新产品突破、高端客户导入、下游业务板块拓展等方面都取得了明显进步。公司传统的电感业务完成了产品小型化升级、业务版图拓展至无线充电、汽车电子、5G 等高景气领域。公司管理层均是深耕多年的技术专家，具有 20 多年的专业生产与管理经验，对行业有着非常深刻的理解。公司总裁施红阳先生是早期国内叠层式片式电感行业标准制定者，常务副总裁李有云先生是片式叠层电感行业最早期的工程技术人员之一，以及副总裁李宇，均曾在深圳南虹电子陶瓷有限公司就职。深圳南虹电子是中国南玻科技控股有限公司下属高科技企业，是中国第一家和最大型的片式电感专业生产厂家。总工程师郭海是韩国国立庆尚大学尖端素材研究所的博士后，曾在韩国 SK 研究所从事尖端材料的研究和开发。

二、劣势分析

深圳顺络电子股份有限公司劣势分析，主要为三点原因。第一，原材料的成本在电感器制造成本中占比较大，电感器的主要原材料包括漆包线、铁合金粉末、焊片和包装材料等。原材料的成本受大宗商品价格的直接影响，从 2011 年下半年开始电解铜的价格不断下滑，降低了整个电感器行业的成本。但是未来国际及国内经济波动加剧，电解铜等大宗商品价格波动较大，导致电感器行业公司所需部分原材料的市场价格波动较大。如果电感器行业公司不能有效消化原材料价格波动带来的成本压力，公司盈利可能会受到不利影响。第二，由于片式电感生产制造工艺发展较晚，国内外高校很少开办相关专业，也没有成套的文字技术资料可供参考学习，行业人才具有引进难度大和培养时间长的特点，人才培养主要通过企业完成，因此行业内人才供给总体上非常紧缺。另外，随着行业竞争的日趋激烈及行业内对人才争夺的加剧，本公司可能面临人才流失的风险。第三，电子元件及组件制造行业所处行业为技术密集型行业，技术水平的高低将影响行业的竞争能力。随着变压器及一体成型电感等产品的精细度不断提高，下游客户需求更新换代的加快，越来越多的先进技术被广泛运用，若电子元件及组件制造行业不能及时根据市场变化进一步提升技术水平、开发出具有自身特色的产品，现有的产品和技术存在被替代的风险。此外技术人员大面积流失或因为其他原因导致

相关核心技术出现泄露，也可能对电子元件及组件制造行业经营造成不利影响。这三点劣势有可能会对深圳顺络电子股份有限公司产生较大的发展影响。

三、机会分析

近年来，随着中国技术发展和工业的转型，电感器行业出现了像顺络电子、麦捷科技等类似的上市公司。根据前瞻产业研究院公布的数据，2010年中国市场对电感需求量达到 1505 亿只，合计 68.49 亿元，需求量同比增长 32.91%。由于液晶电视、手机、数码相机、笔记本电脑、个人电脑外围设备和网络行业对电感产品需求的快速增长，2014 年达到 2056 亿只，合计107.15 亿元。其中，2014 年中国市场对片式电感需求量达到 1542 亿只。根据中国电子元件行业协会的统计数据，2010 年片式电感占全球电感市场的比重为 65%，到 2014 年片式电感在全球电感市场中的比重上升至 75%，而未来几年全球片式电感器占电感市场的比重将保持在 90% 以上。随着电子信息产业的飞速发展，传统的插装电感器已不能适应下游电子整机的需求，而体积小、成本低、屏蔽性能优良、可靠性高、适合于高密度表面安装的片式电感在移动通信、计算机、汽车电子、高分辨电视、广播卫星等领域获得广泛应用，逐步成为电感市场的主流发展方向，片式化率也成为衡量一个国家和地区电子元器件制造与电子装备工艺水平高低的重要标志。这些有利因素给深圳顺络电子股份有限公司的未来发展带来了提升的空间和发展的机遇。

四、威胁分析

电子元器件行业受技术影响比较大，目前国内片式电感生产厂商依然存在许多比较严重的问题，特别是国产电子元器件产品主要集中在技术含量较小的中低端领域。我国绝大部分片式电感生产厂商目前瞄准的市场依然是消费类电子产品如 DVD、PC、数字电视等一些较低档的数码产品，真正应用于通信领域和汽车电子领域的不多，更不要说我们能否到国外去抢占利润率非常高且发展又非常迅猛的一些高端电子产品市场。在国内市场，几乎所有的领先性电子产品（如移动通信）中所采用的这类基础元件基本上完全被日本、韩国的企业所垄断。于是我们国内集中度相对较高的几家片式电感生产厂商，只好在低端市场上打起了异常激烈的价格战，造成在当前的良好发展机会下，利润空间却在日益萎缩。这些不利因素都在一定程度上影响了深圳顺络电子股份有限公司的发展。

五、SO 对策

在国内经济快速发展、政策支持的大环境下，在电子元器件需求上升的基础上，充分利用深圳顺络电子股份有限公司在政府关系、人才、设备、技术等方面的优势，继续做好技术发展，加大研发投入，积极开发新的领域、新的技术产品。加强与客户联系，改善服务态度、提高工作质量、缩短生产周期，并延伸后续服务。培养和使用人才，创造有利于人才发展的环境和条件。积极参与相关标准的制、修订，了解生产技术的最新发展，及时研究和开发新的生产技术方法，以适应国际要求。多与国外同行进行业务合作和交流，学习国外的先进技术、管理经验。充分利用设备、技术、人才等优势，走专业化、规模化、特色化道路，牢牢抓住当前电子元器件高端升级的良好机遇。

六、WO 对策

以叠层和绕线工艺平台为核心，不断延伸新品。公司的新品延后基于两条路径。一是基于传统工艺平台：叠层和绕线为公司的两大核心工艺平台，基于此公司延伸出电子变压器、无线充电线圈、传感器等，下游应用领域向汽车电子、5G 基站等领域顺利扩展。二是基于陶瓷技术：公司通过收购信柏开拓电子陶瓷加工能力，具备陶瓷后盖、LTCC 等新品研发制造能力。只有不断开发新产品，公司才会进一步扩大发展。

七、ST 对策

随着国外电子元器件生产商的行业领先技术不断削弱，深圳顺络电子股份有限公司要从根本上转变观念，从靠生产代工低端器件工作，转变为靠技术和服务主动参与市场竞争。加强内部质量监督，提高产品质量，避免客户投诉。知识产权和标准的作用越来越大，在走专、特、精、新道路的同时，加快技术发展，面对外部威胁，利用自身的优势来克服，并制定相应的策略。先要利用企业的产业优势降低成本，然后收购一些有专项技术的生产商，这样可以紧跟行业发展的动态，一有新技术可以马上应用。

八、WT 对策

深化单位的机构改革，尽早成为符合市场经济要求的经营实体，以便更有效地参与市场竞争。实现业务多元化，积极关注其他细分领域，加大业务开拓的力度。在现有人才优势的基础上努力提高生产人员的综合素质，培养一支适应市场需要的技术力量，以适应国际电子元器件市场的发展需要。对现有仪器设备实行合理的资源配置，设备采购时应克服盲目追求"高、精、尖"，减少资源浪费。加强与同行实验室和科研院校间的交流力度，提高科技实力，如表6-6所示。

表6-6 深圳顺络电子股份有限公司SWOT矩阵

内部因素 外部因素	竞争优势（S） （1）容易获得大客户资源 （2）有良好的市场公信力和资源优势 （3）高学历、高职称人员比例较大 （4）拥有齐全、先进的设备 （5）业务范围大，业务量持续增长 （6）科研能力较强	竞争劣势（W） （1）管理体制较落后 （2）缺乏有效的人才机制 （3）设备利用率不高 （4）市场开发能力弱 （5）缺乏激励机制
机会因素（O） （1）国家实行鼓励政策，国产替代策略持续发展 （2）经济稳定增长 （3）产品电子化意识提高推动电子元器件需求 （4）国际技术壁垒加剧推动电子元器件需求 （5）外资机构的进入带来先进管理经验和技术	SO对策 （1）积极研发新产品 （2）加强与客户的联系，提高服务质量 （3）充分利用人才、设备、技术等优势，走专业化、特色化道路 （4）与国外同行进行合作交流	WO对策 （1）建立新型现代实验室 （2）引入人才竞争机制 （3）提高市场开拓和研发能力
威胁因素（T） （1）技术迭代风险 （2）市场竞争日益激烈 （3）国内产品质量问题频繁出现 （4）国际市场上尚无国内电子元器件机构知名品牌	ST对策 （1）转变观念，主动参与市场竞争 （2）加强研发投入 （3）加快技术发展参与国际标准制定 （4）加强品牌建设	WT对策 （1）深化机构改革 （2）实现业务多元化，关注新领域 （3）加强人力资源建设 （4）合理配置设备资源 （5）加强与同行实验室、科研院校间的交流，提高科技实力

根据以上分析可以看出，大量企业希望进入国际市场，使竞争日益激烈，国内电子元器件市场的格局正在发生变化，电子元器件生产商要想在众多竞争对手中脱颖而出，必须看清国内外市场的形势，并结合本身的资源和

能力优势，抓住发展机会，制定出符合企业未来发展的战略规划。因此，深圳顺络电子股份有限公司选择哪一种战略作为基本发展战略，取决于该战略能否充分利用公司的优势并且能够规避外部的环境及本身的一些不利因素。

资料来源：李煜的论文。

||第七章|
结论与参考文献

结论是一篇工商管理毕业论文的收尾部分，是以研究成果为前提，经过严密的逻辑推理和论证所得出的最终的、总体的结论。换句话说，结论应是整篇论文的结局，而不是某一局部问题或某一分支问题的结论。结论应体现工商管理学生更深层的认识，且从全篇论文的全部材料出发，经过推理、判断、归纳等逻辑分析过程而得到新的学术总观念、总见解。

第一节　撰写结论

工商管理学位论文中往往不太重视最后的结论部分的写作，也许大概是工商管理学生认为，反正以后也不做学术研究或这方面问题的研究了，所以就草草收尾。写工商管理学位论文结论正是训练学生的大好时机，可以提高学生们的概述能力和敏锐的判断能力。参考文献既体现论文在学术上的承接关系和作者的科学态度和品质，又反映论文本身的内涵和价值，还能为读者的进一步研究指引方向，可避免重复劳动，有重要的学术价值和情报价值。

一、结论

结论是论文主要成果的总结，客观反映了论文或研究成果的价值。论文结论与问题相呼应，同摘要一样可为读者和二次文献作者提供依据。结论的内容不是

对研究结果的简单重复，而是对研究结果更深一步的认识，是从正文部分的全部内容出发，并涉及引言的部分内容，经过判断、归纳、推理等过程而得到的新的总观点。工商管理学位论文的研究结论通常由三部分构成：研究结论、不足之处、后续研究或建议等，如图7-1所示。

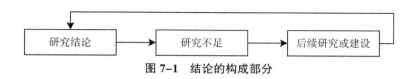

图7-1　结论的构成部分

研究结论主要是由研究的背景与问题、文献综述、研究方法、案例资料分析与整理等研究得到的，其中核心的结论是正文部分的资料分析与研究的结果得出的结论和观点，即论文的基本结论。本研究结论说明了什么问题，得出了什么规律性的东西，解决了什么实际问题。研究结论必须清楚地表明本论文的观点，有什么理论背景的支持，对实践有什么指导意义等，若用数字来说明则效果最佳，说服力最强，不能模棱两可、含糊其辞。避免使人有似是而非的感觉，从而怀疑论文的真正价值。

研究不足，表明本论文的局限性所在，包括研究假设、资料收集、研究方法方面的不足之处，可以为后来的研究在该领域进一步完善指明方向。

后续研究（或研究建议）就是工商管理学生在完成该论文的过程中有所思，但尚未彻底研究的领域。研究建议提出研究中的不足之处，能为后来者继续深入研究提供思路与借鉴。

对论文的结论，上述基本结论是必需的，而不足之处和研究建议则视论文的具体内容可以多论述或少论述。工商管理论文的结论部分具有相对的独立性，应提供明确、具体的定性和定量的信息。可读性要强，如一般不用量符号，而用量名称。

二、结论撰写应注意的问题

"结句当如撞钟，清音有余。"结论在一篇工商管理毕业论文中的地位是不可忽视的。写好结论，应该注意以下几个方面：

第一，要使工商管理毕业论文的结论部分真正起到收束全文的作用，一般不要提出新的观点或材料，如果有新的观点或提出新的议题，可能使论文的原有观点被淡化，也会使论文的结论阐述不清，显得单薄。

第二，结论应写得简明扼要、精练完整、逻辑严谨、措施得当、表达准确、有条理性、易被人理解。研究成果或论文的真正价值是通过具体结论来体现的，不应夸大结论，如本研究具有国际先进水平、本研究结果属国内首创、本研究结果填补了国内空白一类语句来作自我评价。

第三，避免草草收尾和画蛇添足。尽量避免广告词，认为研究成果如何好、如何高、如何准或指标如何高等。必须基于论文的研究，写出体现论文的特点和特色的结论。因为研究或研究方法中的内容才更能代表论文的特点、特色（即创新点），如果写得很少，甚至只字不提，这就使得所写结论不足以服人，缺乏可信度，成了无根之木、无源之水。

示例 7-1

《长城物业集团组织变革研究》的结论

通过对物业公司的经营管理现状进行分析，认为物业公司因为责任缺失抑制了员工降本的潜能、有经营意识的高素质人才缺乏抑制了企业发展空间、组织结构和模式不科学抑制了公司多元化和差异化经营创富能力、市场要素变化对运营模式的要求等，而存在全员参与式经营及培养员工经营意识的系统经营管理方法，阿米巴经营模式值得尝试和参考。在认真分析长城物业集团经营管理现状的基础上，得出长城物业集团在实施战略转型升级过程中，其现有业务结构整合调整、微观管理基础建设，已经为阿米巴的实施奠定了坚实的基础，适合引入阿米巴经营管理模式。就阿米巴经营模式在长城物业集团的划分原则、模型的设计进行分析，并就阿米巴运营模式的运用在长城物业集团中的具体实践进行了研究，并提出了阿米巴运营模式顺利实施的保障措施。

一、企业文化体系建设

确定公司企业文化建设中的长期发展目标。利用集团公司网站、报纸宣传工具，结合公司 VIS 体系推广，制定并推进公司在社会、行业及业主/客户等层面的品牌宣传计划。结合公司发展及行业特色，建设及完善党工青妇组织并进一步开展丰富多彩的活动，配合文化建设，开展凝聚力工程。努力建设政治素质好、经营业绩好、团结协作好、作风形象好的"四好"班子，不断增强班子的执行力、创造力、凝聚力，把领导班子建设成为思想解放、求实创新、员工拥护、奋发有为的坚强领导集体，推动企业各项工作全面、和谐、可持续发展。倡导"团结、求实、高效、正气"的企业精神，深入开展"创先争优"活动，努力打造一支过硬的员工骨干队伍。做好员工的思想政治工作，保持企业稳定。支持工会、共青团工作，开展形式多样的各种有益活动。加强宣传报道及信息传递工作，及时宣传生产经营、思想政治工作方面的典型事例，为企业改革、发展、稳定创造良好的舆论环境。

二、企业精细管理能力建设

通过 ISO 9002、ISO 14001 认证，健全完善物业管理体系和建立可复制阿米巴运营管理模式，引入并推行平衡计分卡管理。以此制定阿米巴年度经营目标，全面推行基于物业公司平衡计分卡的战略管理体系、经营管理目标责任体系、绩效管理体系。建立以经营会计目标体系为核心的运营管理体系，以业务和项目为导向，重新修订和完善行政管理、财务管理、质量管理、绩效管理、人力资源管理、安全管理、工程技术管理等相关分权制度体系，强化执行力。完善绩效考核管理体系：结合上述公司业务调整战略思路，公司新时期平衡计分卡，ISO9002、ISO14001 认证等重要管理工具的引入，针对以往体系运行过程存在的问题，对现有绩效考核体系进行修订；个人绩效考核：重点完善标准和流程的完整控制，主要为沟通反馈环节，确保实效，杜绝形式；公司部门半年绩效考核：主要为重大事项考核、现场标准修订及结合平衡计分卡的权重平衡调整。完善公司薪酬管理体系；建立骨干员工长效激励机制；建立人才梯次培养体系，制定各年度人力资源管理目标；完善各类骨干队伍和人才梯队的遴选、考核、培训、培养、上岗的制度化建设，初步建立员工职业生涯规划体系。培训体系建设：根据行业要求，开展国家第一批物业管理师的培训及报考工作；完善公司高层、中层骨干、各级阿米巴领导及后备人才的培养、选拔、考核等规范制度，建立健全标准化的基础管理；完善培训工作的基础标准化工作，包括各层级、各业务岗位的标准培训课程设计和教材教案编制和颁发；将三级培训体系及相关活动开展的有效性和制度化评价纳入绩效考核体系中。

三、企业信息化和标准化建设

加速公司信息化和标准化建设，完善适应公司规范化、标准化和一体化的管理信息系统，并以此为基础推进管理服务的标准化。充分利用企业 OA 系统功能，提高经营管理效率；导入基于设备设施管理信息系统的工程设备设施标准化管理；导入基于客户关系管理（CRM）系统运用的客户服务、沟通和开发管理，系统和规范客户资源管理；通过有序、有效并持之以恒的客户服务与管理，实现客户满意—感动—忠诚，实现服务延伸与渗透，从而实现客户价值的深挖掘；充分利用集团公司 HRM/ERP 及提高应用水平；加强各类信息收集、分析和利用；加强政策研究和行业发展探索，建立完善公司外部信息收集分析体系，掌握行业、竞争对手、标杆的发展动态，促进公司进一步迈向强大和成功。

收集分析国内外物业管理行业发展动态，探求未来发展之路；收集分析国家及地方法律法规的动态，因势利导，避祸趋利；收集分析行业竞争对手的信息情况，收集分析目标市场区域行业发展动态及竞争对手信息，"知己知彼，百战不殆"；各专业服务单元阿米巴和业务部门应积极跟踪和了解技术发展趋势，为我所用。

推动科技型物业管理，加速开发物业管理新技术，提升管理服务的科技含量和水平。这既是物业管理从劳动密集型向知识密集型转变的重要途径，也是在劳动价格持续上升的前提下保证竞争的重要手段，更是树立差异化竞争和获得信赖与尊重的重要标志，物业立身行业的口碑就是技术领先，创新管理。

提升重点专业技术能力，提高重要设备系统的维修和保养水平，加强重点方向如电梯、楼宇自动化（BA）、安防、消防、中央空调、给排水、供配电等的安装、设计、项目管理、技术改造能力；结合物业管理实践和战略发展目标，加大研发投入和项目论证力度；开发和应用如防水沙条，空调风管清洗，红外检测技术，巡检信息管理系统等物业新技术和新工具；积极引进高水平专业技术人才，加速提升现有专业人员专业水平和技术能力，解决人才短缺和能力不足的瓶颈。

四、建立以风险控制为核心的监督保障体系

建立完善内部市场机制，规范专业服务单元阿米巴内部市场运营；探索建立物业和客户资源开发机制，促进物业服务和专业服务单元的有效渗透和延伸，实现共同利益最大化；探索建立物业服务集成化管理模式下的体系建设；完善内控/风险预警和危急管理机制；建立和完善"预算、核算、决算"三算一体化的内部控制机制，实现精确管理、严格过程控制，灵活规避各项经营风险。从大处着眼，从细节着手，修订和完善各公司管理流程文件，提升企业风险管理水平。

五、持续完善学习型组织建设

开发信息化知识管理平台，实现系统管理，建立员工知识汲取和专业咨询平台，提速战略转型和企业变革；制订知识积累激励制度，加速客户、物业、管理、专业实践知识的收集整理；制订管理新创意、合理化建议、新技术应用推广计划，鼓励最佳实践推广和知识的共享与转化；完善学习型组织建设，提高员工素养。

六、风险控制

（一）风险管理的实施

加强企业风险管理组织职能建设，根据公司发展战略进一步调整风险管理策略，按照公司战略规划要求进一步完善风险管理流程；加强风险管理信息系统建设；深入推动公司风险管理文化建设；进一步完善公司的风险管理制度；研究完善关键风险计量的模型和数据库。

（二）财务风险的控制

未来公司面临的财务风险，应采取以下措施：以公司发展战略为导向，加强项目投资可行性分析，落实项目责任制，实现科学决策；以预算管理为手段，加强目标管理（经营会计核算和财务指标控制），完善预算管理办法；实现财务信息化管理，对经营情况实行实时监控，并建立财务预警机制；加强客户信用管理，适度控制风险资产规模；建立财务人员统一管理体系，提升财务人员的素质及管理水平。

资料来源：金波的论文。

第二节　参考文献

　　工商管理论文研究取得的成果通常是在前人研究基础上的新进展，它体现着研究的继承和发展。当在论文中叙述研究背景、研究目的、文献研究、论文设计思想等与已有结果进行比较的时候，就要涉及已有的成果。如果涉及前人已发表或研究过的成果，就必须列出参考文献。

一、参考文献的作用

　　工商管理论文的参考文献又叫参考书目，它是指学生在撰写论文过程中所查阅参考过的著作和报刊杂志，它应列在毕业论文的末尾，也是工商管理学生在进行论文研究时为说明问题、引证论据等目的而直接或间接引用他人的研究成果而做的必要标注，用来表明所引用内容的所有者和出处，可以保护文献作者的知识产权，完整的参考文献是论文研究不可或缺的重要组成部分，它与论文一起构成了严谨的科学研究过程的完整表达形态，如图 7-2 所示。

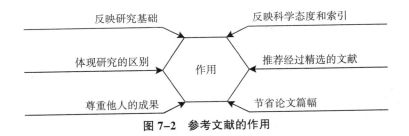

图 7-2　参考文献的作用

　　1. 反映研究基础

　　参考文献可以反映论文具有真实、广泛的研究依据，也反映出该论文的起点和深度。论文研究工作都有继承性，现有的研究都是在过去研究的基础上进行的，一般都是前人研究成果或研究工作的继续、深化和发展。因此，在工商管理论文中涉及研究的背景、理由、目的等阐述，必然要对过去的工作进行评价。这在一定程度上为论文导师（答辩老师）、编者和读者评估论文的价值和水平提供了客观依据。

2. 体现研究的区别

参考文献能方便地把毕业论文的成果与前人的成果区别开来。论文的研究成果虽然是工商管理学生自己写的，但在阐述和论证过程中避免不了要引用前人的成果，包括观点、方法、数据和其他资料，若对引用部分加以标注，则他人的成果将表示得十分清楚。这样不仅可体现自己的研究能力，也可体现自己的创新和价值。

3. 尊重他人的成果

参考文献是前人研究成果的一种表现形式，引用参考文献是论文作者的权利，而著录参考文献则是其法律义务，引用了前人的资料，必须列出参考文献，这不仅表明对他人劳动的尊重，而且也免除了抄袭、剽窃他人成果的嫌疑。如果论文中引用了他人的学术观点、数据、材料、结论等，而又没能如实、准确、规范地标注出处，则会被认为作者缺乏学术道德修养，会被认为是抄袭或剽窃行为。

4. 反映科学态度和索引

工商管理毕业论文引用、参考、借鉴他人的科研成果，都是很正常的，这也是任何一位治学严谨的科研工作者不容回避的。如实、规范地标注参考文献是每一位学生必备的素养，它不仅表明论文作者尊重知识、尊重科学、尊重他人的科学态度和品质，也可为同一研究方向的人提供文献信息，可方便地检索和查找有关图书资料，以对该论文中的引文有更详尽的了解，启发其思维，便于开展进一步的学术研究。

5. 推荐经过精选的文献

参考文献能为读者深入探讨某些问题提供有关文献的线索，帮助其查阅原始文献，进一步研究引用的内容，以求证自己的观点和解决自己的需求。

6. 节省论文篇幅

在工商管理学位论文中，作者引用或借鉴别人的方法和观点来佐证自己将要展开的论点等，如果把涉及的内容全写下来，有时候容易造成论文内容烦琐、重点不明。正确列出引用的参考文献，论文中所需表述的内容文献已有不必详述，只需标注参考文献即可解决。这不仅精练了语言，节省了篇幅，而且避免了一般性表述和资料堆积，使论文篇幅短、内容精。

二、参考文献的引用原则

参考文献的引言原则如图 7-3 所示。

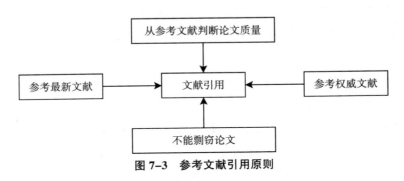

图 7-3　参考文献引用原则

（一）从参考文献判断论文质量

在选题论证、调查研究以及撰写论文的过程中都要参阅一定数量的文献资料，这是论文的基础和依据。因此需要一定数量的参考文献。如果引用的文献数量太少，一方面，反映作者不善于利用他人的研究成果，对本领域研究动态把握不够，研究的起点较低，这样的论文很难有创新或突破；另一方面，可以对参考文献标注的真实性、准确性提出质疑，这需要结合文章的内容，核查是否存在多引少标的情况。工商管理论文中参考文献数量应根据论文类型、学科的研究状况、学科发展概况而定。总之，评价一篇论文中文献数量应视具体情况而论，必须结合参考文献的质量综合分析评价。

（二）参考最新文献

文献的新旧也是评价论文质量的参考指标，首先文献要精选，仅限于工商管理学生阅读后并在论文中直接引用的文献。一般来说，工商管理学位论文应引用国内外最新的文献，一般应在五年以内为宜，表明学生密切跟踪学科研究动态，并了解学术研究的前沿情况。若引文陈旧，说明理论思想和观点较陈旧，所从事的研究多是一般性研究，创新性不够，论文水平不会太高。尽量不要采用仅供内部交流的刊物上发表的文章和内部使用的资料，尤其是不宜公开的资料，均不能作为参考文献引用。

（三）参考权威文献

每一学科都有权威专家、权威期刊和高水平论文等。对工商管理学位论文来

说，引用的文献应有管理类权威人士或权威期刊的论文，应以具有较高管理学术与实践水平的论文为主，否则难以反映论文的创新性和先进性。工商管理类的权威专家常占领着该学科研究的前沿阵地，其学术成果丰厚并多为世人瞩目。若一篇论文所附参考文献多出自他们之手，至少说明撰文对前沿领域有所掌握，这也是从事高深层次研究的必要前提。如果一篇论文所著录的参考文献引自本学科的权威期刊较多，说明论文具有相当的水平。反之，若引用的文献多出自较低层次期刊，说明此类论文的层次不会太高。

（四）不能剽窃论文

通过参考文献的索引功能判别引用的真实性、准确性。随着科学技术的快速发展，各种新知识、新研究成果比较容易获得，也给抄袭剽窃和其他弄虚作假行为提供了便利，特别是一些抄袭剽窃或拼凑的论文。通过查阅列出的文献，可以发现作者是直接阅读原始文献还是转引文献，是确有此文献还是作者杜撰的。

三、参考文献应注意的问题

参考文献是工商管理学位论文的一个重要组成部分，它不仅是作者严谨的学术精神的体现，而且是评价论文学术水平的一个重要依据。

（一）文献引用不符合要求

具体表现：所列文献范围过宽，凡所参阅过的文献均列出，如教材、内部刊物、获奖过但并未公开发表的成果报告等；所列文献过多，如有些学生认为文献越多越好，将参阅过的文章中的参考文献也悉数收录，有些文献并没有阅读，只是认为与自己的文章相关，也凑数其后；有些学生担心自己文章引述别人内容太多，会被认为抄袭，将一些重要参考文献略去；对文献的理解片面，以为只有引用文献原文才需要列出；将整期刊物甚至连续几期杂志或整张报纸作为参考文献。

（二）文献著录不符合规范

具体表现：有的文献只有著者和篇名，有的书籍漏掉出版社，有的期刊漏掉年份、期号等；有的罗列丛书文献总主编、分册主编甚至副主编以及丛书名称、分册名称、主副标题等；有的文献条目先写篇名，有的先写著者，有的先写期刊名等不统一，不按标准文献格式；数字、标点符号不规范，如有的是中文数字，有的是阿拉伯数字，有的用黑点，有的用书名号；不按标注排列，参考文献一般要按顺序排列，不能杂乱无序。

　　总之，参考文献引用中存在的不端行为的产生有其深刻的社会、经济和历史原因，这些不良学术行为会产生不良影响，甚至严重危害，必须采取一定的措施，防范学术不端行为的发生。

第八章

论文答辩与评价

论文答辩是一种有组织、有准备、有计划、有鉴定性地审查论文的重要形式，是答辩委员会成员或答辩老师根据论文内容向学生提出有关问题。

第一节 论文答辩的目的

论文通过指导老师审核及评价后，必须进行答辩，以保证论文具有基本的学术质量，且可防止作弊现象的出现。其目的主要体现在核查论文的真实性、评估学生知识的掌握能力与应用能力、评估学生的综合素质和创新能力。

一、论文答辩的特点

答辩是辩论的一种形式，辩论按进行形式不同，分为竞赛式辩论、对话式辩论和问答式辩论。答辩就是问答式辩论的简称，论文答辩有以下特点，如图 8-1 所示。

（一）答辩双方人数不平等

论文答辩组成的双方人数是不平等，一方面，答辩委员会一般由 5 名专家组成，包括指导委员会委员 2 名、外校教授 1 名、企业高层管理人员 2 名，建议指导导师最好不要参加。论文必须提前 1~2 个月分发给答辩委员会的每个成员，以便他们有足够时间进行论文审阅、提出修改意见，如果有 3 位委员同意答辩，则

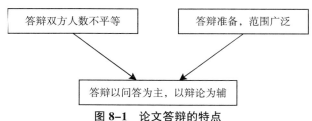

图 8-1 论文答辩的特点

可按原计划日期进行；若同意者不足 3 位，答辩委员会就会通知其导师和学生，并告知不能如期答辩的原因，提出修改意见。按照答辩委员会的意见对论文进行充分修改后，学生可重新申请答辩。另一方面，参加答辩的是学生独自一人。答辩小组或答辩委员会提出问题，评价和审核论文，答辩学生认真回答老师提出的问题，其双方的知识、阅历、资历、经验等方面都会存在差异和不同，双方处于不平等地位。答辩结束后，答辩者和旁听人须退出，由答辩委员会民主评议该学生是否达到毕业水平及是否授予学位。

(二) 答辩准备，范围广泛

为了顺利通过答辩，工商管理学生在答辩前需要作好充分准备。然而在论文答辩会上的提问题目是由参加答辩会的老师根据工商管理学位论文拟定的，答辩的题目一般为 3~5 个，并且答辩小组拟定的题目会进行保密。答辩老师提出问题后，一般情况不会给学生准备时间，要当即作出回答。因此答辩者需做好充分准备，根据自己所写的论文内容及相关问题进行广泛的思考，那么，答辩者应该准备哪些方面呢？熟悉自己论文的内容，尤其是熟悉主体部分和结论部分的内容；了解和掌握与论文内容相关联的知识和材料；论文还有哪些应该涉及或解决的地方；对优秀的论文，还要清楚哪些观点是继承或借鉴了他人的研究成果，哪些是自己的创新观点，这些新观点、新见解是怎么形成的等。这样在答辩时就可以做到心中有数，从容作答。

(三) 表达方式以问答为主，以辩论为辅

工商管理学位论文答辩一般是以问答的形式进行，由答辩委员会老师提出问题，学生作出回答。在答辩过程中，有时会出现双方观点相左的情况。有时答辩委员会的老师对答辩人的回答不太满意，还会进一步提出问题，以求了解论文作者是否切实清楚和掌握了这个问题。遇到这种情况，如果答辩人有把握讲清，就可以申明理由进行答辩；如果不太有把握，可以审慎地回答，能回答多少就回答多少，即使讲得不很确切也不要紧，只要是同问题有所关联；如果没有明确问题，就应该实事求是地说明，表示今后一定认真研究这个问题，切不可强词夺理，进行狡辩。当然，所有问题都回答不出，论文答辩肯定不能通过。但从总体上说，论文答辩是以问答的形式为主、以不同观点的辩论为辅。

二、论文答辩的目的

工商管理学位论文主要采用对论文进行评审和答辩的两种工作，是对学生的两种不同的考核方法。前者是对论文进行评审，只是对论文进行单向的、书面的、静态的考核。而论文答辩，则是对论文进行双向的、口头的、动态的考核。论文答辩的目的是为了进一步审查论文，包括鉴别真伪、考查知识运用能力、深化提高和增长知识、展现学生的自信和口才、评价论文成绩等方面，但可能更注重论文的实用性，所以以实证研究为主，会比较容易通过，如表 8-1 所示。

表 8-1　工商管理学位论文答辩的目的

序号	目的
1	鉴别真伪
2	考查知识运用能力
3	深化提高和增长知识
4	展现学生的自信和口才
5	评价论文成绩

答辩时应注意以下几个问题。

(一) 鉴别真伪 (或是否是自己独立完成的论文)

评价工商管理学位论文首要工作是核查论文的真实性，这是一个最基本的要求，只有在鉴别真伪的情况下，才能对学位论文作出准确、科学的评价。所谓真实性，也就是毕业论文是否是本人的研究和写作成果，是否抄袭他人或他人代作，这是一个原则性问题。学位论文要求学生在导师的指导下独立完成，在一个较长的时间内完成，难免会有少数学生投机取巧，采取各种手段作弊。也有学生并非故意抄袭，往往是因为他们不了解文献哪些可以接受，哪些不可以接受而导致。所以通过论文答辩鉴别论文真实性，而且在答辩会上还可以暴露作弊者，从而保证学位论文的整体质量。

（二）考查知识运用能力

考查知识就是考查论文作者对论文研究对象所涉及到的基本理论和其他相关知识的掌握程度，从而考查学生对论题研究的理论准备和相关知识的掌握情况。通过论文也可以看出学生已掌握知识面的深度和广度。但论文的主要目的不是考查学生掌握知识的深广度，而是考查学生综合运用所学知识独立地分析问题和解决问题的能力，培养和锻炼科学研究的能力。学生在写论文中所运用的知识有的已确实掌握，能融会贯通；有的可能是一知半解，并没有转化为自己的知识；还有的可能是从别人的文章中生搬硬套过来，其基本含义都没有弄清楚。在答辩会上，答辩老师把论文中阐述不清楚、不详细、不完备、不确切、不完善的部分提出来，让答辩者回答，从而可以检查出答辩者对所论述的问题是否有深广的知识基础、创造性见解和充分扎实的理由。

（三）深化提高和增长知识

通过答辩了解论文是否贴题（题目是否确当）、布局篇章是否得当、运用材料是否恰到好处、论点是否准确、论据是否充分、论证是否有力等。在答辩过程中，答辩小组成员也会对论文中的某些问题阐述自己的观点或者提供有价值的信息。这样，答辩者又可以从中获得新的知识。当然，如果答辩者的论文有独创性见解或提供最新的材料，答辩老师也会从中得到启迪。

（四）展现学生的自信和口才

很多学生因此而胆怯，缺乏自信心。其实毕业论文答辩将是走向社会的关键时刻，是全面展示自己的素质和才能的良好时机。所以，学生对毕业论文答辩不能敷衍塞责，更不可轻易放弃。

（五）评价论文成绩

虽然论文在答辩以前经过多次修改且经过导师指导，以及导师对论文的评价，最后通过学生答辩的表现最终审核其综合成绩，作为论文的最终成绩。

第二节　论文答辩的过程与内容

一般说来，从学生提交的论文中，已大致能反映出学生对自己所写论文的认识程度和论证论题的能力。但由于种种原因，有些问题没有充分展开、细说，有

的可能是限于全局结构不便展开，有的可能是受篇幅所限，有的可能是作者认为
这个问题不重要或者没有必要展开、详细说明，有的可能是作者无法展开或者说
不清楚而故意回避，有的可能是作者自己没有认识到不足之处等。通过对这些问
题的提问和答辩就可以进一步清楚没有展开深入分析的原因，从而了解学生对自
己写的论文的认识程度、理解深度和答辩时论证论题的能力。

一、论文的答辩过程

（一）答辩准备

学生必须在论文答辩会举行之前 1~2 个月的时间，要进行论文预答辩，通过
预答辩，将经过指导老师审定并签署意见的论文进行提交。答辩委员会在仔细研
读论文的基础上，拟出要提问的问题和评审，然后参加答辩。

（二）答辩开始

在答辩会上，答辩委员会秘书进行开场，答辩委员会主席介绍答辩委员会成
员后进行正式答辩。

（三）答辩预审

答辩者向答辩委员会汇报自己论文的简要情况，时间控制在 10~15 分钟，准
备 5~6 页 PPT 即可（不同学校要求可能不同）。答辩介绍的内容包括：介绍学生
自身的工作背景；选题的目的与实际工作的关系；较详细地介绍论文的主要论
点、论据；如何研究应用与实践；写作体会与能力的提高。

（四）答辩委员会提出问题

提问一般内容包括：需要进一步说明的问题；论文所涉及的有关基本理论、
知识和技能；考查学生综合素质的有关问题；研究的方案可行性和改进建议；现
实意义。

答辩提问的类型包括：对选题意义提问；对重要观点及概念提问；对论文新
意提问；对论文细节提问；对论文数据来源提问；对论文薄弱环节提问；对建议
可行性提问；对自己所做工作的提问；对超出论文范围的提问；没有标准答案的
提问。

答辩提问时须知：应用能力与知识宽度的准备；做好常规性问题的准备；细
节问题不可忽视；对自身能力的考查；对论文可行性把握。

（五）进行答辩

通过答辩委员会提问后，一般要求学生立即作出回答。可以是对话式的，也可以是答辩老师一次性提出问题，学生在听清楚记下来后，按顺序逐一作出回答。根据学生回答的具体情况，答辩老师随时可以适当地插问。学生的答辩时间（包括答题）一般在 20~30 分钟。

（六）答辩结束

工商管理学生在答辩结束后退场，答辩委员会根据论文质量和学生答辩时的表达能力、个人见解及论文指导老师的意见，对论文作出整体评分，并填写或修正论文答辩评定及建议的分数和评语，之后答辩委员会对是否通过给学生以肯定的答复，并向学生解释答辩后的建议及修改事项的详情，如表 8-2 所示。

表 8-2　工商管理学位论文的答辩过程

序号	答辩过程
1	答辩准备
2	答辩开始
3	答辩预审
4	答辩委员会提出问题
5	工商管理学生进行答辩
6	答辩结束

二、答辩前的准备

要顺利通过答辩，并在答辩时真正发挥出自己的水平，应充分做好答辩准备，如图 8-2 所示。

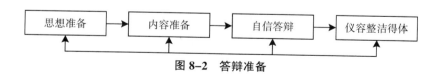

思想准备 → 内容准备 → 自信答辩 → 仪容整洁得体

图 8-2　答辩准备

（一）思想准备

答辩是对学位论文成绩进行考核和验收的一种形式。要明确目的、端正态度，通过答辩，来提高自己的分析能力、概括能力及表达能力。

（二）内容准备

在反复阅读、审查自己论文的基础上，编写答辩提纲报告（特别对那些临场应变能力欠缺的学生），背熟讲稿。

（三）自信答辩

树立信心，消除紧张慌乱很重要，因为过度紧张会影响发挥。只有充满自信、沉着冷静，才会在答辩时有良好的表现。而自信心主要来自事先的充分准备。

（四）仪容整洁，穿着得体，最好穿深色西装

举止自然，姿态要端正。答辩开始时要向答辩老师问好，答辩结束时要向答辩老师道谢，体现出良好的修养。

三、答辩老师的提问内容

在论文答辩会上，答辩老师有必要讲究自己的提问方式，让学生答辩水平得到充分的发挥。一般来说答辩老师在提问时，首先要贯彻先易后难。可以使学生放松，缓解紧张，增强信心，从而有利于在接下来的答辩中发挥出正常水平。根据以往的经验，结合一些学者的分析，学生在进行论文答辩时，答辩老师的提问内容一般包括以下几个方面：

（1）突出选题的重要性和意义。

（2）介绍论文的主要观点和结构安排。

（3）论文的文献回顾与综述。

（4）研究方法和设计。

（5）资料收集、整理、分析与形成结果。

（6）强调论文的心意与贡献。

（7）说明做了哪些必要的工作。

示例 8-1

答辩问题

1. 突出选题的重要性和意义

为什么选这样的题目？

论文研究的问题意义何在？

论文研究的背景对你的工作有什么用？

你的选题对你从事的工作有什么作用？

你选这个选题对你从事的工作有何意义？

2.介绍论文的主要观点和结构安排

请介绍你的论文主要观点。

在你的论文中，最想强调和说明的是哪些观点？

请你阐述论文结构，你的论文结构合理吗？

如有改进，请提出你改进论文结构的设想。

你的论文结构中，最重要的是哪一部分？

3.论文的文献回顾与综述

你看过哪些著作和杂志？

你的论文中采取哪些文献？

这些文献你是怎样归纳的？

你的文献综述主要观点是什么？

你怎样评价文献的不足和你所做的贡献？

你的文献研究的创新点是什么？

4.研究方法和设计

你在论文中采取哪些方法？

你怎样推进论文所采用的方法？

这些方法对你论文有什么作用？

你研究方法的创新点在什么方面？

5.资料收集、整理、分析与形成结果

你怎样收集这些资料？

收集资料的过程是什么样的？

怎样整理和分析这些数据？

形成哪些结果，有用吗？

准备怎样实施你的方案？

提出哪些有意义的策略和措施？

6. 强调论文的新意与贡献

在你的论文中提出了哪些创新性观点？

在你的论文中做了哪些理论上和实践上的贡献？

在你的创新性观点中还有哪些论据支持你的观点？

你能否对你论文中的贡献的前景作一个展望？

7. 说明做了哪些必要的工作

在你的研究中做了哪些主要的研究工作？

在你的后续研究中将从哪些具体方面进行研究？

在你的研究中你的同事们协助你做了哪些工作？

资料来源：网络公开资料整理而成。

四、答辩应注意的问题

为了正确地检测学生的专业基础知识掌握的情况，有时需要把一个大问题分成若干个小问题，并采取逐步深入的提问方法。当答辩者的观点与自己的观点不一致时，应以温和的态度，商讨的语气与之展开讨论，即要有"长者"风度，施行善术，切忌居高临下，出言不逊。不要以"真理"掌握者自居，轻易使用"不对""错了"等否定的断语。要记住"是者可能非，非者可能是"。如果答辩者的观点言之有理，持之有据，即使与自己的观点截然对立，也应认可并乐于接受。当答辩者的回答表达不到位或者一时答不上来时，应采用启发式、引导式的提问方法。遇到答辩者回答不出问题时，应当及时加以启发或引导。

（一）答辩中存在的问题

准备不充分、紧张不自信、汇报不成功、答题不清楚、临场发挥不够、答题不懂装懂。

（二）怎样汇报效果好

脱稿汇报、突出重点、抓住兴趣、掌握时间。

（三）巧妙回答提问

听清问题并记录；围绕论文回答问题、简明扼要；答辩态度要诚实、谦虚。

（四）经过思考再作回答

答辩老师在提问题时，答辩者要集中注意力认真聆听，将回答内容略记录下来，仔细推敲答辩老师所提问题的本质和核心，切忌未弄清题意就匆忙作答。如果对所提问题没有判断清楚，可以请提问老师再重复一遍，免出差错。

（五）介绍清晰

介绍内容时应突出论文独到之处，不可吞吞吐吐，含混不清。当被误解时，一定要清楚说明。

（六）当论文中的主要观点与答辩老师的观点相左时，可以与之展开辩论

一般来说，应以维护自己的观点为主，反驳对方的论点要尽可能采用委婉的语言，请教的态度，婉转地将自己的观点展示给对方。

（七）注意礼貌和仪容仪表

答辩进门前应敲门或向答辩老师示意，得到批准后方可进入教室。老师请你坐下时，应向老师道谢，稍作准备后应示意老师可以开始答辩。答辩过程中应注意老师的表情，应积极去回答有关问题，要注意坐姿及仪态，注意与老师的交流，要从容、严谨。在自述时要非常熟悉地讲述论文的内容，所带的资料要整齐地摆放在桌面上，不可杂乱无章，更不可空手不作准备地进行答辩，必要时，应对提出的问题作简要记录，以示尊重和重视。答辩结束离开时，应向老师道谢。

五、答辩的评价

答辩者在答辩会上要完成两方面的内容，一是根据论文的选择、实施、结果和总结完成陈述；二是根据答辩老师提出的一些具体问题做出合理的回答。答辩委员会主要注意两方面，一是对答辩者陈述过程作简单评价；二是对答辩者对应的论文内容提出一些相关的、感兴趣的问题。

（一）对答辩者的口头陈述作出评价

论文是否具有一定的特色？研究过程是否与论文的目的相一致？研究是否达到一定的深度？资料转化为成果时是否具有科学性？成果的表达方式是否合理？陈述是否重点突出，是否具有条理性？陈述能否比较清晰地了解答辩者所做的工作及其论文研究的成果？

（二）对学位论文提出的问题回答作出评价

在这里提出的问题最好是与工商管理学位论文有关的一些问题，包括与本学

科相关的问题、研究过程中的一些问题、与答辩者人生及生活方面的一些问题、是否对答辩者的回答满意。

（三）综合表现评价

提出问题、分析问题及解决问题的能力；文字和口头表达能力；沟通能力；创新能力与实际结合能力；论文有突出的创新性，或者论文成果具有高度的实际应用价值或者理论研究价值等进行评价。

第三节　论文的评价

学位论文评语需要对所提交审查的论文作出评价，评价的主要依据是《中华人民共和国学位条例》，由于研究生学位分硕士学位和博士学位两大类，所以对论文的要求也不同。工商管理学生完成毕业论文后，导师应对论文做出评价，推荐同意答辩的意见。

一、评价内容和环节

工商管理学位论文是衡量工商管理学生学术水平是否达到所授予的学位标准的主要依据。研究生学位论文评语是对学位论文是否达到相应水平做出的评价。评语虽短但是至关重要，涉及能否毕业、能否得到相应学位，或能否以优秀的评价取得相应学位等问题。因此客观并准确地对研究生学位论文进行评价，对研究生学位论文工作做出恰如其分的评价，是每位论文评阅人义不容辞的职责。

（一）评价环节

工商管理学生在导师的指导下，完成了学位论文的研究工作和学位论文的写作，一般需要以下几个环节的审查：

（1）导师的审查。

（2）同行专家评阅。

（3）答辩。

（4）学位委员会审查。

（二）评价内容

一般评价要点包括：

（1）选题应具有前瞻性或预见性，选题的实用性或解决问题的可行性。

（2）在工商管理学位论文的中英文摘要与关键词中，摘要应提出探讨性问题，并描述研究对象、研究方法和工具，以及对论文的重点内容、研究结果、结论及建议等进行简要阐述。

（3）绪论中应明确说明论文的研究背景、研究问题、选题原因与实际工作的关系、研究目的或待答问题。其中论文的研究具有新颖性的观点和思路，并有重要实用的价值或具有较大理论和现实意义。

（4）文献综述的基础理论准确，对文献做出系统归纳和比较，能有效地运用理论，与实际紧密结合；有一定的理论深度；文献评论时提出个人见解，建立研究的线索与思路。

（5）研究方法或设计应明确说明研究取样对象，详细描述论文资料收集和实施的过程，及收集资料的有效性；研究方法具有科学性、先进性的特点，正确运用这些研究方法（包括统计方法、运筹学方法、案例方法等）；建立论文的框架等。

（6）资料整理与分析。资料或数据来源可靠，有详细基础统计调研资料；合理地将资料整理和分析，提出明确研究方向，理论与实践相结合；形成论文的研究结果和方案且论文具有应用价值（全国性部门或行业、企业或具体单位的参考价值和借鉴意义，直接或间接的经济效益和社会效益）；最好具有可操作性或可行性。

（7）结论中说明总结论文的研究结果、可能的创新，提出方案的具体实施或改善建议，指出论文的不足。

（8）整体内容格式与排版。论文的整体结构合理、紧扣主题、观点明确、论据充分、条理清晰、层次分明、逻辑性强；论文的文字表达流畅、准确；论文的格式规范、合理，符合要求，内容完整，符合工商管理学位论文具体要求。

（9）论文的综合能力评价包括综合运用知识能力、分析问题能力、调查研究能力等，且论文具有突出的创新性，或者论文成果具有高度的实际应用价值或者理论研究价值，具体如表 8-3 所示。

表 8-3 论文评价表

序号	评价指标	具体定义	权重	成绩
1	选题	论文题目是否紧扣主题；是否有前瞻性；选题的实用性或解决问题的可行性	5	
2	工商管理学位论文的中文、英文摘要与关键词	摘要是否描述研究对象、方法和工具，及重点论文的内容、研究结论和建议等简要阐述；英文翻译、关键词是否恰当、合理	10	
3	绪论	绪论中应明确说明论文的研究背景、问题、选题原因与实际工作的关系、研究的目的，是否有新颖性的观点和思路	10	
4	文献综述	文献综述的基础理论准确，对文献做出系统归纳和比较；理论运用与实际结合；评论时提出个人见解或建立研究的线索与思路	10	
5	研究方法或设计方法	方法是否明确说明研究取样对象，论文资料收集和实施的过程，及资料的有效性；研究方法具有科学性、先进性，并正确运用研究方法	10	
6	资料整理与分析	资料或数据来源是否可靠或详细基础统计调研资料；合理地将资料整理和分析，提出明确方向，形成论文的研究结果和方案；最好具有可操作性或可行性	30	
7	结论	是否说明总结论文的研究结论、可能的创新，以及具体实施或改善建议	10	
8	论文内容格式与排版	论文的整体结构合理、紧扣主题、论据充分、条理清晰、逻辑性强、文字表达流畅；论文的格式规范、合理，符合工商管理学位论文具体要求	5	
9	论文的综合能力	综合运用知识能力、分析问题能力、调查研究能力等，论文具有突出的创新性，成果具有实际应用价值	10	
10	导师评语		合计	

二、论文评语

论文评价三个环节都需要写出书面评语。由于角度不同、定位不同，评语的写法也是不一样的，特别是评语的结论部分。一般来说，硕士学位论文评阅人应为副高职职称以上的专家，一般应为硕士生指导老师；博士学位论文评阅人应为正高职以上的专家，一般应为博士生指导老师。研究生学位论文评语要求用词准确、评价客观，无论是肯定还是否定，都应该言之有理，以理服人。

根据以上的评价标准和内容，本书列举余来文教授、石良平教授、晁钢令教授、唐朱昌教授、王玉教授、胡建绩教授等导师对工商管理学位论文的评价，因保密的需要，工商管理学位论文评价作出相应的修改和处理，如示例 8-2 所示。

示例 8-2

工商管理学位论文的评语

论文	评语
LS 公司的发展战略研究	战略管理是企业管理的核心。一个好的战略，能够使一个病态企业走向健康；使一个处于彷徨的企业选择好正确的投资方向；使一个辉煌的企业走向更加辉煌。因此，战略管理理论与方法是企业高层管理人士的必备知识。在已形成的战略管理理论中，迈克尔·波特的竞争战略是战略管理的理论基础，在内外环境分析基础上的各种战略类型形成了企业战略的基本框架，而战略分析、战略制定、战略实施、战略评价又形成了制定与实施战略的基本步骤。在高级工商管理课程教育中，战略管理课程就是力图使学生能够扎实地掌握这些战略管理理论、思想、步骤、方法和分析技巧。这篇关于 LS 公司发展战略的论文就是在研究公司战略方面的一篇较为优秀的论文，这篇论文的优秀之处表现在以下几个方面 （1）选题有意义。一般学生不太注重论文的选题，以为任何选题都可以进行深入分析，这是错误的。实际上，论文的选题从一开始就已决定了论文研究的深度。这篇论文的选题选择了一个比较特殊的企业，对血液制品企业的发展战略。由于这类企业生产的产品具有相当特殊性，因此对规模报酬的要求比较高。但我国近十年来对这类企业采取了过度竞争的市场战略，从而导致生产规模和血液的综合利用都达不到最优配置的效果。过度竞争的结果也使作为国内最大的血液制品企业的 LS 公司的利润明显下降，债务问题严重。针对这样一个特殊企业，又面临着这样一系列严峻的问题而展开战略研究是很有意义的 （2）论文的文献归纳与综述相当出色。对文献的归纳整理，对重要文献核心思想的理解与阐述，以及将这些文献思想与自己的论文结合起来进行研究是综合体现作者学习能力、理解能力和理论运用能力。对一个企业高层管理人员来说，这种能力既是基础性的，又是至关重要的。只有具有踩在巨人肩膀上的能力，才有可能有所创新。从这方面看，这篇论文对各类战略管理理论的归纳相当精致、到位，表明作者已较为全面地掌握了战略管理的理论，并且已具备了灵活运用的能力 （3）整篇论文的行文与结构相当规范。论文遵循战略管理的基本逻辑，针对公司存在的主要问题，从战略环境分析、建立战略目标、制定战略步骤、实施战略管理、评价战略绩效等方面展开自己的研究，在读者面前展示了一个清晰而富有逻辑的战略研究思路。使读者感觉到这是一个受过正规训练的企业高层管理人员的思想展现。同时，作者还在论文中引入了一些营销管理和生产管理的方法，使自己的观点更具说服力。 论文的不足之处在于：对战略评价部分的研究与分析过于简单；战略管理的分析方法运用还不够
SX 茶叶市场细分研究	第一，本文在体例上是比较规范的，对于问题的提出、研究目的、概念的界定、研究方法以及相关文献的介绍等都表述得比较全面。而且所引用的理论与方法在之后的具体问题分析中也得到了应用，所以在全文的结构上比较完整 第二，本文是基于对 SX 茶叶市场的全面调查的基础上，对 SX 的本地消费市场进行细分的。整个调查做得细致规范，分别从定量分析和定性分析的不同角度对 SX 茶叶消费群体的购买时间、消费习惯、购买动机、消费用途以及购买偏好等进行了详尽的调查，并运用了聚类分析等统计方法对数据进行了分析，从而得出了家用茶消费市场、礼品茶消费市场、茶艺馆消费市场三个主要的茶叶消费子市场。整个分析是规范的、到位的 第三，在调查分析和市场细分的基础上，本文还对 SX 茶叶公司的营销策略进行了设

续表

论文	评语
SX 茶叶市场细分研究	计，分别对产品品质提高、品牌延伸、商品包装、渠道选择、促销组合等方面提出了建议。其中对茶叶加工基地的建设、用联营或股份合作的形式在全国市场进行品牌拓展、进行茶叶的反季节销售以及开设茶叶连锁专卖店等建议是较有新意且很有操作价值的 第四，本文主要的不足之处是：由于 SX 是全国茶叶的重点产区，所以其市场肯定不能局限于本地市场，本文仅对 SX 本地市场的调查分析还不足以对企业的营销策划给予有力的支持，应当有对 SX 茶叶全国市场和出口市场的调研与分析。此外，论文的写作应以观点为主导，各层次的标题应当直截了当地反映作者的观点，而不应当采用教材的表述方式
DY 公司员工绩效考核研究	合理的绩效考核对优化人力资源的管理与开发具有十分重要的意义。本文以此为出发点，运用标准化管理、绩效管理的基本理论，借鉴绩效管理的基本方法，从 DY 公司实际出发，以研究员工绩效考核为重点，在比较系统地剖析传统的人事考核制度弊端的基础上，对 DY 公司的绩效考核制度进行了制度构划，试图探索更符合现代企业制度的科学考核制度，表明论文作者较好地掌握了相关的基础理论，及具有运用相关理论分析现实问题的较强能力。本文是一篇有较高质量的工商管理研究论文。特点是： （1）论文选题有理论与现实意义 论文通过借鉴经典的绩效考核理念和国内外相关的考核标准，结合本单位对员工绩效考核过程中存在的主要问题，对进一步完善本单位的员工绩效考核制度进行了制度创新构想，使论文选题富有理论意义和实际应用价值，体现了论文理论与实际相结合的特点 （2）论据充分、可靠，能较好地对相关文献和理论进行综述和归纳 通过有关文献的查阅、实地调研、访谈、案例分析等方法，掌握了比较充分的第一手资料，从中发现传统的人事考核制度的一系列弊端，并从制度设计入手，进行制度创新的探索。论文作者在资料掌握、研究方法、理论基础、分析能力诸方面都达到了较高的水平 （3）论文重点突出，全文始终能以员工绩效考核制度设计和创新为研究重点 论文题目也能清楚表达论文的写作重点。全文结构合理、层次清晰、资料运用合理、观点明确、文笔流畅 （4）写作规范、认真 论文的整体安排、图表的运用、注释及附录的运用等都能符合工商管理研究论文的基本要求 本文虽然致力于从制度创新角度探索员工绩效考核，但对制度创新的成本效益分析较薄弱。另外，本文对传统的人事考核弊端的原因分析不深，这也在一定程度上影响了新制度探索的深化
SJX 物资管理研究	从《SJX 物资管理研究》论文中可以看出，作者就该专题的研究进行了比较深入的调查，同时作者对调查资料的处理也是合理恰当的。《SJX 物资管理研究》论文的特色表现在以下三个方面： （1）论文研究的是一个实际存在、需要解决、具有普遍运用价值的问题。所以研究具有较高的实践价值 （2）论文在结构设计上比较严谨。摘要部分简明扼要、清晰地介绍了论文的整体结构；文献概览部分归纳了现代物资管理理论的一些重要概念。论文的第四、五、六章应该是一个整体，其中第四章在比较全面分析 SJX 物资管理现状的基础上，逐一对现状中出现的问题提出了解决的对策。第五章和第六章是第四章的深入，探讨了物资管

续表

论文	评语
SJX 物资管理研究	理中的库存管理和物资管理流程。在第五章中，作者介绍了基本的库存管理概念，比较详细具体地分析了 SJX 在库存控制上的现状，提出了用 MRP 方法确定物资需求计划，并进一步在第六章中对 SJX 物资需求再造进行了探讨。作者根据 SJX 物资采购流程中出现的弊端，提出了采购流程再造的基本目标、适合 SJX 的供应商管理模式、物资招标采购制度、物资集中管理方式等方案 （3）《SJX 物资管理研究》一文的欠缺之处，一是第四章中将现状分析和对策直接对应的方式，可能会造成对策的相对孤立。因为造成现状的原因往往是多方面的，直接对应现状提出对策，可能会忽视更综合和更深入的因素。二是第四、五、六章实际上是一个整体，如果在绪论中说明这一关系，会更有助于读者的理解，同时也使论文的逻辑性得到认可
NX 公司实施质量管理体系对策研究	质量管理是企业管理的重要组成部分，实施 ISO 9001 质量管理体系是提高质量水平的重要工具，论文以 NX 公司为研究对象，探讨 NX 公司实施 ISO 9001 质量管理体系，具有很强的实践意义 《NX 公司实施 ISO 9001 质量管理体系对策研究》一文，首先，从理论上研究了质量管理的起源和发展、质量管理和 ISO 的有关理论动态，并通过对质量管理有关理论的比较，阐述了自己对这些理论的理解。这为本文的研究提供了充分的理论依据。其次，论文通过对 NX 公司内外部环境的变化研究和 NX 公司质量管理的历史回顾，得出 NX 公司质量管理已进入了第四个阶段，从而提出 NX 公司必须实施 ISO 9001 质量管理体系。最后，论文通过对 NX 公司质量管理状况、问题与原因的剖析，研究了 NX 公司实施 ISO 9001 质量管理体系的具体对策措施。这些具体措施具有很强的可操作性，其中论文对三个关系（质量管理与客户满意度管理、质量管理体系与生产管理体系、提高质量管理水平与提升市场竞争力）的研究，具有一定的普遍指导意义，可供实施 ISO 9001 的其他企业参考和借鉴 综观全文，结构清楚，紧扣主题，观点明确，层次清楚。能正确、清楚且合理地将资料交代、整理和分析，懂得将管理理论和工作实践相结合 本文的不足之处，正如作者所讲的那样，没能"使质量管理起到有效支持企业战略目标实施的作用"。但是这里要注意，这一不足的造成不仅仅是作者所认为的"资料收集的局限性、研究时间问题"。主要在于本文作者在研究中仅从职能管理层面去研究质量管理体系问题，把该工作仅仅看成改进日常管理的一种手段，停留于"我要做"与"要我做"的思考层面上，未能从战略管理层面去分析和研究影响 NX 公司质量管理水平的关键因素，从而就无法围绕这些深层次的关键问题去研究提高质量管理水平的方法

资料来源：余来文、石良平、晁钢令、唐朱昌、王玉、胡建绩等教授评语。

第九章

范例：中科招商并购模式研究

摘 要

在国内，并购基金仍处于发展初期。上市公司、私募股权投资（Private Equity，PE）基金公司等纷纷介入并购基金，国内正处于产业结构调整的关键时刻，很多上市公司有并购需求，但通过银行贷款融资，方式比较单一，而 PE 公司因为 IPO 的不确定性，收益不稳定，使私募股权投资基金公司并购有很强的需求。本文正是以 PE 公司并购为出发点，并以企业并购过程中所涉及的主要内容为方向，以 VC/PE 等并购的模式运作作为分析的主要手段，对私募股权投资基金并购模式的主要过程进行了系统的分析与研究。本文对所要研究的并购模式进行了大量的文献收集、整理，并对国内外并购模式的研究现状进行了综述，以中科招商公司并购基金为案例，对基金 PE 公司的并购模式进行现状分析，并指出其存在的问题，从问题分析入手，再到过程研究，最后提出方案，具体结论如下：

（1）并购重组的审批也大幅简化，助推并购市场的发展。消除了企业并购重组在制度上的基本障碍，放宽了民营资本的准入，落实了税收等优惠政策，为私募基金公司参与并购提供了巨大的机会。

（2）境内外资本市场持续低迷、Pre-IPO 投资机会逐渐减少，一、二级市场盈利空间逐渐缩小，IPO 市场容量有限等，在这种大环境下国内 PE 公司已经开始积极布局并购基金，并在此节点转型国外比较成熟的并购运作模式，并积极拓展并购退出渠道。

（3）我国 PE 公司并购基金的运作模式不够成熟，大多以大型产业资本在既

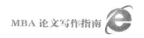
定投资项目下与 PE 机构成立并购基金，在模式上对于基金设立、资金的募集、投资计划、投资策略、投资原则、投资目标、资产分配、投资组合、投资决策等需要逐步稳定与完善。

（4）本文通过以国内一家大型 PE 公司中科招商为例，对私募股权投资基金公司模式进行深刻的剖析和研究。

总之，本文的主要特色在于融理论性、实用性、可操作性于一体，理论与实际相结合，强调了科学原理与科学方法在具体工作中的运用，其中介绍的许多具体操作的方法对解决企业并购及 PE 并购中的一些难题有着重要的参考价值。

关键词：中科招商、并购、管理、模式

第一节　绪论

改革开放以来，中国经济取得了长足的发展，伴随着经济的发展，企业间的并购也呈现不断膨胀的趋势，企业并购的规模越来越大，涉及的行业也越来越多，企业通过产权的转移，实现产业结构调整和资源的合理配置，为经济发展做出了重大贡献。企业的并购是企业追求企业价值最大化、加快发展的一种有效的资本运作形式，可以说是企业成长与发展的形式之一。我国企业并购经历了启动、沉寂、蓄势待发和蓬勃发展进入高潮的发展轨道。20 世纪 90 年代以来，经济全球化浪潮的一个突出特点是跨国并购迅猛增长，并成为许多国家利用外资的主要形式之一。

一、研究背景

自 2009 年境内外资本市场持续低迷、Pre-IPO 投资机会逐渐减少，一、二级市场盈利空间逐渐缩小，IPO 市场容量有限等，在这种大环境下国内 VC/PE 机构纷纷积极布局并购，期待在此节点转型国外比较成熟的并购运作模式，并积极拓展并购退出渠道。在国家一系列推进并购重组的积极政策导向下，并购交易审查时间缩短并且流程公开化，在此背景下将为国内 VC/PE 机构提供良好的并购退出契机，预计未来并购将成为国内 VC/PE 机构的主流退出方式。

（一）中国并购发展概述

中国并购市场将趋于活跃，2008 年至今，中国并购市场宣布交易规模呈现平稳上升趋势，交易规模由 2008 年的 1386.94 亿美元增至 2012 年的 3077.86 亿美元，累计增幅达 122%；平均单笔交易金额从 2008 年的 3281 万美元增至 2012 年的 8658 万美元，增幅达 164%。其中 2013 年上半年，中国并购市场宣布交易 1792 起，宣布交易规模达 1507.8 亿美元，平均单笔交易规模 8414 万美元，如图 9-1 所示。

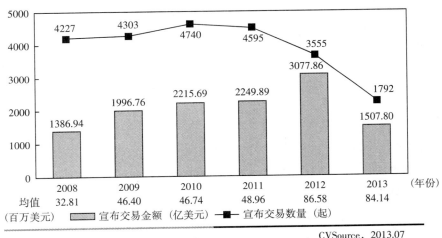

CVSource，2013.07

图 9-1　2008~2013 年中国并购市场宣布交易趋势

2009 年创业板开闸，直接为并购交易输送了大量的资金，导致 2009~2012 年并购市场宣布规模的明显增长，其中 2012 年增幅较为明显，主要源于欧债危机背景下国内企业大额出境并购交易相对活跃的拉动。

从实际完成的并购交易来看，2008 年至今，中国并购市场交易完成规模及案例数量基本呈现增长态势，交易规模从 2008 年的 1107.94 亿美元增至 2012 年的 1274.5 亿美元，其中 2011 年达到近 6 年交易规模最高值 1541.1 亿美元，案例数量在 2010 年达到近 6 年最高值 4305 起，如图 9-2 所示。

2013 年上半年，中国并购市场完成交易规模 720.23 亿美元，平均单笔交易规模 8003 万美元，交易完成案例 900 起，案例数量占 2012 年全年不足 37%，自 2012 年底境内外资本市场的持续低迷，作为大买方的上市公司资金链趋紧是并购交易案例数量下降的主要原因。另外，无论是从宣布并购交易还是从完成并购

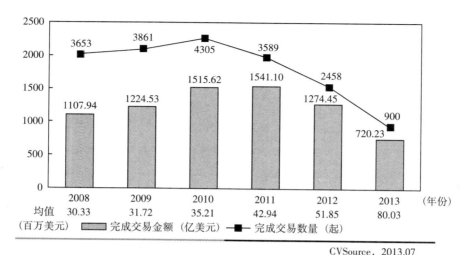

图 9-2　2008~2013 年中国并购市场完成交易趋势

交易来看，交易案例数量在 2010 年达到最高值后都开始呈现缓慢下降，凸显出中国企业参与并购交易一改以往粗放、盲目的并购初衷，战略化布局考量以及谨慎的并购脚步将有利于国内并购市场健康有序发展。

（二）国内企业并购的政策

并购重组审批将大幅简化助推并购市场发展，一直以来，放松管制、加强监管是行政审批制度改革的根本方向。中国证券监督管理委员会（以下简称证监会）推进并购重组市场化改革，进一步清理简化行政许可，完善并购重组市场化机制。并购重组审核分道制已于 2012 年 10 月 8 日实施，对符合条件的重组申请豁免审核或快速审核。同时，中国证监会给予借壳上市与 IPO 等同，不支持创业板上市公司借壳已明确。未来证监会将继续推进四项改革措施。

1. 清理简化行政许可

研究修改上市公司并购重组相关规则，大幅取消简化并购重组审批。凡是市场能够自我调节、市场主体能够自主决策、社会组织能够自律管理的事项，都要逐步取消行政审批。

2. 完善并购重组市场化机制

改革现有单一股份定价机制，增加定价时间窗口，引入调价机制，增强定价弹性；丰富要约收购履约保证方式；取消第三方并购发行股份最低数量限制和业绩承诺要求。

3. 丰富并购重组支付工具，拓宽融资渠道

为优化并购重组外部环境，证监会正积极支持中华人民共和国工业和信息化部（以下简称工信部）牵头的企业兼并重组工作部际联席会议机制，配合相关部门消除制度障碍，落实财税政策，加大金融支持力度，完善土地使用、债务重组及职工安置等政策。

4. 完善并购重组监管

证监会正大力推动建立跨部门的并联式审批机制。未来拟不再以反垄断、对外投资、外资审查作为证监会并购重组行政许可的前置条件。证监会的并购重组市场化改革，将上市公司并购重组手续趋于简化，将大幅提高并购重组效率，降低并购重组的时间成本。这将有助于推进并购市场的发展，也将更加有利于通过并购来实现产业整合，促进经济结构的调整。

（三）VC/PE 并购发展情况

从整体来看，国内 PE 并购的发展仍然处于初级阶段，相对于国外成熟的 PE 并购发展模式，国内尚无完全主导并购交易的 PE 出现，部分参与并购运作的 PE 受限于国内特殊的金融体制，也没有充分体现出 PE 并购的杠杆融资优势，对投后企业的重组整理能力仍有待提高。然而随着国内 Pre-IPO 机会的逐渐减少，PE 行业步入深度调整期后并购转型意愿强烈，未来几年 PE 并购将成为我国多层次资本市场重要的投资类型。

根据 2002~2013 年上半年统计，中国 VC/PE 机构共投资 10316 个项目（不包括 PIPE 投资），其中仅有 852 个项目成功通过 IPO 退出，IPO 退出项目占比不足 10%。显而易见，相比较庞大的 VC/PE 投资市场，有限的 IPO 退出渠道已经不能满足 VC/PE 机构强烈的退出需求，尤其 2013 年以来资本市场的持续低迷，拓展 PE 二级市场及并购退出成为 VC/PE 机构面临的重大问题，如图 9-3 所示。

2009 年创业板的开启，为国内 VC/PE 机构开启"暴利时代"。根据统计，2008~2013 年上半年，国内 VC/PE 机构通过 226 家企业上市实现 IPO 退出，账面回报率在 2009 年达到历史最高值 11.4 倍后开始逐年下降，2013 年上半年共有 17 家企业登陆境外资本市场（16 家港股、1 家美股），平均账面回报率跌至 0.61 倍，创历史新低，如图 9-4 所示。

此前 IPO 市场的火爆，造就回报童话的同时，也使得投资市盈率严重偏离项目实际估值，甚至出现一、二级市场倒挂，投资机构为争夺好项目不惜高估值投

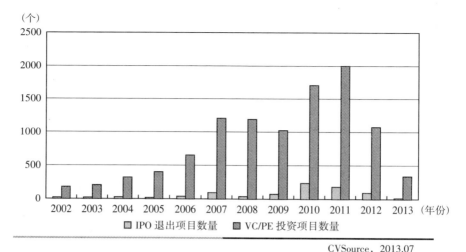

图 9-3　2002~2013 年国内 VC/PE 投资项目数量情况

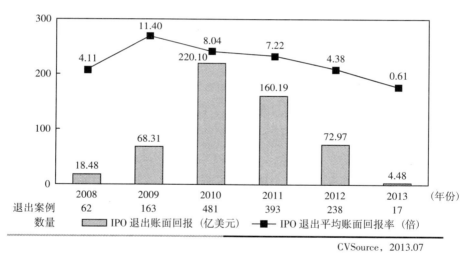

图 9-4　2008~2013 年国内 VC/PE 机构 IPO 退出账面回报情况

资，投资成本上升是 IPO 退出回报率下降的主要原因。

　　根据 2008~2013 年上半年统计，国内共发生 570 起并购退出交易，退出回报率在 2011 年曾达到最高值 4.5 倍，2013 年上半年并购退出趋于活跃，共发生 100 起并购退出案例，平均退出回报率达 3.64 倍，如图 9-5 所示。

　　从并购退出回报数字上来看，回报倍数近几年一直维持在 5 倍以下，与 IPO 高达 10 倍以上的退出回报相比较低，这主要源于国内并购退出市场不够成熟，

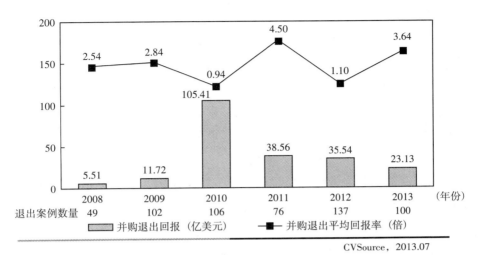

图 9-5　2008 年~2013 年上半年并购退出回报

预计未来 1~2 年并购退出渠道逐步完善、并购基金发展走向成熟的背景下，国内 VC/PE 机构并购退出回报将会逐渐增加，并将成为主流退出方式。

二、研究的问题

随着中国经济的高速发展，企业间的并购规模增长迅速，我国公司进行并购活动，其目的在于利用并购产生的管理协同效应和财务协调效应，充分发挥自身的优势，弥补自身的不足。但是，由于境内外资本市场持续低迷、Pre-IPO 投资机会逐渐减少，一、二级市场盈利空间逐渐缩小，IPO 市场容量有限等，PE 公司都需着力布局并购基金，期待在此节点转型为国外比较成熟的 PE 并购模式运作，并积极拓展并购退出渠道。就当前国内 PE 并购尤其以中科招商为例的并购实践看，在 PE 并购模式存在许多问题研究，归纳起来主要有：

（1）并购退出可缓解 PE 机构流动性压力。对于 PE 机构来讲，相对于单个项目的超高回报，整只基金尽快退出清算要更具吸引力，因为基金的众多投资组合中，某一个项目的延期退出将影响整只基金的收益率，如若没有达成当时与 LP 间的协议承诺，后续基金募集等将受到重大影响。

（2）并购退出程序相对简单。对于有意向的被投企业参与并购，而 PE 公司不单设并购基金，这时并购退出相对简单。主要由于前期 PE 机构在投资时已做过详尽的尽职调查，对项目的主要财务以及经营情况有了详尽的了解，而且作为

191

卖方的 PE 机构，远比买方交易要容易得多。

（3）PE 并购基金的设立主要依托于上市公司，这种强强联合的模式在基金的规模、行业的选择、专业性方面有优势。但这两者在基金管理上存在较多差异，上市公司主要以实业为主，深耕自己所处的行业，而 PE 公司主要是投资金融业，在文化、投资理念等有一个融合的过程。并且双投资决策上，会存在主导权、控制权的争议，也会使双方存在利益诉求不同、投资并购目标不一致。这些需要在并购模式设计上更加细化、周全。

（4）PE 并购面临专业服务机构少，缺少桥梁作用。市场中介组织和配套设施不能满足并购市场发展的需要。由于我国市场经济还处在初级阶段，企业并购市场的中介组织，如资产评估部门、会计师事务所、律师事务所以及并购经纪机构等。不管从数量上还是从质量上来讲，都不能适应当前迅猛发展的企业并购市场需要。在市场配套措施方面，由于我国以公司为特征的、市场化、规范化的企业并购起步较晚，不能得到社会各界和有关法律制度的有力支持和保护。此外，信息的流通和传递也远远不能满足并购市场发展的需要。

三、研究的目的和意义

企业的并购对于企业的持续发展具有重要意义，充分发挥企业并购的经营协同效应、财务协同效应和市场份额效应等优势，使并购双方在改善经营管理、降低成本、提高经济效益、增强技术优势和市场竞争力等方面，都得到极大的改进。但目前中国缺少成熟的管理层市场，所以做并购基金必须和管理层绑定。成长型基金大多投资少数股权，对企业控制力较弱，在退出时往往面临压力。一些合作不错的项目，是在投入的时候就约定好，大家共进退，虽然只占 20% 的股权，但退出时要标准化。这样 PE 公司在企业并购退出后能够实现收益最优化，退出渠道多元化。

中科招商是中国国内最大的一家私募股权投资公司，管理基金规模 500 亿元。经过了近二十年的发展，公司管理层逐步意识到并购对 PE 公司的成长和发展的重要性，并开始积极地寻找改进并购模式的策略和方法，本文正是基于私募股权基金在并购模式中的作用而展开的系统研究。具体如下：

（1）本文对国内外有关并购模式的理论和方法进行整理、分析、总结，分析各层次员工适用的绩效管理方法。

（2）本文针对中科招商并购模式的现状进行深入的调查研究与分析，试图找出 PE 并购的动因。

（3）根据对调查结果的分析和基于对并购模式理论的研究，提出中科招商在并购模式方案构建多元化与实施的具体策略。

本文研究的核心目的是通过对国内外先进并购模式理论与实践经验的评述和借鉴。在此基础上，以中科招商公司为例，针对个案建立了一套企业并购模式，希望为促进本行业和相关单位并购模式的多元化提供参考。

四、名词解释

（一）PE

Private Equity（PE）也就是私募股权投资，从投资方式角度看，是指通过私募形式对私有企业，即非上市企业进行的权益性投资，在交易实施过程中附带考虑了将来的退出机制，即通过上市、并购或管理层回购等方式，出售持股获利。广义的 PE 为涵盖企业首次公开发行前各阶段的权益投资，即对处于种子期、初创期、发展期、扩展期、成熟期和 Pre-IPO 各个时期企业所进行的投资，相关资本按照投资阶段可划分为创业投资（Venture Capital）、发展资本（Development Capital）、并购基金（Buyout/Buyin Fund）、夹层资本（Mezzanine Capital）、重振资本（Turnaround），Pre-IPO 资本（如 Bridge Finance），以及其他如上市后私募投资（Private Investment in Public Equity，PIPE）、不良债权（Distressed Debt）和不动产投资（Real Estate）等。狭义的 PE 主要指对已经形成一定规模的，并产生稳定现金流的成熟企业的私募股权投资部分，主要是指创业投资后期的私募股权投资部分，而这其中并购基金和夹层资本在资金规模上占最大的一部分。在中国 PE 及本文主要是指这一类投资。

（二）VC

风险资本（Venture Capital，VC），是指由职业金融家投入到新兴的、迅速发展的、有巨大竞争潜力的企业中的一种权益资本。风险投资是一个动态循环的过程。风险投资者以相关产业或行业的专业知识与实践经验，结合高效的企业管理技能与金融专长，对风险企业或风险项目积极主动地参与管理经营，直至风险企业或风险项目公开交易或通过并购方式实现资本增值与资金流动性。一轮风险资本投资退出以后，该资本将投向被选中的下一个风险企业或风险项目，这样循环

往复，不断获取风险资本增值。风险投资在创业企业发展初期投入风险资本，待其发育相对成熟后，通过市场退出机制将所投入的资本由股权形态转化为资金形态，以收回投资。风险投资的运作过程分为融资过程、投资过程和退出过程。

Venture Capital 五个阶段的种子期、初创期、成长期、扩张期、成熟期无不涉及到较高的风险，具体表现有项目的筛选、尽职调查、后期监控、知识产权、选择技术、公共政策、信息高度不对称、道德品质、管理团队、商业伙伴、财务监管、环境、税收、政治、沟通平台等。在西方国家，据不完全统计，风险投资家（Venture Capitalists）每投资 10 个项目，只有 3 个是成功的，而 7 个是失败的。正是因为这样，在风险投资界才会奉行"不要将鸡蛋放在一个篮子里"的分散组合投资原则。"在高风险中寻找高收益"，可以说 VC 具有先天的"高风险性"。

风险投资的目的不是控股，无论成功与否，退出是风险投资的必然选择。引用风险投资的退出方式包括首次上市（IPO）、收购和清算。中国风险投资公司进行 IPO 的退出渠道主要有：以离岸公司的方式在海外上市；境内股份制公司去境外发行 H 股的形式实现海外上市；境内公司境外借壳间接上市、境内公司在境外借壳上市；境内设立股份制公司在境内主板上市；境内公司境内 A 股借壳间接上市；另外一种间接上市的方式就是境内公司 A 股借壳上市。

（三）IPO

IPO 是指首次公开募股（Initial Public Offerings，IPO），是指一家企业或公司（股份有限公司）第一次将它的股份向公众出售（首次公开发行，指股份公司首次向社会公众公开招股的发行方式）。

通常，上市公司的股份是根据相应证券会出具的招股书或登记声明中约定的条款通过经纪商或做市商进行销售。一般来说，一旦首次公开上市完成后，这家公司就可以申请到证券交易所或报价系统挂牌交易。有限责任公司在申请 IPO 之前，应先变更为股份有限公司。

按照依法行政、公开透明、集体决策、分工制衡的要求，首次公开发行股票的审核工作流程分为受理、见面会、问核、反馈会、预先披露、初审会、发审会、封卷、会后事项、核准发行等主要环节，分别由不同处室负责，相互配合、相互制约。对每一个发行人的审核决定均通过会议以集体讨论的方式提出意见，避免个人决断。

第二节　文献综述

对并购的研究不仅是投资管理学的研究重点，而且也是经济学的重要组成部分，但在各自的领域内研究的方法，关注点不同。企业并购理论是组织经济理论、企业理论以及公司财务理论中的重要课题之一。由于交易费用理论、信息论和博弈论等的长足发展，使得并购理论的进展非常迅速，成为目前西方国经济学应用理论中最活跃的领域之一。

一、并购的基础理论

并购（Merger and Acquisition，M & A）包括兼并和收购，两者有一定的区别和联系。但是随着全球化经济大发展实业界的创新活动层出不穷，企业兼并和企业收购的界限越来越模糊。正如温斯顿所讲，"传统的主题已经扩展到包括接管以及相关的公司重组、公司控制、企业所有权结构变更等问题上，为简便起见把它们统称为并购"。

企业并购理论认为，企业并购是现代经济生活中企业自我发展的一个重要内容，是市场经济条件下企业资本经营的重要方面。通过并购企业可以有效实现资源合理配置，扩大生产经营规模，实现协同效应，降低交易成本，并可以提高企业价值。

企业并购是指企业通过购买目标企业的股权或资产，控制、影响目标企业，以增强企业的竞争优势、实现价值增值。当前，并购已成为企业外部扩张与成长的重要途径之一。并购在当今世界扮演越来越重要的角色。施蒂格勒（G. J. Stigler）经过研究认为在美国没有一个大公司不是通过某种适度、某种方式的兼并而成长起来的，几乎没有一家大公司主要是靠内部扩张成长起来的。从19世纪末英国、美国等西方国家发生的第一次企业并购高潮算起，历经五次企业并购高潮至今已有近百年的历史。企业并购理论也成为目前西方经济学最活跃的研究领域之一。在该领域的研究主要集中在并购动因研究和并购绩效研究两个方面，两者共同成为理解企业并购经济合理性和制定公共政策的基础。

在20世纪90年代的并购浪潮兴起以前，全球已经出现了四次大规模的并购

浪潮，伴随着每次的并购浪潮，企业并购理论也逐步向前发展。

（一）横向并购理论

横向并购理论是基于第一次并购浪潮的出现而产生的，其代表性的理论有规模经济效应理论、协同效应理论和福利均衡理论。韦斯顿的协同效应理论认为，公司兼并对整个社会来说是有益的，它主要通过协同效应体现在效率的改进上，表现为管理协同效应和营运协同效应的提高。而威廉森则应用新古典主义经济学的局部均衡理论，对并购导致的产业集中和产业垄断与社会福利的损失进行了分析，提出了福利权衡模型。他认为并购推动获得规模效益的同时，也形成了产业垄断，进而引起社会福利的损失，因此判断一项并购活动好坏的标准，取决于社会净福利是增加还是减少。

（二）纵向并购理论

第二次并购浪潮的发生则推动了纵向并购理论的发展。代表性的理论有交易费用理论和生命周期理论。如科斯提出的交易费用理论，从市场机制失灵和交易费用的角度，对并购的功能作了分析。他认为，企业和市场是两种可以互相替代的资源配置机制，交易费用是企业经营活动、发生交易等成本，如果市场的交易费用很高，市场就不是一个有效的资源配置机制，而应由企业来完成，通过并购可以将外部交易费用内部化，从而降低交易费用。而乔治·斯蒂格勒则运用亚当·斯密的"劳动分工受市场规模限制"原理提出了生命周期理论，认为一个产业的并购程度随产业的规模的变化而变化，并与产业的生命周期一致，新兴产业或产业发生的前后期容易发生并购。

（三）混合并购理论

从第三次并购浪潮开始，就开始出现了跨国并购交易，一些经济学家开始研究跨国并购的问题，并产生了一些新的理论，如资源利用论、多角化理论、协同效应论等。尼尔森和梅里奇经过实证研究发现，当收购企业现金流比率较大而被收购企业该比率较低时，作为兼并收益近似值支付给被收购企业的溢价比率较高。穆勒建立了最全面的混合并购的管理主义解释，这种理论认为管理者往往采用较低的投资收益率，通过并购来扩大自己的声誉。在 20 世纪 80 年代后期出现了一些新的并购理论。如金森和梅克林在继承前人观点的基础上，提出了控制权市场理论。他们将并购行为与公司管理中的委托人、代理人问题联系起来，把并购看成是一种市场选择机制，认为并购可保证公司股东的利益最优化，否则公司就面临被并购。还有托宾提出的 Q 值理论和金森提出自由现金流假说理论等。在经济学中，"横向整合""纵向整合"和"斜向扩张"是企业扩大规模、加强对市场的影响力和控制力、分散经营风险、提升企业自身实力的重要方式，如图 9-6 所示。

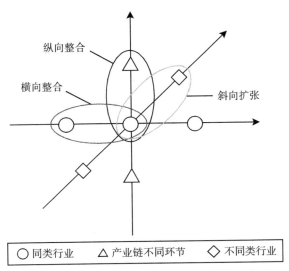

○ 同类行业　△ 产业链不同环节　◇ 不同类行业

图 9-6　横向整合、纵向整合、斜向扩张示意图

二、并购动因研究

企业并购的动因较为复杂，往往难以区分仅某单一的原因而进行的兼并与收购。大多数兼并与收购有着多种动因，而且不同时期可能有不同的特点。从目前提出的各种理论看，还没有出现一种理论或模型能够高度概括经济生活中的企业并购现象。但为了便于说明仍将对其逐一讨论。

（一）效率理论

效率理论认为，公司并购对整个社会是有潜在收益的，这主要体现在大公司管理改进效率或形成协同效应上。所谓协同效应，是指两个企业组成一个企业之后，其产出比原先两个企业之和要大的情形，即"2+2=5"效应。在效率理论中，又可分为五个子理论。

1. 管理协同效应理论

如果甲公司的管理比乙公司更有效率，在甲公司兼并乙公司之后，乙公司

的管理效率将提高到甲公司的水平。兼并就提高了效率，这种情形就是管理协同效应。

2. 营运协同效应理论

营运协同效应是指由于经济上的互补性、规模经济或范围经济，而使得两个或两个以上公司合并成一家公司，从而造成收益增加或成本减少。

3. 财务协同效应理论

财务协同效应理论认为企业兼并可出于财务方面的目的。例如，在具有很多内部现金但缺乏好的投资机会的企业，与具有较少内部现金但有很多投资机会的企业之间，兼并就特别有利，因为其可以促使余资在企业内由低回报项目流向高回报项目。此外，兼并有节省筹资成本和交易成本的优点，因为企业合并虽然使企业规模显著增大，但其筹资成本和交易成本却不会同步增大，同时一个合并企业的负债能力要比两个企业合并前单个企业的负债能力之和要大。

4. 多元化经营理论

对一个公司来说，多元化经营可以分散风险，稳定收入来源。此外，收购公司如果原本就有特别的无形资产，如声誉、顾客群或是供应商，多元化就可能有效地利用此资源。

5. 市场低估理论

该理论认为兼并的动机在于目标公司的股票市场价格低于其真实价格。造成低估的原因可能由于企业的经营管理未达到企业潜在的效率水平、并购公司没有的目标公司价值的内部信息、由于通货膨胀原因造成资产的市场价值与重置成本的差异使公司价值被低估。

（二）信息理论

信息理论认为当目标公司被收购时，证券市场将重新评估此公司的价值，公司的股价会呈现上涨的趋势。这是因为，收购活动向市场传递了目标公司股价被低估的信息，即使目标公司不采取任何行动，市场也会对其股价进行重估。或者，收购事件的宣布或行动所表达的信息会使目标公司采取更有效率的经营策略。

（三）代理成本理论

Jensen 和 Mecking（1976）提出代理问题理论，认为代理问题的产生是由于管理者只拥有公司的极少部分股权，使管理者可能会不那么努力地工作并偏向于非金钱性的额外支出，如豪华消费等。而这些消费成本是由公司全体股东承担的，但一般的个人股东却缺乏足够的激励花费资源去监督管理者，特别是在股权分散的大公司中，由此产生了代理成本问题。解决或降低代理成本，可以通过将企业的决策管理与决策控制分开或通过报酬安排以及经理市场，或通过股票市场的股价水平给管理者的压力等机制解决（Fame and Jensen，1983）。但当这些都不足以控制代理问题时，通过公开收购而造成的接管可能是最后的外部控制机制（Mane）。接管可以使潜在的董事和经理取而代之。Marme 还强调指出，如果由于低效或代理问题而使企业经营业绩不佳，那么并购机制使接管的威胁始终存在。

（四）管理者主义的自负假说

Mueller（1969）提出的管理者主义假说认为，管理者的报酬是公司规模的函数。因而其具有很强烈的增大公司规模的欲望，甚至会接受资本预期投资报酬率很低的项目。Roll（1986）提出的自负假说则认为，由于管理者过分自信、血气方刚，所以在评估兼并机会时会过于乐观，因此兼并可能是由标购方的自负引起的。

（五）市场势力理论

市场势力理论的核心观点是，增大公司的规模将会增大公司的势力，从而增强对市场的控制力来增大公司的市场份额。这种规模并不一定代表规模经济下的规模，更是指增大公司相对于同一产业中其他公司的规模。

三、企业并购研究方向

Furubotn 和 Richter（2006）指出，在抽象层面上试图解释企业规模边界的经济观点是基于交易费用的比较——存在生产费用或者不存在生产费用。Coase（1937）认为企业趋于扩张，直到在企业内组织一笔额外交易所产生的费用等于将这笔交易在公开市场上进行或在另外一个企业内组织所产生的费用。在此基础上，Williamson（1985）研究发现，通过一体化实现调整收益而又不带来任何损失的选择性干预是不可行的。结论必然是，将一个交易由市场转入到企业内部通常有损于激励，这个问题在创新非常重要时尤其显得严重。Hart（1995）指出，企业边界是在交易各方间进行最优权力配置的规模选择。

罗纳德·哈里·科斯（Ronald H. Coase）的企业边界理论是一个较为一般性的论述，而 Williamson 是在这个基础上为交易费用概念附加了一些实证性的研究。

Hart 从权力配置的视角来看企业边界的观点是深刻的，毕竟权力是一种稀缺资源，是与产权权能相伴随的。但权力配置的实现是需要控制一定的物质载体来实现的，我们发现这个载体就是财力。权力是因控制或财力而衍生的。在现实企业中，财力及与之相对应的权力是相栖相生的，我们称之为财权（伍中信，1999）。财权是产权中的核心权能。财权可以分为原始财权和企业财权。企业财权缘起于原始财权，是原始产权的派生，是法人产权的核心。隐藏在企业权力配置的背后更为本质的东西是财权的流动与分割，即财权配置。财权配置是动态的，是交易各方进行责、权、利博弈的动态均衡。当这个均衡能够实现时，交易费用得到节省，并购后企业边界得以扩张，这时的并购是经济合理的。反之，当这个均衡不能或难以实现时，重复博弈非均衡使交易费用趋于无穷大，并购后企业边界不变或缩小，这时的并购是非经济的。财权配置中财权的流动与分割应达到责、权、利三方制衡。

企业并购对并购方来讲是打破现有企业财权配置，以实现财权在更宽领域、更深层次的流动与分割。一旦财权处于割裂状态，财权配置"错位"，机会主义行为将愈演愈烈，加大组织内部交易费用，从而表明企业规模超出了企业边界，导致了规模不经济。企业并购应从并购后企业财权配置的有效性出发来考虑交易费用的节省对企业边界的影响。这就是基于财权配置的企业边界理论。该理论隐含着资产高度互补的企业之间的兼并是可以增值的，而资产高度互为独立的企业之间的兼并却只能降低价值。是因为如果两家高度互补的企业所有者不同，整体上讲每个企业所有者——管理者实质上都不具有真正的财权，因为双方的财权都具有高度的不稳定性，离开对方谁都做不成事。而产权的稳定性是决定产权效率高低的内在属性。作为产权核心的财权稳定性也是如此。这样，通过兼并把所有的核心财权配置给对各生产要素属性最有影响力的当事方，将增强财权的内在稳定性，提高企业产权效率，并为企业提供一个良好的预期。

如果资产高度独立的两家企业兼并，那么兼并企业的所有者（管理者）几乎得不到什么有用的财权，因为被兼并企业的资产并不能增强它的活力。被兼并企业的所有者（管理者）却丧失了有用的财权，因为不再拥有所有资产的支配权。此时，最好是通过维持企业的独立性在两企业之间通过契约来配置财权，因为两企业各自的财权配置已处于良好状态，且财权的内在稳定性（安全性）较好，兼并并不能有效地节约交易费用，扩展企业边界。

综上所述，企业边界决定于交易各方间进行最优财权配置（流动与分割）的选择。这种选择恰当与否，是通过交易费用的变化来度量的，它对企业并购实践具有重要指导意义。财权配置有效与否，决定着并购后企业交易费用的变化，并引导企业边界的变化方向。现实中，企业边界是在并购企业和目标企业现有规模的基础上，考虑并购后协同效应对企业内部交易费用的节省及节省的交易费用对企业规模扩张的容纳限度后予以界定。因为，并购后企业与原并购企业和目标企业各自交易费用之和相比节省了交易费用，使企业边界在原双方企业边界的基础上有所扩大，扩大的程度取决于交易费用的节省程度。这表明在并购决策时，要对协同效应予以高度关注。只有具备良好协同效应的双方，并购后才能在原企业边界的基础上扩张并购后企业的边界，并购才能使资本保值、增值。横向并购的协同效应主要是财务协同效应和管理协同效应。纵向并购的协同效应主要是经营协同效应和管理协同效应。而混合并购的协同效应是三种效应的整合。总之，协同效应可以节省交易费用，而交易费用的节省可以扩充企业边界，提高资源配置效率，从而实现资本增值最大化的并购目标。企业并购理论应以基于财权配置的企业边界理论为基础，再综合新古典综合并购理论、效率理论、代理理论和新制度经济学相关并购理论，从多层面、多角度指导并购实践，提高并购效益。

四、企业并购理论评价

上述众多学者从不同的角度，对企业并购的诱因进行了不懈探索，无论他们解释并购活动是否完全成功，他们的努力对增加人们对并购活动的理解都是有益的。这些理论在研究方法上，都是从一定的假设前提出发，试图解释所有的并购活动。然而，现实中企业并购的诱因是多种多样、纷繁复杂的，任何一种理论都无法穷尽企业并购的诱因。

（一）企业并购动机理论

现有的关于企业并购的理论体系明显存在三个方面的不足：

首先，在研究样本的空间大小选择上，用不同的样本来源和样本大小来解释同一理论时，常出现矛盾。同一理论常常既有正面的实证结果来支持，又有负面的实证结果来反对，从而出现了莫衷一是的局面。例如，Jenson（1986）发现由于闲置现金流量 FCF 的存在，使管理者产生了扩大规模的冲动，产生许多净现值为负的并购行为，它背后的动机是通过扩大公司规模增加公司的代理成本等研究表明，报酬安排和管理者市场可以使代理问题缓解，股票市场则提供了外部监督手段，代理成本理论不是并购背后的真正动机。

其次，在研究样本的时间序列选择上，考察不同时间阶段的样本，对同一理论也会作出完全不同的结论，如纽博尔德的研究表明，只有 18%的公司承认其并购活动的动机与规模经济有关，而阿提阿拉等的研究表明，通过规模经济取得减少价格变动的好处是并购的主要动机之一。

最后，在并购效果的评价上，仅仅用某些简单的财务指标来衡量并购的成功与否。事实上鉴于不同的并购动机，其并购效果应该从并购动机的实现与否来衡量，这在逻辑上犯了一个明显的错误。此外，单一的衡量标准也在某种程度上决定了并购动机的研究思路。鲁巴肯发现大多数并购效果采用两类财务指标来衡量：利润变化率和股票价值变化率。尹格汉姆等则认为众多并购活动被界定为失败的原因在于现有的衡量指标并未能真正衡量并购的成功与否。

（二）并购的价值创造理论

无论是组织匹配性（并购绩效），还是过程学派，到目前为止的研究都有一定局限性。不过，目前关于资源流动、知识转移（从资源观、企业知识论的角度看，这就是协同）的一些研究能够在一定程度上弥补两者的不足，如 Tsai 研究了跨国公司内部已有部门和新部门（自己创建或并购而来）之间资源流动、知识转移所需要的条件，就是需要在它们之间建立强有力的关系，构成一个关系网络，即创建有利于资源流动、知识转移的社会资本。

（三）我国企业并购理论研究

我国学者对企业并购的研究主要集中在并购动因、并购效应、并购策略及政府政策选择、国外并购模式在中国的应用等方面。

何新宇、陈宏民（2000）研究了寡头垄断情况下技术差距对企业并购动机的影响。研究结果表明企业间的技术差距是影响企业合并动机的因素之一。余光、唐国兴（2000）通过构建企业并购动因模型和企业并购博弈模型，从理论上探讨了企业并购的动因，提出了企业并购的防御假说，同时分析了并购盈余的分配方式。贾红睿等（2000）引入差异产品因素研究了企业战略兼并行为，并对并购潮的触发机制给出了一种合理解释。陈宏民（1994）从企业兼并行为对社会财富的增进和社会资源的重新配置方面进行了研究。文守逊等（2000）研究了在公司控制权争夺中套利者的作用，证明了袭击者的最优出价战略。张军、陈宏民（1997）引入资产规模效应对兼并中政府、企业、消费者之间的利益冲突进行了分析，导出了政府对企业兼并模型的最优选择。王素玲（1998）论述了国外兴起的杠杆收购的情况，探讨了今后在我国发展的可能性。齐安甜、张维（2001）讨论了企业并购的期权特征对应用实物期权理论进行企业并购的价值评估进行了探讨。

吴晓求（2011）认为并购在基础平台应该在机制上扩张。并购的核心要素是信息，最重要的是保密和透明，不能让中国的并购成为内部交易机制，那么并购就没有意义。成为少数人的工具，就违背了资本市场的原则。相当多的上市公司存在内部交易，存在信息的外泄。并购形式非常多，很多上市公司的财产有问题，很难举证。所以在并购过程中的法律核心要点是保证市场的公正性，一旦出现问题要及时披露信息。巴曙松（2013）认为，中国资本市场的容量和深度使企业并购标准的选择范围很小，信息搜寻成本很大，从而在一定程度上造成了并购交易量不足。建立层次丰富、结构合理的股权市场，增加市场上企业的数量，并针对各个不同的市场建立相适应的信息披露机制，将我国经济中最具代表性的和最有潜力的企业都纳入资本市场之中，对于通过市场化的企业并购手段进行产业的整合和升级具有一定作用。

（四）文献评述

我们可以发现经济学界对企业并购的研究大多偏重于对传统意义上的企业并购的分析。对于新经济时代开始的第五次并购浪潮的典型特征（战略并购以及大规模的跨国并购现有的企业并购理论方法）已不能进行合理的解释。并购实践新的发展需要新的理论来解释和指导。鉴于此，我们认为企业并购理论进一步的研究方向在开放经济下的企业并购理论研究。世界经济一体化的趋势使跨国并购日益频繁，原有的并购理论已不能正确地指导开放经济下的并购实践企业并购策略，以及各国的并购法规在新的形势下都需要进行调整。这一切都需要新的开放经济下并购理论的指导。

学者对企业并购交易方案等问题进行系统的研究，以科学的方法制定公正、合理、客观的并购交易方案，是并购成功的关键，也是保证投资方即收购公司投资决策成功的基础。目前企业并购行为更多着眼于未来注重并购行为的战略价值，而不再仅限于股票市场的炒作或其他短期的战术行为。以贴现现金流法为主

的传统估值方法已不能完全解释企业并购的战略价值，已有学者从期权角度对其定性地进行了解释。

第三节　研究方法与设计

论文资料的来源主要通过几个方法完成：第一章绪论相关并购发展状况、私募股权基金的状况、PE 参与并购的现状的内容和数据来源于中国深圳市投资行业协会等官方网站及专业杂志。第二章文献综述中并购的基础理论、并购模式等理论通过查阅相关文章、书籍和文献完成。第四章中科招商基本概况、并购模式主要通过公司历史资料的查阅和整理获得。

一、研究的程序和步骤

本文的核心部分绩效方案设计按以下三大关键步骤进行：第一步，设计调查问卷、访谈内容，收集投资人员对目前并购模式的看法。第二步，整理数据，对 PE 并购现状进行动因分析。第三步，设计并购模式，在动因分析的基础上，逐一根据现状设计公司并购方案，研究步骤如图 9-7 所示。

图 9-7　研究程序

二、研究方法

（一）文献调查法

文献调查法是指调查人员是通过查阅各种文献，对媒介所传播的有关组织形象或组织发展信息进行调查统计分析的一种间接的调查方法。 文献资料分为书面文献、声像文献、电子文献三种，本文主要采用书面文献调查法。

本文比较系统地对绩效管理进行文献综述，首先介绍了绩效、绩效考核及绩效管理的基础理论，并对国内外学者在绩效管理方面的研究进行综述，紧接着介绍了绩效考核的几种常用方法，通过分析比较优缺点，确定各种方法适用的范围。最后提出了自己对绩效管理的定义理解。

（二）案例研究法

案例研究法是结合并购交易方案的实际，以实际操作的案例为素材，并通过具体分析、解剖，促使进入特定的并购交易方案和过程，建立真实的并购交易感受和寻求解决并购模式问题的方案。

（三）问卷调查、访谈法

问卷分析法是以书面形式，将项目和问题表示出来，分发给有关人员填写，收集、征求不同人员意见的一种研究方法。本文以设计绩效考核方案为目的，进行了绩效诊断问卷调查，并对问卷调查得到的数据进行了详细的分析，从数据中发现企业人力资源管理中存在的绩效问题，从而为解决组织并购问题、构建并购模式体系提供依据。

访谈分析法是设计者以书面和口头形式，将项目和问题表现出来，与相关人员沟通、座谈，收集、征求不同人员意见的一种研究方法。它常与定性分析法相结合，对获取的各种材料进行思维加工，从而能去粗取精、去伪存真，由此及彼、由表及里，达到认识事物本质、揭示内在规律的目的。

本文对 PE 并购模式问题的研究主要采取了访谈与定性分析相结合，即通过模式分析、过程研究以及实施策略建议，对中科招商的 PE 并购模式现状进行定性分析、判断与归纳，针对并购业务中的主要问题，提出中科招商的 PE 并购模式的构建思路。

三、论文设计

在本文的设计上，对所要研究的并购模式上进行了大量的文献收集、整理，并对国内外并购模式的研究现状进行了综述，从而为本文的研究奠定了坚实的理论基础。此外，在文献综述、案例研究、访谈和定性分析等研究方法的基础上，以中科招商公司并购基金为案例，对基金 PE 公司的并购模式进行现状分析，并指出存在的问题，从问题分析入手，再到过程研究，最后提出方案。本文由五个部分构成，各部分的主要内容如图 9-8 所示。

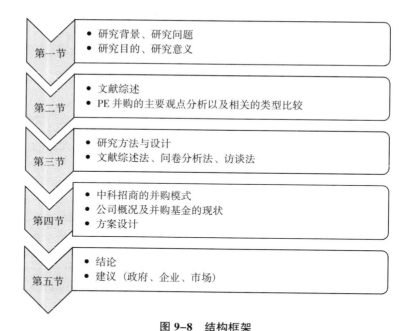

图 9-8　结构框架

第一节　绪论。主要阐述了本文的研究背景，并提出研究问题、分析研究目的和意义，为本文研究奠定了基本前提。

第二节　文献综述。本文通过大量文献的收集、整理及分析，梳理 PE 等并购的发展历程和相关概念，对并购的相关文献进行综述，其中包括现有 PE 并购的主要观点分析以及相关的类型比较，从而为本文研究奠定理论基础。

第三节　研究方法与设计。阐述了本论文的文献综述法、问卷分析法、访谈法三种方法，阐明了本论文的结构框架及总体研究的思路。

第四节　中科招商的并购模式。介绍了中科招商公司的概况及并购基金的现状，针对中科招商的并购基金的问题进行了深入调查研究，分析总结并购基金存在的问题，并对此进行了动因分析。针对动因分析的结果，提出方案设计的思路、原则。

第五节　结论。总结本文研究的基本结论和不足之处，提出后续研究的建议。

第四节 中科招商的并购模式

深圳中科招商创业投资管理公司（以下简称"中科招商"）成立于2000年，最早由中科院、招商局集团等著名机构及创始人单祥双等联合发起设立，是中国首家经政府批准设立的大型人民币股权投资基金专业管理机构，现已拥有十年的股权投资基金专业管理经验，拥有五百余人的投资管理团队。

一、中科招商概况

中科招商业务网络基本覆盖全国主要经济区域，是中国领先的股权投资基金管理机构，管理基金规模达400多亿元。中科招商目前拥有朝晖产业投资基金管理公司、中科招商（广东）股权投资管理公司、中科招商（天津）股权投资管理公司三家子公司。同时，中科招商在北京、天津、上海、深圳、东北、环渤海、长江三角洲、珠江三角洲、中部地区和西南地区等设置十大区域总部，覆盖中国主要经济地区，整合全国范围的资金与优质项目资源，为投资者创造价值。

（一）公司核心优势

中科招商是中国首家人民币股权投资基金管理机构，拥有十年的股权投资基金管理经验。是中国最具历史和运作经验的股权投资基金管理机构，是中国唯一具有全资质的人民币股权投资基金管理机构。具有发起设立并受托管理国务院批准的十大产业基金试点——山西能源产业基金的资质，具有发起设立并受托管理50亿元以下在国家发展改革委备案的人民币股权投资基金的资质，具有发起设立并受托管理市场化运作的股权投资基金的资质。中科招商是中国唯一具有以上三大资质的股权投资基金管理机构，是中国最大的人民币股权投资基金管理机构之一。目前管理的股权投资基金共40多家，对外投资能力超过200亿元。是国内管理股权投资基金规模最大的管理公司之一，是中国最具资源整合能力的股权投资基金管理机构之一。作为国内最具资源、最具市场号召力的人民币股权投资基金管理机构之一，中科招商既是中国股权投资基金50人论坛的发起单位、秘书长单位和承办单位，也是中国交通运输协会投融资分会的会长单位、秘书长单

位和承办单位。中科招商 2005 年发起设立的中国股权投资基金 50 人论坛，每年在北京召开一次，在业内有巨大的影响，是中国股权投资基金规格最高的理论与政策研究平台，对股权投资基金理论研究与政策制定发挥了积极和重要的作用，也是中科招商重要的金融资源整合平台。

中科招商是中国最具管理优势的股权投资基金管理机构。中科招商成立开始即按照国际惯例通行的基金管理模式进行运营，在国内法律相对滞后的情况下，管理机制最早与国际接轨，创造了业内众所周知的中科招商模式，经过十年吸收发展，中科招商已经建立了规范、成熟、完善、富有活力的管理机制，是国内最具管理优势的股权投资基金管理机构，是中国专业团队规模最大的股权投资基金管理机构之一。中科招商目前在深圳、北京、广州、天津、江苏、上海等拥有管理总部，专业团队 150 多人，是国内管理团队规模最大的股权投资基金管理机构之一，是中国投资业绩最为卓著的股权投资基金管理机构之一。共有 20 多个投资项目通过国内外资本市场退出，为基金股东创造了丰厚的业绩回报。以 2010 年为例，先后有深圳赛为智能、深圳中青宝、北京钢研高钠、北京数码视讯、天津瑞普生物、昆山沪电股份、广州香雪制药、常州市天晟新材料、广州杰赛等 11 个项目上市。在同行业处于领先地位，平均收益 8 倍以上，最高达 35 倍。

中科招商自成立以来秉承诚信、规范、专业的理念，坚持"专业管理、市场运作"的原则，经过十年的发展，已经在中国股权投资基金领域处于领先地位，已经成为中国最具品牌影响力、最具市场号召力、业绩最为卓著的股权投资基金管理机构之一。

（二）管理模式

中科招商创业投资管理公司内部设有董事会、监事会以及管理层。为使基金更好地运作，公司设有基金评审委员会、投资决策委员会、风险控制委员会。对投资的项目进行严格的考查及风险控制体系，对于一个项目的考核，要通过尽职调查，然后召开项目认证会、听证会，最后由决策委员会决策，最终决定项目的取舍，如图 9-9 所示。中科招商集团总部分为基金管理总部、投资管理总部、资产管理总部、风险控制总部和综合管理总部，详见图 9-10。

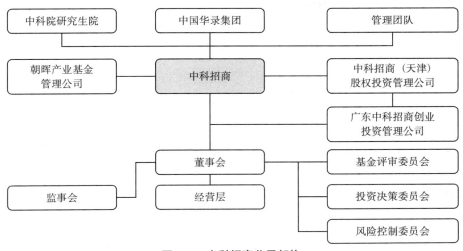

图 9-9　中科招商公司架构

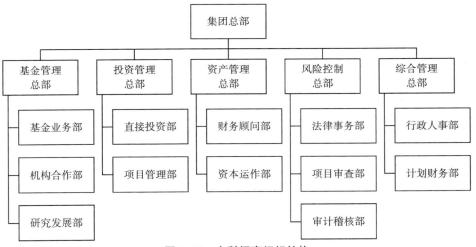

图 9-10　中科招商组织结构

（三）基金规模

中科招商是国内唯一的具有三大资质的股权投资基金管理机构，已经发起设立并管理的基金有：

（1）产业基金。山西能源产业基金，是国务院批准的十大产业基金试点之一，首期 100 亿元人民币。

（2）国家发改委备案制大型基金。中科白云股权投资基金，是广东省首只大

型备案制基金，总规模 50 亿元人民币。中科黄海股权投资基金，是江苏省首只大型备案制基金，总规模 50 亿元人民币。中科长江股权投资基金，是张家港首只大型备案制基金，总规模 50 亿元人民币。此外，正在发起设立的包括辽宁沿海经济带沿海发展基金，是东北地区大型股权投资基金，总规模 200 亿元人民币。中科紫金股权投资基金，是南京首只大型备案制基金，总规模 200 亿元。中科海淀股权投资基金，总规模 200 亿元。

（3）市场化小型基金。中科招商结合科技创新，坚持"政府引导、多元出资、专业管理、市场运化"的原则在全国各地业已成功发起设立了 30 余只规模不等的小型创业投资基金，最小规模 1 亿元，最大规模 8 亿元，总规模 50 多亿元。

目前，中科招商共管理 40 多只股权投资基金，对外投资能力超过 200 亿元人民币，是国内管理股权投资基金规模最大的管理机构之一。

（四）投资业绩

中科招商先后投资了近百个创投项目和大型产业项目。仅 2011 年以来，中科招商组织了 20 多亿元资金牵头投资我国汽车行业第一自主创新品牌——奇瑞汽车，其中中科招商投资了 5 亿元，联合投资的有中国华融资产管理公司、渤海产业基金等机构。组织 30 多亿元资金牵头投资东北最大煤炭集团——龙煤集团，其中中科招商投资了近 5 亿元，联合投资的有中国石油、中国华能、中国长城资产管理公司和鞍钢集团等机构。组织 8 亿多元资金投资我国机床行业龙头企业——大连数控机床，中科招商投资 3 亿多元；联合投资的有软银、IDG等机构。组织 12 亿多元投资隆鑫工业，中科招商出资 5 亿元；联合投资的有国家开发银行金融投资公司等机构的组织 4 亿元牵头投资太阳雨太阳能，中科招商出资 2.27 亿元，联合投资的有广发证券、复星集团等机构。组织 3.2 亿元投资全球最大的原料药生产企业——多维药业，中科招商牵头投资了 1.9 亿元。组织 3 亿元投资中电电气，中科招商牵头投资 1 亿元；组织 8 亿多元投资了南京立业。

二、中科招商并购存在的问题与动因分析

由于境内外资本市场持续低迷、Pre-IPO 投资机会逐渐减少，一、二级市场盈利空间逐渐缩小，IPO 市场容量有限等，公司着力布局并购基金，期待在此节点转型为国外比较成熟的并购运作模式，并积极拓展并购退出渠道。中科招商投

资北京东方网力、中青宝、北京慈文影视、碧生源减肥茶、北京瑞安科技、北京瑞尔医疗、福建雪人股份、广东香雪制药、广州燕塘乳业、广州建筑、大连天宇制药、烟台荣昌制药、成都林海电子、福建南海食品等，有望在创业板上市，具有较大发展潜力的优质项目。中科招商公司目前已投资的企业达到400多家，成功上市的企业50多家，这些资源的累积为中科招商并购提供了极有力的保障。

（一）公司并购现状

目前，中科招商有多个已投项目与上市公司进行并购，如地球卫士、天人生态等。而中科招商在基金设立方面也与比亚迪新能源产业基金合作，该基金是依托中科招商的资本优势、结合比亚迪在新能源汽车领域的产业优势，在全国有条件地区全面实施新能源汽车"三基"工程，即设立新能源汽车产业基金、建设充电网络和服务基地、振兴中国新能源汽车产业。其中，在深圳前海设立的母基金10亿元，在中国香港设立专项基金5亿元港币，在全国有条件的城市设立若干子基金。合作将围绕新能源汽车产业开展投资，做大做强比亚迪新能源产业。

（二）存在的问题

作为传统 PE 企业，在过去十年时间主要投资在 Pre-IPO 项目，投资周期短、收益高，募集基金也较容易。在目前国内 IPO 退出渠道收紧的背景下，PE 机构逐渐开始转向并购退出。中科招商结合自身的特点，也在向并购积极寻求发展，这一过程存在如下几点问题：

（1）并购机会较多，但控制较弱。被投资企业如果认为自己日子很好过，企业没有被并购的机会，并购别的企业的热情也不高；企业只有遇到困难了，发现被并购以后，可能在产业链或者内部的价值链得到提升，改善参与双方现在的经营困境和状态，并购才可能发生。中科招商目前投资的企业达到400多家，但作为传统的 PE 公司，首选的是投资 Pre-IPO 企业，而且投资企业所占股份都在30%以下，对投资企业不控股也是基金设立的合伙协议所规定的。这样，在中国缺少成熟的管理层市场的情况下，并购基金必须和管理层绑定。此外，成长型基金大多投资少数股权，对企业控制力较弱，在退出时往往面临压力。一些合作不错的项目，是在投入的时候就约定好，大家共进退，虽然只占20%的股权，但退出时要标准化。

（2）人才储备不够，人才培育需要一定周期，并购时再对企业进行可行性分

析，尽职调查，这些都不同于传统的 PE 运作。要确保企业并购成功，必须做好并购工作的可行性分析，对并购条件、并购方式、并购双方的现状等进行分析，以及并购后企业的发展前景和经济效益进行认真调查仔细分析和论证，要从技术、财务和管理各个方面加以综合考虑。所以 PE 并购基金要长期运营，需要不断改善和丰富 PE 并购基金内部人员的结构，不仅是金融、财务、法律人才，还需要管理方面的，甚至技术型专家，包括人力资源专家、企业文化专家，跨国并购后的人员整合，这需要不断磨合、运作积累经验。

（3）专业机构少，缺少桥梁作用。市场中介组织和配套设施不能满足并购市场发展的需要。由于我国市场经济还处于初级阶段，企业并购市场的中介组织，如资产评估部门、会计师事务所、律师事务所以及并购经纪机构等，不管从数量还是从质量上来讲，都是不能适应当前迅猛发展的企业并购市场的需要的。在市场配套措施方面，由于我国以公司为特征的、市场化、规范化的企业并购起步较晚，不能得到社会各界和有关法律制度的有力支持和保护。此外，信息的流通和传递也远远不能满足并购市场发展的需要。

（4）宏观政策面对公司大力发展 PE 并购有很大的影响。我国公司法和证券法层面的基础性规定不够全面、细致，需要进行基础制度的法规建设；行政法规和部门规章层面的规则还存在很多亟须改进的地方。同时，并购重组基础法律制度的缺失也导致国外发达市场上一些常见的有效的并购方法尚未引入国内，影响到 PE 公司参与并购重组市场的持续发展。

（三）调查问卷分析

本文选用的问卷调查表的设计采用李克特（Likert）量表题，它属评分加总式量表最常用的一种。问卷调查主要从 PE 公司的融资、投资、投后管理、退出、绩效等 20 个维度要素反映 PE 公司投资人员对公司的 PE 并购的调查。问卷采取选择题，每一题有"完全不同意""基本不同意""有点同意""基本同意""完全同意"五种选项，为方便统计，这五种态度分别为 1、2、3、4、5 的分值。见附件 1。员工调查问卷共发放 80 份，回收 73 份，有效 70 份，有效率为87.5%。问卷结果如表 9-1 所示。

表 9-1　员工调查问卷结果

题目	1分（人）	2分（人）	3分（人）	4分（人）	5分（人）
会更积极参与公司的投资项目并购	1	1	5	5	58
传统 PE 的投资节奏会变缓	1	1	3	5	60
并购会是未来 PE 退出的主要方式	14	10	12	21	13
能接受并购退出收益会出现的大幅下降	8	11	22	20	9
项目无独立上市及回购能力，会选择折价并购	18	20	12	15	5
项目并购能接受较低的投资回报率	3	5	15	10	37
并购基金的设立募集难度会比传统私募基金小	15	13	13	20	9
传统行业将是并购的热点	9	10	16	24	11
新兴互联网行业将是并购热点	1	3	12	13	41
投资者股东过多不利于项目并购	2	5	5	5	53
公司并购有利于研发适合新市场的产品	1	3	6	11	49
公司并购拓宽了销售渠道	3	5	5	15	38
公司并购为了降低研发成本，提高利润空间	2	4	7	13	44
公司并购可以提高企业的灵活性	3	4	8	16	39
上市公司并购对价要求苛刻	9	13	10	20	18
上市公司并购完全市场化有利于成功	1	5	13	25	26
与上市公司合作并购基金，PE 会处于弱势	4	5	3	23	35
对赌条款是并购的最大障碍	11	13	18	19	10
PE 公司在并购中会更多地选择换股方式	6	11	13	31	9
PE 公司在并购中会更多地选择现金支付	5	15	12	28	10

　　通过对调查问卷进行统计分析，总结中科招商公司目前在 PE 并购模式上主要存在以下问题以及具有的特征：

　　（1）公司投资经理、项目经理以及基金合伙人对于设立投资并购基金深入积极参与公司的并购具有相当大的支持度。对于未来 PE 公司在并购的发展方向有着很好的认同。参与公司项目并购有着很高的认可度，"完全同意"达到 83%，图 9-11 为"会更积极参与公司的投资项目并购"的调查结果。

　　（2）由于国内 IPO 的停顿以及二级市场的持续低迷，使投资的节奏变缓。对投资节奏会变缓的调查显示，"完全同意"的达到 86%；投资人员对于投资收益的诉求会有所下降，但是在接受程度上会有少许分歧。

（3）对公司设立并购基金的模式基本予以认可，但并不认为募集难度会比传统基金小。

（4）在未来公司并购投资领域的选择方面，分析显示更多投资人员倾向于新兴互联网行业。

（5）PE 公司参与并购存在很大的不确定性，在选择并购方上基本首选上市公司，同时认为上市公司在并购标的企业时往往会处于强势地位。同时分析认为，上市公司在选择标的企业时对于企业的新产品、新市场、新研发机会及降低成本上做重要考量。图 9-11 为"公司并购为了降低研发成本，提高利润空间"的调查结果。

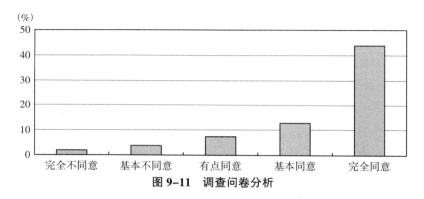

图 9-11　调查问卷分析

投资合伙人深度访谈是问卷调查的补充形式，是对公司并购模式信息更深入的收集。访谈的内容主要对目前实施并购模式实行情况的摸底，了解基金合伙人及以上管理人员对 PE 基金并购模式的看法（见附件 2）。分析认为并购重组要体现重组方案的合理性、交易各方的合法性、标的资产的独立性、交易定价的公允性、上市公司的成长性和公司治理的有效性，对并购重组双方具有很强的针对性和可操作性，规范运作有助于提升并购重组的成功率和实施效果。

（四）动因分析

1. IPO 政策的不确定性

目前在我国 IPO 仍是大多数企业的第一选择，同时也是 PE 退出的主要渠道，投资回报率是 PE 的主要动因，统计显示被投资企业直接首次公开募股的，PE 回报率在 2 倍以上。但目前我国 IPO，经常会面临证监会暂定、审核周期过长、上市成本太高、上市不成功负面影响太大等诸多因素。未来中国的并购将更加市场化和理性，因为 IPO 开闸以后整个估值，包括买方、卖方的期望值都有理性回调。此外，中国式并购与国际化接轨，PE 或并购基金可以进行更好的设置。而根据国外成熟市场的情况分析，并购退出一般会比 IPO 高 20%~30% 的溢价。并购是控制权的转移，IPO 是少数股权转让，而控制权是有溢价的。如果 IPO 价格下行，加上承诺和锁定期的要求，对于很多企业来说，并购已成为另一种选择。

2. 上市公司深入参与 PE 并购

对于上市公司而言，与 PE 成立专门的并购基金可以避免上市公司作为收购方直接收购时所需要面对的种种监管审核带来的效率低下和程序烦琐。又能在并购基金控制下运营一段时间，防止收购后可能出现的重大不确定性给上市公司业绩带来负面影响。上市公司在并购基金中扮演的角色已不是传统意义上单纯出资的有限合伙人，而是在投资决策中享有很大的话语权。一些上市公司在并购基金投资决策委员会中的话语权甚至与 PE 公司的普通合伙人平起平坐，有的上市公司甚至通过委派监事长的方式在投资决策中享有一票否决权。

3. 多层次资本市场的健全为 PE 参与并购提供了更多的机会

随着 IPO 开闸、并购市场形成、"新三板"扩容，带来多元化的退出渠道和机制。多层次资本市场结构初具雏形。

受 A 股 IPO 市场暂停的刺激以及并购重组政策的鼓励，作为助推经济转型升级、盘活存量经济的重要引擎，并购重组活动呈现火爆态势，成为创投最主要的退出方式之一。2013 年也是"新三板"划时代的一年。"新三板"扩容，对于专注中小高新技术企业的创业投资机构，提供了一个重要的投资和退出渠道。2013 年 12 月 30 日，停摆一年多的 IPO 重新开闸，同日中国证监会正式发布《关于进一步加强保荐机构内部控制有关问题的通知》，确定了注册制的改革方向，将对中国 IPO 产业链带来深远影响。对 VC/PE 而言，IPO 注册制改革预示着更宽的退出通道，但也预示着 Pre-IPO 模式将难以为继，未来上市公司股票不再是稀缺资源，企业合规性只是上市的准入门票，投资机构必须回归价值投资，从过去关注企业 IPO 可行性的模式，转变为真正关注企业的长期成长能力和盈利能力。

三、中科招商并购模式

中科招商目前主要采用"PE+上市公司"并购基金及投资项目顾问的模式，"PE+上市公司"并购基金指的是有丰富的私募股权投资基金（PE）管理经验的机构充当普通合伙人，与上市公司或上市公司大股东或其关联公司一同作为并购基金的发起人，成立有限合伙制并购基金。该并购基金作为上市公司产业整合的主体，围绕上市公司既定的战略发展方向开展投资、并购、整合等业务，提高和巩固上市公司行业地位，同时对于并购基金投资的项目，由上市公司并购作为退出的主要渠道，提高投资的安全性，该模式可实现 PE 和上市公司共赢。

为了更好地研究中科招商公司的 PE 并购模式，通过取样公司近年来所投资的 81 个项目按照投资项目类别，投资规模进行数据采集分析，如表 9-2 所示。

所选取的投资企业主要分布在新能源、新材料、先进制造业、农林牧副渔、信息产业及新技术、生物制药及医疗设备六大行业。

按照投资家的数量统计分析，公司主要投资在传统产业，如农林牧副渔及现代高科技产业比较偏重于新科技，而投资产业相对比较均衡，如图 9-12 所示。

按照投资金额统计分析：公司主要投资比重主要在新材料和新能源方面，这也充分论证公司与比亚迪合作有基础条件，如图 9-13 所示。

（一）对于上市公司的意义

1. 消除并购前期风险

可通过并购基金提前了解目标企业，减少未来并购信息不对称风险。另外，可借助 PE 对项目判断的经验和能力，优势互补，与 PE 一起对拟投资项目的筛选、立项、组织实施及对已投项目监督、共同管理，可提高并购项目的成功率。

2. 杠杆收购，不占用过多资金

参与设立并购基金进行收购属于杠杆收购，只需付出部分出资，且根据项目进度逐期支付，剩余资金由外部募集，即可锁定并购标的，不占用上市企业过多的营运资金。

表9-2 中科招商投资分类

新能源	投资(万元)	新材料	投资(万元)	先进制造业	投资(万元)	农林牧副渔	投资(万元)	信息产业及新技术	投资(万元)	生物制药及医疗设备	投资(万元)
龙煤集团	46667	彩虹精化	1750	奇瑞汽车	50000	燕塘乳业	3610	数码视讯	2800	瑞普生物	4800
铧业股份	731	钢研高纳	2000	隆鑫工业	50000	三北种业	2935	中国安防科技	5000	南京微创	410
太阳雨太阳能	22800	常州天晟	5600	大连机床	31000	澳特舒尔	2900	展讯科技	1635	西安应化	1000
中复连众	10000	中科晶电	3000	沪电股份	6300	南海食品	3700	锐安科技	3500	一体医疗	2500
力山环保	4500	恒大高新	1100	中电电气	10000	绿菌阁餐饮	2000	杰赛科技	1613	天宇制药	4100
江西永盛	2925	恒通木塑	3000	中京电子	2200	吉林粮食集团	12000	林海电子	10000	香雪制药	5000
闽发铝业	2790	江化微电子材料	7000	航盛电子	5500	森茂生态	3000	东方网力	2500	荣昌制药	2000
华油惠博普	6300	合计	23450	雪人制冷	2700	五峰米业	12000	湖南科创	1000	多维泰瑞制药	19000
九晶电子	3000			金兴内饰	2000	鑫枫羊业	15000	通宇通讯	7600	瑞尔医疗	1000
勤上光电	5710			安邦信电子	3000	富农食品	5043	易通无限	1500	东方惠尔图像	1000
申瑞电力	1500			朝阳飞马	7000	鄱阳湖豫章农业	6000	宽兆科技	1500	绿A生物工程	3360
中科华誉	2200			中森机械	4900	赤峰竣志薯业	2000	中科宇图	3000	合计	44170
合计	109123			同捷科技	5130	森禾种业	6840	硕贝德通讯	2850		
				新氏传动	10000	宏东远洋渔业	1100	族米科技	500		
				东方纸箱	2400	小尾羊餐饮	2200	高威节能	500		
				合计	192130	优格生物	2300	德乐科技	3000		
						绿源木业	4800	易时代信息	2800		
						先达化工	2900	合计	51298		
						盐城绿叶	2900				
						合计	93228				

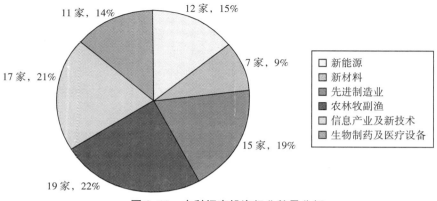

图 9-12　中科招商投资行业数量分析

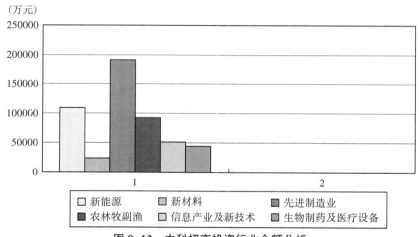

图 9-13　中科招商投资行业金额分析

3. 提高并购效率

如独立做并购，资金来源包括再融资、定向增发等，耗时需要一年左右，有时会错过一些并购机会。收购后需要较长的时间整合才能消化并购的负面效应。而 PE 发起的并购基金能很快提供较高的资金杠杆，以并购基金形式收购，用三年左右可整合、消化并购标的，再将其装入上市公司，比上市公司"单干"更有效率。

4. 有助于提高公司实力，提升公司估值

通过利用 PE 的资源优势及其各种专业金融工具放大公司的投资能力，推动上市公司收购或参股，符合公司实现战略发展的具有资源、渠道、品牌等优势的相关项目，以产业整合与并购重组等方式，壮大公司的实力。

由于并购风险可控、预期明确，通常在二级市场上，股价会有较大的上涨，较大幅度提升公司估值。

（二）对于 PE 的意义

1. 提高投资退出的安全性

PE 机构通过与行业内上市公司或其大股东成立合伙企业或并购基金，寻找产业链上下游企业，控股之后进行培养整合。达到一定盈利能力时，将项目卖给上市公司，套现退出。整个过程中"上市公司+PE"型并购基金在投资之初就锁定了特定上市公司作为退出渠道，从而提高了 PE 投资的安全边界。另外，有上市公司作为基石投资人，有助于提高对项目质量的判断准确性；上市公司通常会介入甚至主导投后管理，有助于提升项目公司的管理水平。此外，上市公司强大的采购、销售渠道等资源有助于项目公司做大做强，迅速提升业绩。

2. 降低募资难度

对于 PE 机构而言，好不容易渡过 IPO 停摆，证监会官方微博发布《发行监管问答》，"含蓄"劝告发行人目前不宜申报新项目，又给众多 PE 机构刚刚燃起的热情迎头浇了一盆冷水。特别是依赖私人资本的众多中小 PE 机构，对于国内尚不成熟的 LP 群体的"短、平、快"投资需求，目前的大环境，募资难度可想而知。而"PE+上市公司"的并购基金完全符合"短、平、快"的投资需求：通常是有明确的投资标的，才向其他 LP 募资，投资周期短。模式设计中由上市公司大股东做出某种还本付息承诺或在由上市公司大股东优先承担一定范围内的亏损，投资相对平稳。通常 3 年就可以由上市公司收购而退出，投资回收快。"PE+上市公司"的投资流程及投资回报相对于传统的 PE、VC 模式，更符合国内众多私人资本的需求，对于 GP 合伙人而言，无疑将降低募资难度。

3. 项目投资管理的分工

一方面，投资流程。PE 机构作为基金管理人，提供日常运营及投资管理服务，包括项目筛选、立项、行业分析、尽职调查、谈判、交易结构设计、投建书撰写及投决会项目陈述等。上市公司协助 PE 机构进行项目筛选、立项、组织实施等，有的上市公司会利用行业优势甚至主导项目源进行提供和筛选。另一方面，投后管理。PE 机构负责并购后企业的战略规划、行业研究分析、资源整合优化等工作。上市公司负责企业具体经营管理，分两种情况：一是控股型收购，会聘用大部分原管理团队，同时为了避免原团队故意隐瞒问题造成的信用风险，都将保留 10%~20% 的股权给被收购企业团队。上市公司会派出骨干监督和协助企业的日常经营管理。二是全资并购后，上市公司全面负责企业的经营方案制定、日常经营和管理并负责内控体系和制度。

（三）投资决策

PE 公司与上市公司设立并购基金，成立投资决策委员会。投资决策委员会是基金管理公司投资决策的最高决策机构，是非常设的议事机构，在遵守国家有关法律法规、条例的前提下，拥有对所管理基金的各项投资事务的最高决策权。负责决定公司所管理基金的投资计划、投资策略、投资原则、投资目标、资产分配及投资组合的总体计划。

模式一：上市公司一票否决（主流模式）。上市公司在决策中有两次一票否决权，即在项目开始调研时，若上市公司觉得项目不好，调研就会取消。当项目进入了决策委员会时，若上市公司认为没有收购意义，也可直接否决。

模式二：投资决策委员会投票多数通过原则。投资决策委员会由 PE 机构和上市公司共同委派人员构成，投资决策采取 2/3 以上为通过原则，如图 9-14 所示。

（四）退出方式

模式一：如项目运行正常，退出方式有四种。

（1）由上市公司并购退出。这是主流模式，通常并购基金约定三年为存续期。约定三年内，上市公司有优先收购项目权利。三年后，并购基金将有自由处置权，可以考虑直接让项目 IPO 或卖给其他公司。

（2）独立在境内外资本市场进行 IPO，完成退出。

（3）将所投资项目转让给其他产业基金，完成退出。

（4）由所投资项目公司管理层进行收购，完成退出。

模式二：如项目出现意外，由上市公司大股东兜底。如项目出现亏损，对于上市公司或其大股东外的其他 LP 而言，上市公司大股东通常将给予一定的兜底，主要有两种情况。

（1）"投资型"基金。所谓"投资型"基金，上市公司大股东与其他 LP（出资人）的出资比例为 1∶N，上市公司大股东的出资相当于"有限劣后"模式，上市公司大股东和其他 LP 分别按比例进行出资。如果这个项目亏损，且亏损在

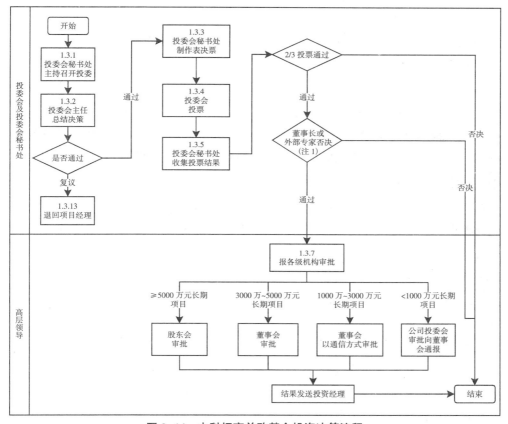

图 9-14　中科招商并购基金投资决策流程

上市公司大股东出资范围以内，则都由上市公司大股东承担；而亏损超出其出资范围的部分，超出部分由其他 LP 按出资份额共同承担。

（2）"融资性"基金。"融资型"基金，顾名思义是为上市公司大股东融资。上市公司大股东与其他 LP 的出资比例为 1：N，除要出一定数额的资金，还要对另外 LP 的出资承担保本付息的责任。

四、中科招商并购模式的保障机制

为使中科招商投资管理集团有限公司更高效地开展并购业务，动员并规范全体业务人员参与并购业务，现拟定本并购工作制度，以明确工作职能划分和工作流程。

（一）并购工作职责

1. 实行由项目经理负责、并购业务管理中心统筹和协调的全员并购策略

整合公司内部、外部资源，并购业务管理中心与投资管理中心、基金管理中心、各大区、资产管理部等业务部门（以下简称各部门）紧密配合，实现全员并购。由项目经理负责已投项目的并购退出、寻找潜在并购机会，由并购业务管理中心全面统筹和协调公司并购业务，共同拟定并购方案，推动并购业务落地实施，并购业务管理中心定期向集团领导汇报并购业务工作进展。由并购业务管理中心制定公司并购业务的流程，设立并购考核和奖励机制，在规范的制度下，充分调动公司全员并购的积极性。为保证公司形象的统一性和专业性以及投资信息的保密性，对于公司计划通过并购方式退出的已投项目，必须经过并购业务管理中心备案和公司立项，由并购业务管理中心作为公司内部统筹协调、对外联络的统一部门，联合项目经理组建并购团队推进并购事宜。

2. 并购业务管理中心作为公司并购业务资源整合枢纽，建立和维护并购数据库

并购业务管理中心联合项目经理建立与上市公司的深入沟通和合作渠道，及时、准确了解上市公司并购需求，并向各部门及时传递并购需求信息。并购业务管理中心及时收集和整理已获取的公司内部、外部潜在被并购企业信息，并及时与公司各部门共享并购信息数据库。

3. 并购业务管理中心作为公司并购业务神经中枢，提供并购方向指引和支持

并购业务管理中心依托对行业并购事件的持续关注和对公司并购信息的梳理，作为中科招商的并购行业研发中心，围绕已投行业和并购趋势，坚持深入进行行业分析和研究，为公司并购方向和决策提供合理依据。

（二）并购业务中与上市公司深度合作

1. 主要合作方式

一是以财务顾问形式推荐项目。通过拜访上市公司，了解上市公司在并购方面的需求，并将中科招商已投项目、潜在投资企业推荐给上市公司，收取财务顾问费。二是联合投资新项目。中科招商联合上市公司共同投资标的企业，上市公司控股投资被并购企业，中科招商以现金方式参股投资，最后上市公司收购中科招商持有的标的公司股份，中科招商通过二级市场退出。或依托上市公司产业背景，共同参股投资，通过上市退出。三是共同发起设立并购基金。通过深入透彻

的产业分析，结合上市公司产业平台和资本优势，共同发起设立并购基金，围绕上市公司做产业投资。四是参与上市公司定增等多元化投资方式。

2. 工作流程

为提高公司已有资源和潜在资源的运行效率，对于并购业务实施全员并购策略，并购业务管理中心作为统筹协调部门，统一汇总公司所有并购信息，建立公司并购数据库，及时更新、整理后再反馈各部门和项目经理，做到公司资源和信息的充分共享和有效流动，及时抓住并购的机遇。一方面，汇集和共享并购需求信息。项目经理在开展业务过程中联络和拜访当地上市公司，了解并购需求，并将需求信息反馈汇总至并购业务管理中心。并购业务管理中心联合项目经理拜访上市公司（包括中科招商已投和在开展业务中联系的其他上市公司），建立与上市公司更紧密的联系，了解上市公司并购需求，整理后及时向项目经理传递并购信息。经过并购业务管理中心备案的潜在被并购标的，由并购业务管理中心将标的信息提供给上市公司，如有意向，组建并购团队共同推进和执行并购。由项目经理推荐并联合并购业务管理中心共同完成的并购项目，作为工作业绩的一部分，列入考评奖励机制，具体参见考核和奖励制度部分。以上并购需求信息的内容请参考附件1。另一方面，获取潜在并购标的信息。由项目经理在业务开展过程中联络和拜访当地潜在并购标的企业，向并购业务管理中心提出申请备案，尤其是从以往PE投资角度不可行但从并购角度可以跟进的项目。并购业务管理中心作为列席成员旁听公司的立项会和投决会，寻找潜在的并购机会。由项目经理推荐并联合并购业务管理中心共同完成并购项目，作为工作业绩的一部分，列入考评奖励机制。

（三）精细化管理投资项目

1. 对于存量项目

精细化管理已投资项目，明确可通过并购退出的项目，深入行业研究，把握并购趋势。深入了解被投企业，由项目经理负责、并购业务管理中心统筹和协调，在公司高层领导、基金管理中心、资产管理部等共同决策下，确定以并购退出为主的项目。对于确定以并购作为主要退出方式的项目，原则上由原投资项目经理担任该项目的并购经理，联合并购业务管理中心共同设计并购方案，上报公司高层和基金以文件形式审批，审批通过后，由并购团队共同执行和推进并购交易。围绕对已投项目所在行业的深入研究和理解，判断并购整合趋势，有预见性

地开展并购工作。

2. 对于增量项目

持续并购需要源源不断的标的信息，建立有效信息共享和合作机制。在发掘新项目时，适当转换角度，从并购角度考虑潜在并购机会，建立并购业务管理中心与各部门的合作机制，共同判断增量机会。并购业务管理中心作为列席成员旁听公司的立项会和投决会，寻找潜在的并购机会。项目经理将在开展业务过程中获取的潜在并购标的信息及时反馈给并购业务管理中心，引荐企业高层与集团高层和并购业务管理中心会面，不断扩充和更新公司的并购数据库，建立高效的并购信息共享机制。

3. 挖掘已投上市公司、LP、央企新的合作机会

围绕并购项目，寻找与上市公司高层、LP 和央企新的合作机会，发起设立新的并购基金。对于已上市项目，充分做好与公司原始股东的深入沟通和关系维护，共同投资新项目或设立新基金。对现有 LP 进行深入跟进和分析，寻找可能共同发起设立并购基金的投资人。由并购业务管理中心牵头举办行业交流会，加强与已投上市公司和被投企业的深入沟通，以行业研讨会的形式邀请已投上市公司高层、已投相关行业企业高层、行业专家参会，共同探讨行业发展趋势和方向，创造潜在并购机会。

（四）并购业务考核和奖励制度

1. 并购考核制度

项目经理每年需完成一个并购项目的考核任务，并购方式包括但不限于以财务顾问形式介绍中科招商已投项目被并购，以并购为目的的新项目投资，以并购为目的的上市公司定增，牵头发起设立并购基金等，需以签署正式并购协议或标的资产交割作为考核依据，包括但不限于以下业务流程：并购项目在并购业务管理中心备案，与并购方签署保密协议。与并购方或被并购方签订顾问服务协议（完成一个并购公司的顾问服务协议或两个被并购公司的顾问服务协议）、并购双方约谈、项目成功立项；引荐并购方或被并购方高层与并购业务管理中心及公司高层会面商谈并购事宜、完成初步尽调、提出并购具体方案、促成并购方与被并购方签署收购意向书。完成或协助推进尽调、并购方案修改和谈判，完成或协助完成内部、外部决策，促成正式并购协议的签署、推进标的资产的交割或并购重组方案的实施协助并购后期的资产整合和管理，形成增值、后续并购机会和退

出，与并购方共同发起并设立并购基金。

2. 并购奖励机制

对于成功交易和退出的并购项目，集团将财务顾问费收入的 20%奖励并购团队，将中科招商管理公司项目投资收益部分的 20%奖励给并购团队（10%）和原投资团队（10%），分配比例原则上按劳分配。该表需经过并购业务管理中心、财务部、总裁审批并签字确认。集团将在收到财务顾问收入或确认项目投资收益的 20 个工作日内，将奖金按照经审核过的并购项目收益分配表分配至并购团队个人。

五、并购案例分析

并购方简介：广东星河生物科技股份有限公司（300143）（以下简称星河生物），由叶运寿和叶春桃共同出资成立的有限责任公司，经营范围：种植、加工、销售食用菌等农副产品，食（药）用菌和其他有益微生物育种、引种及相关产品的研究和开发，食（药）用菌高效生产工艺及其培养基再利用技术的研究和开发。货物进出口、技术进出口。公司 2010 年 11 月在深圳创业板上市，由于近两年经营环境等因素变化导致公司业绩出现大幅亏损，公司亟须寻找并购方以弥补上市公司亏损，以保证股票价格稳定和退市风险。

江西天人生态股份有限公司（以下简称天人生态）经营范围：有机物料腐熟剂、全水溶肥料（除复合肥及磷肥）（生产、销售）；有机肥料（粉状和粒状）（生产、销售）；喷滴灌设备、农机设备、杀虫灯及相关器材（生产、销售）；森林防火隔离工程；农副产品收购加工、生产低聚木糖、生物饲料、生物肥料、生物农药；农药生产销售；农药中间体生产销售；农业、林业、草原、卫生有害生物防控、化肥销售。公司主营业务：生物农药生产、销售及飞防服务。公司业绩持续稳定，由 IPO 政策变化，作为主要投资方的中科招商希望借助自身资源通过星河生物的并购完成资本市场的愿望。

（一）并购方案

并购方案由中科招商为主导，通过星河生物并购天人生态，使用现金与变换方式。首先将部分选择现金即时退的股份置换出来；现金价格退出按天人生态股份 100%股权的评估值为 150000 万元计算，如表 9-3、表 9-4 所示。

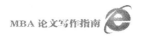

表 9-3　天人生态公司主要财务数据

项目（元）	2013 年	2012 年	本年比上年增减（%）
营业收入	564584286.10	510522681.06	18.10
利润总额	161524232.41	129507167.61	22.48
归属于母公司股东的净利润	138450556.92	129520367.02	22.38
归属于母公司股东的扣除非经常性损益的净利润	134642882.92	109823106.11	22.60
经营活动产生的现金流量净额	67991197.55	94085863.38	−27.73
总资产	1169893286.70	958102652.07	22.11
所有者权益	929857621.13	738872814.21	25.85
股本	219180300.00	209207600.00	4.77

资料来源：网络公开资料整理而成。

表 9-4　并购前天人生态公司股权结构

序号	股东名称	股份数量（万股）	持股比例（%）
1	天人控股	8772.60	40.02
2	朝东公司	3883.82	17.72
3	深圳创富	280.39	1.28
4	广东昊泰	560.79	2.56
5	亿努利	2340	10.68
6	凯天公司	1575	7.19
7	赛捷投资	586	2.67
8	中科汇商	773.59	3.53
9	中科东南	560.68	2.56
10	中科轻纺城	746.87	3.41
11	中科东海	280.34	1.28
12	凯鹏华盈（天津）	478.88	2.18
13	凯鹏华盈鸿图（天津）	81.8	0.37
14	国际金融公司	997.27	4.55
合计	—	21918.03	100

资料来源：网络公开资料整理而成。

第一，将部分选择现金即时退股份置换出来：现金价格退出按天人股份100%股权的评估值为150000万元计算，赛捷投资全部退出，国际金融公司部分退出，朝东公司退出4.312%的股份，凯天公司退出3.595%的股份，由新的星河生物战略投资者接盘，具体如表9-5、表9-6所示。

表 9-5　天人公司并购股份转让结构

序号	股东名称	持股比例（%）	转让比例（%）	转让金额（万元）	剩余比例（%）
1	天人控股	40.02			40.020
2	朝东公司	17.72	3.544	5316.00	14.176
3	深圳创富	1.28			1.280
4	广东昊泰	2.56			2.560
5	亿努利	10.68			10.680
6	凯天公司	7.19	3.595	5392.50	3.595
7	赛捷投资	2.67	2.670	4005.00	0.000
8	中科汇商	3.53			3.530
9	中科东南	2.56			2.560
10	中科轻纺城	3.41	3.410		3.410
11	中科东海	1.28	1.280		1.280
12	凯鹏华盈（天津）	2.18	2.180		2.180
13	凯鹏华盈鸿图（天津）	0.37	0.370		0.370
14	国际金融公司	4.550		6825.00	0.000
合计		14.359	14713.50	85.641	85.641

资料来源：网络公开资料整理而成。

表 9-6　战略投资者转让完成后股权结构

序号	股东名称	持股比例（%）
1	天人控股	40.020
2	亿努利	10.680
3	新投资方1	14.359
4	中科汇商	3.530
5	中科东南	2.560
6	中科轻纺城	3.410
7	中科东海	1.280

续表

序号	股东名称	持股比例（%）
8	凯鹏华盈（天津）	2.180
9	凯鹏华盈鸿图（天津）	0.370
10	深圳创富	1.280
11	广东昊泰	2.560
12	朝东公司	14.176
13	凯天公司	3.595
合计		100.000

资料来源：网络公开资料整理而成。

第二，并购支付方案：换股及现金方案。本次并购各投资方参与换股及现金并购情况如表 9-7 所示。

表 9-7　并购各投资方参与换股及现金并购情况

序号	股东名称	持股比例（%）	股票收购金额（万元）	换股数量（股）	现金收购（万元）	合计（万元）
1	天人控股	40.020	27036.00	2948.31	45000.00	72036.00
2	亿努利	10.680	19224.00	2096.40		19224.00
3	新投资方1	14.359	25846.20		2818.56	25846.20
4	中科汇商	3.530	6354.00	692.91		6354.00
5	中科东南	2.560	4608.00	502.51		4608.00
6	中科轻纺城	3.410	6138.00	669.36		6138.00
7	中科东海	1.280	2304.00	251.25		2304.00
8	凯鹏华盈（天津）	2.180	3924.00	427.92		3924.00
9	凯鹏华盈鸿图	0.370	666.00	72.63		666.00
10	深圳创富	1.280	2304.00	251.25		2304.00
11	广东昊泰	2.560	4608.00	502.51		4608.00
12	朝东公司	14.176	0.00			本次不参与
13	凯天公司	3.595	0.00			本次不参与
14		100.000	103012.20	11233.61	45000.00	148012.20

注：1. 标的方估值按 18 亿元计算。
2. 本次换股上市公司股票价格按 9.17 元/股价格测算。

为保障本次并购顺利完成，需要进行配套融资，最大融资额为 47494.20 万元，假设全部按照定人定价方式发行，本次发行融资 45000 万元用于支付对价。配套融资需要发行股票的情况测算，如表 9-8 所示。

表 9-8　星河生物并购股份增发测算

项目	融资额（万元）	发行价格	发行数量（万股）
定向发行融资	45000.00	9.17 元/股	4907.31
其中：叶运寿参与认购情况	25000.00	9.17 元/股	2726.28
新投资方 2 参与认购情况	20000.00	9.17 元/股	2181.03

注：叶运寿出资 25000.00 万元参与本次配套融资。

第三，股票锁定期及支付方式。在股票部分中，天人控股和亿努利锁定期为三年，中科系基金、凯鹏系基金锁定期为一年，天人控股和亿努利按照 2：2：6 解禁，新投资方锁定三年，参与对赌。在现金部分中，天人控股第一年支付 60%，合计 270000 万元，剩余现金在余下两年内按照 20% 支付。参与定向配套融资的投资者锁定期为三年。朝东公司、凯天公司剩余天人股权于 2015 年以现金方式收购，收购价格按照当年预计利润的 12 倍为基础计算，具体以评估值为准。

第四，业绩补偿承诺。以协议各方商榷的最终结果为准。

第五，并购完成后上市公司主要股权结构，如表 9-9 所示。

表 9-9　并购完成后上市公司股权结构

序号	股东名称	股票数量（万股）	比例（%）
1	叶运寿	8112.92	26.27
2	天人控股/亿努利	5044.71	16.34
3	新投资方 1	2818.56	9.13
4	新投资方 2	2181.03	7.06
5	中科汇商	692.91	2.24
6	中科东南城	502.51	1.63
7	中科轻纺	669.36	2.17
8	中科东海	251.25	0.81
9	凯鹏华盈（天津）	427.92	1.39
10	凯鹏华盈鸿图（天津）	72.63	0.24
11	深圳创富	251.25	0.81
12	广东昊泰	502.51	1.63

（二）中科招商并购投资收益测算

2014~2016 年星河生物利润预测分别为 –1800 万元、1000 万元和 3000 万元，测算依据主要为预期国内经济形势、行业情况以及公司生产数据；2014~2016 年天人生态利润预测分别为 18000 万元、21600 万元 和 25920 万元，测算依据主要为天人生态的业绩承诺。

根据万德资讯的数据，2012 年年报数据创业板算术平均市均盈率是 69 倍，2013 年 1~10 月动态平均市盈率为 101 倍，并购完成后公司具备虫草、生物、通用航空及环保、土壤地下水保护等题材，股市可能会给出较高估值，如表 9–10 所示。

表 9–10　中科招商收益预测

中科招商	说明	2014 年	2015 年	2016 年
天人利润（万元）		18000.00	21600.00	25920.00
星河利润（万元）		1800.00	1000.00	3000.00
合并利润（万元）		16200.00	22600.00	28920.00
收益倍数 （依据星河生物 市盈率测算）	市盈率 30	2.2	3.5	4.5
	市盈率 40	2.9	4.7	6.0
	市盈率 50	3.6	5.9	7.5
	市盈率 60	4.4	7.1	9.1

第五节　结论

本文经过对中科招商并购模式进行研究，通过翻阅大量的文献资料，并进行实际的并购基金的操作，从并购业务的流程、交易方案等角度对中科招商并购模式进行了具体的研究分析。

一、基本结论

并购模式是一项复杂的系统工程，这其中涉及各并购方经营状况、文化制度背景、相关法律法规以及最为重要的利益诉求等各项影响因素，只有在充分分析这些因素的基础上，才能设计出科学、合理、有效的并购模式。纵观对中科招商模式的研究和分析过程，我们认为主要有以下一些结论。

（一）经济转型背景下，企业积极并购谋求发展，给 PE 并购带来巨大机会

中国经济结构调整和产业转型升级。受经济增速和总需求放缓的影响，工业企业的利润增长空间不断地受到挤压，并购和外延式扩张成为很多企业实现增长的重要途径，越来越多的企业把目光转向并购。此外，随着经济增长的放缓，各行业内部分化普遍加剧，经营困难的企业数量不断增加，其中有一些甚至濒临破产，它们是潜在的并购对象，为龙头企业开展并购创造了机会。并购重组正在发挥着促进经济转型和产业升级的重要作用。

（二）IPO 发行长时间停止，PE 退出渠道受阻

全民 PE 时代已经过去，依靠上市估值倍数的套利模式也已不可持续，在这种背景下，为并购实现 PE 基金的发展提供了机会。

（三）并购是企业迅速做大做强的捷径

新兴领域给 PE 并购基金提供了极佳的机会。新兴产业代表着未来经济发展的方向，有着诱人的发展前景，因此成为了投资的新热点，吸引社会资本纷纷入场，许多企业试图通过并购快速进入到新兴领域。

（四）并购重组政策密集出台，政策成为重要推手

并购重组虽然是企业自发的市场行为，顺利实施则离不开国家政策的支持。近期国家对并购重组的支持力度明显加大。2014 年 3 月，国务院印发了《关于进一步优化企业兼并重组市场环境的意见》，是九大重点行业兼并重组指导文件发布之后，有关兼并重组的又一重磅政策。在简化审批程序，改善金融服务支持落实财税政策等多方面提供了实实在在的支持，为兼并重组营造了良好的政策环境，是兼并重组加快发展的一个重要推动因素。

（五）PE 并购模式是一项系统工程，涉及到的影响因素非常多

科学合理的 PE 并购模式有利于长期发展，同时能够促进投资后企业的增值。

回首过去，在我国资本市场二十多年不断发展壮大的过程中，上市公司并购重组呈现出勃勃生机，PE 对并购重组的作用也越来越大。展望未来，随着大型 IPO 项目日趋减少，资本市场进入存量公司调整期，上市公司并购重组正面临着新的发展机遇，我们深信，在国家对企业并购重组的高度重视下，随着并购重组制度的完善和并购重组市场化改革的推进，PE 参与上市公司并购重组必将迎来更加灿烂的明天。

二、研究不足

本文所提出的结论和建议是在前人研究成果的基础上，通过相关专业教授的指导和本人的研究总结出来的，由于笔者的研究能力和知识水平有限，加上一些客观条件的限制，对于企业并购的理论研究和工具应用还处于比较浅显的水平，对问题的分析还不够深层次，在资料收集和整理方面不够全面，缺少足够的定量分析和数据统计。因此论文还存在许多不足之处和缺陷的地方，能否被企业实际成功有效运用还需进一步的实证研究。此外，PE 并购模式是一个系统的、动态的过程。PE 企业要实施并购模式必须根据企业自身情况，深刻认识自身在并购方面存在的问题，上至高层领导，下至基层员工，从观念进行彻底改变，对并购模式有一个系统的、全面的认识，建立一个有效的并购模式系统。

对于本文的大多公司数据在选取上存在一定的障碍，作为一家由国有资金发起成立的 PE 投资金融公司，中科招商企业内部有严格保密要求。本文在针对并购模式等需要从中科招商进行文档的调阅、查询、分类、披露等都有非常严格的限制，使得文章在充分性上有少许缺失。

三、建议

由于本文属于探索性的研究，目前国内在并购模式尤其是在 PE 并购模式上可借鉴的研究成果相对较少，尽管研究框架的设计、模型的构建等经过了反复的设计和研究，但是仍有不完善的地方。在今后的研究中，在环境条件许可的情况下，需要从以下几个方面开展：

第一，目前并购基金侧重并购领域的投资机会，多针对成熟企业，对存量资产进行优化、提高经营效率。而风险投资和成长型基金等其他私募股权基金较多关注初创期或者成长期的企业以及对其经济增量的资本支持，未来可以深入地实证研究，结合中科招商公司在 PE 并购模式的多元性上进行扩展。

第二，扩大研究样本范围，通过对样本取样的实证研究，增加研究的广度、深度和可推广性。

第三，采用多种方式收集数据。为了避免单定性分析可能带来的判断误差，可以采用多方来源的资料收集方式，如采取问卷调查及访谈方式可以在多家 PE 公司、上市公司进行，以使调查数据更为真实和客观。

　　未来随着我国并购市场的进一步发展，PE 并购进一步壮大，随着各类资本的进入，或许会有新的阵营形成。对于我国并购市场来说，PE 并购参与主体的模式多样化将进一步推动市场的活跃度和积极性，为并购市场的健康、有序、快速成长提供保障。

员工调查问卷

说明：这个调查是为了了解各位投资者对公司 PE 并购情况的感受和看法。调查是不记名的，请各位"实话实说"，把你真实的想法和看法表达出来。谢谢你的配合！

回答方法：在每个题目前符合你意愿的符号上画"○"，各符号的含义为：

A.完全不同意　　B.基本不同意　　C.有点同意　　D.基本同意　　E.完全同意

A B C D E 1　会更积极参与公司的投资项目并购

A B C D E 2　传统 PE 的投资节奏会变缓

A B C D E 3　并购会是未来 PE 退出的主要方式

A B C D E 4　能接受并购退出收益会出现的大幅下降

A B C D E 5　项目无独立上市及回购能力，会选择折价并购

A B C D E 6　项目并购能接受较低的投资回报率

A B C D E 7　并购基金的设立募集难度会比传统私募基金小

A B C D E 8　传统行业将是并购的热点

A B C D E 9　传统行业将是并购的热点

A B C D E 10　新兴互联网行业将是并购热点

A B C D E 11　投资者股东过多不利于项目并购

A B C D E 12　公司并购有利于研发适合新市场的产品

A B C D E 13　公司并购拓宽了销售渠道

A B C D E 14 公司并购为了降低研发成本，提高利润空间

A B C D E 15 公司并购可以提高企业的灵活性

A B C D E 16 上市公司并购对价要求苛刻

A B C D E 17 上市公司并购完全市场化有利于成功

A B C D E 18 对赌条款是并购的最大障碍

A B C D E 19 PE 公司在并购中会更多地选择换股方式

A B C D E 20 PE 公司在并购中会更多地选择现金支付

高管访谈提纲

PE 更青睐 IPO 退出？

2013 年私募股权基金并购额仅仅占到中国各类并购总额的 15%，未来私募股权基金并购是否会快速发展？并购退出会成为一种趋势吗？

在推动产业整合方面，私幕股权在产业整合中扮演一个什么样的角色？

私募股权基金在并购中的优势在哪里？

中科招商在私幕股权参与并购有哪些优势？我们有哪些不足？

你认为私募股权基金是否在并购中已充分发挥了作用？

你认为明年私募股权基金会更关注中国的哪些行业？更看好处于哪个发展阶段的企业及哪些地区的企业？

如何对目标企业进行价值评估？

参考文献

[1] Agarwal S, Brunt P. Social exclusion and English seaside resorts [J]. Tourism Management, 2006 (4): 654-670.

[2] Andrea Payaro, The Role of ICT in Reverse logistics: A Hypothesis of RFID implementation to manage the recovery process, 2003.

[3] Atkinson D, Laudier E. A sanitised city? Social exclusion at Bristol's, 1996.

[4] Atkinson T. Social exclusion, poverty and unemployment [A]. London: Centre for Analysis of Social Exclusion, London School of Economics, 1998.

[5] Barreto I. Dynamic capabilities: A review of past research and an agenda for the future [J]. Journal of Management, 2010 (1): 256-280.

[6] Baumeister R F, Twenge J M, Nuss C K. Effects of social exclusion on cognitive processes: Anticipated aloneness reduces intelligent thought [J]. Journal of Personality and Social Psychology, 2002 (4): 817-827.

[7] Bell M, Pavitt K. Accumulating technological capability in developing countries [A]. Washington, DC: The World Bank, 1992.

[8] Bell M, Pavitt K. Technological accumulation and industrial growth: Contrasts between developed and developing countries [J]. Industrial and Corporate Change, 1993 (1): 157-210.

[9] Bell M, Pavitt K. The development of technological capabilities [A].

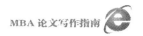

Washington, DC: Economic Development Institute of The World Bank, 1995.

[10] Bingham C, Eisenhardt K, Furr N. What makes a process a capability? Heuristics, strategy and effective capture opportunities [J]. Strategic Entreprene- urship Journal, 2007 (1/2): 27-47.

[11] Burchard T, Grand J L, Piachaud D. Degrees of exclusion: Developing a dynamic multidimensional measure [A]. Oxford: Oxford University Press, 2002: 30-33.

[12] Cannoves G, Villarino M, Priestly G K. Rural tourism in Spain: An analysis of recent evolution [J]. Geoforum: Journal of Physical Human and Regional Geosciences, 2004 (6): 755-769.

[13] Christopher W T, Maitre B. Vulnerability and multiple deprivation perspectives on social exclusion in Europe: A latent class analysis [A]. Colchester University of Essex, 2004: 52.

[14] Day G. The capabilities of market driven organizations [J]. Journal of Marketing, 1994 (10): 37-52.

[15] Diane A M, David J C. The hidden value in reverse logistics [J]. Supply Chain Management Review, 2005 (7).

[16] Edmondson A C, McManus S E. Methodological fit in organizational field research [J]. Academy of Management Review, 2007 (4): 1155-1179.

[17] Eisenhardt K M, Graebner M E. Theory building from cases: Opportunities and challenges [J]. Academy of Management Journal, 2007 (1): 25-32.

[18] Eisenhardt K M. Building theories from case study research [J]. Academy of Management Review, 1989 (4): 532-550.

[19] Eisenhardt K, Martin J. Dynamic capabilities: What are they [J]. Strategic Management Journal, 2000 (10/11): 1105-1121.

[20] Ernst D, Mytleka L, Ganiatsos T. Technological Capabilities and Export Success: Case Studies from Asia [M]. London: Routledge, 1998.

[21] Fang E, Zou S. Antecedents and consequences of marketing dynamic capabilities in international joint ventures [J]. Journal of International Business Studies, 2009 (5): 742-761.

［22］ Granovetter M. Economic action and social structure: The problem of embeddedness ［J］. American Journal of Sociology, 1985 (3): 481–510.

［23］ Griffith D, Noble S, Chen Q. The performance implications of entrepreneurial proclivity: A dynamic capabilities approach ［J］. Journal of Retailing, 2006 (1): 51–62.

［24］ Hobday M. East Asian latecomer firms: Learning the technology of electronics ［J］. World Development, 1995 (7): 1171–1193.

［25］ House J S, Umberson D, Landis K R. Structures and processes of social support ［J］. Annual Review of Sociology, 1988: 293–318.

［26］ Hutchinson R S, Lovell D C. A review of methodological charecteristicsog research published in key journals in higher education: Implications for graduate research training ［J］. Research in Higher Education, 2004 (45).

［27］ International Festival of the Sea ［J］. Geoforum: Journal of Physical Human and Regional Geosciences, 1998 (2): 199–206.

［28］ James D D. Accumulation and utilization of internal technological capabilities in the third world ［J］. Journal of Economics Issues, 1988 (2): 339–353.

［29］ Jaworski B J, Kohli A K. Market orientation: Antecedents and consequences ［J］. Journal of Marketing, 1993 (3): 53–72.

［30］ Jolliffe L, Farnsworth R. Soasonality in tourism employment: Human resource challenges ［J］. International Journal of Contemporary Hospitality Management, 2003 (6): 312–316.

［31］ Joppe M. Sustainable community tourism development ［J］. Tourism Management, 1996 (7): 475–479.

［32］ Kim L. The Imitation to Innovation: The Dynamics of Korea's Technological Learning ［M］. Boston: Harvard Business School Press, 1997.

［33］ Lawrence P R, Lorsch J W. Organization and environment: Managing differentiation and integration ［M］. Boston: harvard Business School Press, 1986.

［34］ Lee K, Lim C. Technological regimes, catching–up and leapfrogging: Findings from the Korean industries ［J］. Research Policy, 1997 (30): 459–483.

［35］ Lincoln Y, Guba E. Naturalistic Inquiry ［M］. New York: Sage, 1985: 59.

［36］ Maklan S, Knox S. Dynamic capabilities: The missing link in CRM investments ［J］. European Journal of Marketing, 2009 (11/12): 1392-1410.

［37］ Mordure T. Tourism, performance and social exclusion in "Olde York" ［J］. Annals of Tourism Research, 2005 (1): 179-198.

［38］ Murphy P E. Tourism: A Community Approach ［M］. New York: Methuen Inc., 1985: 16.

［39］ Nakagawa S. Socially inclusive cultural policy and arts-based urban community rageneration ［J］. Cities, 2010 (z1): 16-24.

［40］ Narver J, Slater S. The effect of a market orientation on business profitability ［J］. Journal of Marketing, 1990 (3): 20-37.

［41］ Neill S, MeKee D, Rose G. Developing the organization's sense making capability: Precursor to an adaptive strategic marketing response ［J］. Industrial Marketing Management, 2007 (6): 731-744.

［42］ Newbert S. Empirical research on the resource- based view of the firm: An assessment and suggestions for future research ［J］. Strategic Management Journal, 2007 (2): 121-146.

［43］ Patton M Q. Qualitative Evaluation and Research Methods ［M］. CA: Sage, 1990: 3.

［44］ Peng M, Sun S, Pinkham B. Institution-based view as a third leg or a strategy tripod ［J］. Academy of Management Perspectives, 2009 (1): 63-81.

［45］ Peng M, Wang D, Jiang Y. An institution-basedview of international business strategy: A focus on emerging economies ［J］. Journal of International Business Studies, 2008 (3): 920-936.

［46］ Ramaswani S, Srivastava R, Bhargava M. Market-based capabilities and financial performance of firms: Insights into marketing's contribution to firm value ［J］. Journal of the Academy of Marketing Science, 2009 (2): 97-116.

［47］ Scott R. Institutions and Organizations ［M］. Thous and Oaks, CA: Sage, 1995.

［48］ Shortall S. Are rural development programmes socially inclusive? Social Inclusion, civic engagement, participation and social capital: Exploring the differences [J]. Journal of Rural Studies, 2008 (4): 450-457.

[49] Srivastava R, Shervani T, Fahey L. Marketing, business processes and shareholder value: An organizationally embedded view of marketing activities and the discipline of marketing [J]. Journal of Marketing, 1999 (S): 168-179.

[50] Stewart F. International transfer of technology: Tssue and policy options [A]. Oxford Pergamon Press, 1981.

[51] Twenge J M, Baumeister R F. If you can't join them, beat them: Effects of social exclusion on aggressive behavior [J]. Journal of Personality and Social Psychology, 2001 (6): 1058-1069.

[52] Twenge J M, Catsnese K R, Baumeister R F. Social exclusion and the deconstructed state: Time perception, meaninglessness, lethargy, lack of emotion and self-awareness [J]. Journal of Personality and Social Psychology, 2003 (3): 409-423.

[53] Urry J. The Tourist Gaze [M]. London: Sage Pubfications, 1990: 14.

[54] Vorhies D, Foley L, Bush V. Market-based dynamic capabilities and firm performance [J]. American Marketing Association, 2007 (Winter): 282-283.

[55] Walker R. The dynamics of poverty and social exclusion [A]. London: Child Poverty Action Group, 1997: 102-114.

[56] Wall G. Rethinking Impacts of Tourism [A]. Chichester: John Wiley and Sons, Inc., 1997: 1-9.

[57] Wang C, Ahmed P. Dynamic capabilities: A review and research agenda [J]. International Journal of Management Reviews, 2007 (1): 31451.

[58] Wiggins R, Ruefli T. Schumpeter's ghost: Is hyper competition making the best of times shorter [J]. Strategic Management Journal, 2005 (7): 887-911.

[59] Winter S. Understanding dynamic capabilities [J]. Strategic Management Journal, 2003 (10): 991-995.

[60] Young J. The Exclusive Society [M]. London: Sage Publication, 1999: 6-17.

[61] Zahra S, George G. Absorptive capacity: A review, reconceptualization and extension [J]. Academy of Managemect Review, 2002 (2): 185-203.

［62］ E. H. 施恩. 职业的有效管理 ［M］. 仇海清译. 三联书店，1992.

［63］ 常思敏. 参考文献引用中的学术不端行为分析 ［J］. 出版科学，2007（5）：25-27.

［64］ 陈维政，张丽华. 中国 MBA 论文选（第三辑）［M］. 大连：大连理工大学出版社，2008.

［65］ 陈晓红. MBA 教育的起源、本质和发展趋势 ［J］. 现代大学教育，2002（3）：29-30.

［66］ 陈燕，陈冠华. 研究生学术论文 ［M］. 北京：社会科学文献出版社，2004.

［67］ 陈枝清，李欣. 我国高校学位论文开放获取调查研究 ［J］. 图书与情报，2013（5）：84-88.

［68］ 迟景明，陈晓光. 我国高等教育学专业博士学位论文研究主题与发展探析 ［J］. 中国高教研究，2013（12）：57-62.

［69］ 邓喻，龙羽明，卢晓. 消费者购买动机定义与分析 ［J］. 商业现代杂志，2009（7）.

［70］ 杜伟宇. 基于问题的学习：促进 MBA 教育本土化的尝试 ［J］. 黑龙江高教研究，2007（2）：176-178.

［71］ 段宁东，孙力，苏钟璧. 高端卷烟消费者品牌选择研究 ［J］. 烟草科学研究，2009（3）.

［72］ 方润生，方冬姝，郭朋飞. 硕士研究生学位论文学术不端行为的特征分析 ［J］. 学位与研究生教育，2013（5）：18-22.

［73］ 方园，朱云鹃. 差距反思：新进入 MBA 院校的可持续发展之路 ［J］. 科技信息，2008（7）：12-13.

［74］ 费希尔，等. 博士、硕士研究生毕业论文研究与写作 ［M］. 北京：经济管理出版社，2005.

［75］ 冯淑华，沙润. 乡村旅游中农村妇女就业与发展研究——以江西婺源为例 ［J］. 妇女研究论丛，2007（1）：30.

［76］ 冯正强，杨正思. 提高我国铁路客运市场占有率的营销策略 ［J］. 长沙铁道学院学报（社会科学版），2003，4（3）：74-77.

［77］ 高锋，肖诗顺. 服务质量评价理论研究综述 ［J］. 商业时代，2009（6）：

16–17.

[78] 高红建，谢如鹤，李韩娟. 决策分析模型评价客运服务质量的研究 [J]. 黑龙江工程学院学报，2003，17（2）：48–51.

[79] 耿先锋，董进才，何志哲. 服务质量的构成及其测量方法述评 [J]. 工业技术经济，2007，26（3）：111–113.

[80] 郭菊娥，席酉民. 我国管理科学研究的回顾与发展展望 [J]. 管理工程学报，2004（3）：54–57.

[81] 郭文斌，俞树文. 我国远程教育研究热点知识图谱——基于 3170 篇硕士及博士学位论文的关键词共词分析 [J]. 电化教育研究，2014，35（2）：45–49，67.

[82] 海南大学. 工商管理硕士（MBA）学位论文写作指导，2007.

[83] 韩国强. 我国大陆地区高校学位论文开放获取研究 [J]. 图书情报工作，2015，59（S1）：69–71.

[84] 韩秀云. 最后一击：MBA 论文选题写作与答辩 [M]. 北京：中国青年出版社，2001.

[85] 侯先荣，曹建新. MBA 学位论文写作指南 [M]. 广州：华南理工大学出版社，2006.

[86] 胡良孔. 文献检索与科学研究方法 [M]. 湖南：中南工业大学出版社，1999.

[87] 胡翔. 高速铁路客运服务质量综合评价体系研究 [D]. 广东工业大学，2008.

[88] 黄飞跃. 谈研究生创新能力的培养 [J]. 学位与研究生教育，2004（3）：8–12.

[89] 黄津孚. 学位论文写作与研究方法 [M]. 北京：经济科学出版社，2000.

[90] 加里·德斯勒. 人力资源管理 [M]. 北京：中国人民大学出版社，2008.

[91] 贾晓菁. MBA 能力素质模型开发及应用 [J]. 新经济，2008（7）：77–79.

[92] 江西财经大学. 工商管理硕士（MBA）学位论文工作的有关要求，2007.

[93] 江西省烟草专卖局（公司）卷烟销售处.2010 年南昌市场卷烟消费情况调查报告 [R]. 2011.

［94］江西中烟工业有限责任公司发展史. 江西中烟工业有限责任公司厂志［R］. 2011.

［95］江新华. 研究生学术道德失范：表现、根源与对策［J］. 科学学与科学技术管理，2003（1）：74-78.

［96］姜真. 企业管理者应具备的素质研究［J］. 发展论坛，2001（9）：87-88.

［97］蒋鸿标，罗键雄. 关于学术论文中引文问题［J］. 图书情报知识，2002（4）：14-17.

［98］蒋伟伟，吴志祥. 我国学位论文利用现状分析［J］. 图书与情报，2015（4）：41-45，51.

［99］克莱尔·肖特. 消除贫困与社会整合：英国的立场［J］. 国际社会科学杂志，2000（4）：49-52.

［100］库泽斯·波斯纳. 领导力［M］. 李丽林，张震，杨振东译. 北京：电子工业出版社，2009.

［101］拉姆·查兰，斯蒂芬·德罗特，詹姆斯·诺埃尔. 领导梯队：全面打造领导力驱动型公司［M］. 徐中，林嵩，雷静译. 北京：机械工业出版社，2011.

［102］劳政昌. 铁路客运服务模式探讨［J］. 铁道运输与经济，2004，26（12）：45-46.

［103］李国俊，邱小花，季淑娟，王瑜，肖明. 国外高校硕博士学位论文强制性开放获取研究［J］. 大学图书馆学报，2015，33（1）：85-89.

［104］李怀祖. 管理研究方法［M］. 西安：西安交通大学出版社，2004.

［105］李君. 基于顾客感知价值的卷烟产品品牌忠诚度模型构建及实证研究［J］. 企业经济，2011（3）：91-93.

［106］李培，杨俊涛，谭华. 2001~2010 年我国体育学博士学位论文被引频次统计分析［J］. 体育学刊，2013，20（1）：93-97.

［107］李秋实，宋仁君，张雅男，柴雅凌，刘红玉. 国际开放获取学位论文资源的整合利用研究［J］. 大学图书馆学报，2015，33（5）：44-49.

［108］李仁贵. 诺贝尔经济学奖得主博士学位论文透视［J］. 经济学家，2015（12）：79-91.

［109］李维，文庭孝. 我国近 10 年图书馆学硕士学位论文研究热点分析［J］. 图书馆学研究，2015（16）：2-8，31.

[110] 李艳，赵世奎，马陆亭. 关于博士学位论文质量评价的实证分析 [J]. 学位与研究生教育，2014（10）：50-54.

[111] 林美群. 加强毕业论文教学，培养和提高学生的创新意识和科研能力 [J]. 广西大学学报，2006（12）：14-15.

[112] 林萌龙. 印俄学位论文资源建设对中国的启示 [J]. 图书与情报，2015（4）：46-51.

[113] 林正刚. 正能量：职业经理人的养成 [M]. 浙江：浙江人民出版社，2011.

[114] 刘丹. 面向关联数据的学位论文元数据语义化研究 [J]. 大学图书馆学报，2015，33（5）：74-82，73.

[115] 刘鸿渊，侯亚辉. 我国 MBA 教育存在的问题及对策 [J]. 攀枝花学院学报，2005（6）：65-68.

[116] 刘少雪. 博士学位论文评价的主观性与客观性 [J]. 高等教育研究，2014，35（2）：54-58.

[117] 刘贤. 提高旅客列车服务质量应加强人性化管理 [J]. 铁道运营技术，2006，12（3）：24-25.

[118] 刘晓红，徐扬，杨晓伟. 企业经营管理者基本素质评价模型 [J]. 软科学，2002（4）：53-56.

[119] 陆奇斌，赵平，王高. 消费者满意度测量中的光环效应 [J]. 心理学报，2005，37（4）：524-534.

[120] 罗宾斯，贾奇. 组织行为学 [M]. 李原，孙健敏译. 北京：中国人民大学出版社，2008.

[121] 罗伯特·K. 殷，周海涛. 案例研究方法的应用 [M]. 重庆：重庆大学出版社，2009.

[122] 罗伯特·K. 殷，周海涛. 案例研究设计与方法 [M]. 重庆：重庆大学出版社，2004.

[123] 罗双平. 从岗位胜任到绩效卓越：能力模型建立操作实务 [M]. 北京：机械工业出版社，2005.

[124] 马强，王杰. 浅议铁路客运服务质量管理过程控制模式 [J]. 技术经济，2001（4）：53-55.

[125] 马庆国. 管理科学研究方法与研究生学位论文的评判参考标准 [J]. 管理世界，2004（12）：99–108，145.

[126] 马万民. 对工商管理案例教学问题的几点思考 [J]. 职业教育研究，2005（6）：17–18.

[127] 马永军，倪向阳. 参考文献是否具备评价功能 [J]. 出版参考，2002（6）：23.

[128] 庞凤仙. 财经院校毕业论文教学环节的改革 [J]. 山西财经大学学报，2002（12）：39–40.

[129] 彭剑锋，饶征. 基于能力的人力资源管理 [M]. 北京：中国人民大学出版社，2003.

[130] 卿涛，吉罗·弗郎克. 中英 MBA 教育的比较 [J]. 财经科学，1999（6）：99–101.

[131] 饶征，彭青峰，彭剑茹. 任职资格与职业化 [M]. 北京：中国人民大学出版社，2004.

[132] 斯蒂芬·P. 罗宾斯. 管理学 [M]. 北京：中国人民大学出版社，1997.

[133] 四川大学. MBA 学位论文工作流程. 内部资料，2008.

[134] 苏广利，许新军. 社科论著参考文献引用中的七种不良行为 [J]. 图书馆工作与研究，2002（2）：15–17.

[135] 孙莉. 中国硕士学位论文英文摘要的语用身份建构研究 [J]. 外语与外语教学，2015（5）：15–21.

[136] 覃宝宁. 卷烟行业消费者行为及心理研究 [J]. 中国烟草市场，2009（3）.

[137] 唐宁玉，姜红玲，刘帮成. 基于虚拟团队的 MBA 学习模式探究 [J]. 上海管理科学，2004（12）：57–58.

[138] 唐顺英. 近十年中国旅游类博士学位论文分析与展望 [J]. 旅游学刊，2013，28（3）：106–113.

[139] 田丽丽，刘竟，王园磊. 欧美图书馆学、情报学博硕士学位论文分析与研究综述 [J]. 图书馆学研究，2015（2）：11–16.

[140] 万迪，谢刚，乔志林. 管理学新视角：实验管理学 [J]. 科学学研究，2003（21）：20–26.

［141］王爱东.案例式教学走出 MBA 教室［J］.国际商报，2003（7）：1-4.

［142］王传毅，吴笛，王兴咏.我国硕士、博士学位论文的学术贡献有多大？基于 2013 年核心期刊论文参考文献的实证分析［J］.清华大学教育研究，2015，36（5）：77-82.

［143］王海湘.基于 SERVQUAL 的铁路客运服务质量评价［J］.铁道运输与经济，2006，28（8）：49-54.

［144］王立业.社会排斥理论研究综述［J］.重庆工商大学学报（社会科学版），2008（3）：79-83.

［145］王露杨.德国的博士培养和学位论文管理对我国的启示［J］.图书与情报，2015（4）：52-56.

［146］王璐，高鹏.扎根理论及其在管理学研究中的应用问题探讨［J］.外国经济与管理，2010（12）：10-18.

［147］王文超.中、外 MBA 教育的比较研究［J］.科技与管理，2007（7）：125-127.

［148］王小寒，冷怀明.学位论文被数据库收录后再发表现象及应对策略［J］.中国科技期刊研究，2014，25（11）：1345-1348.

［149］王战军.什么是研究型大学［J］.学位与研究生教育，2003（1）：17-19.

［150］王振彦.大学生毕业论文写作问题探析［J］.南阳师范学院学报，2003（4）：111-114.

［151］韦复生.论科研选题及基本原则［J］.广西民族学院学报，2002（5）：220-222.

［152］魏志峰.任职资格：体系设计与实施案例［M］.深圳：海天出版社，2009.

［153］温芳芳.基于引文分析的知识扩散研究——以我国图书情报学博士学位论文为例［J］.情报理论与实践，2015，38（9）：64-68，78.

［154］文丽颜.华为的人力资源管理［M］.深圳：海天出版社，2006.

［155］文小勇，石颖."三农"问题：社会公正与社会排斥［J］.华南农业大学学报（社会科学版），2005（2）：31-35.

［156］吴波.卷烟商品消费者行为分析［J］.中国烟草在线，2012.

［157］吴赣英.毕业论文选题思路及写作技巧要旨［J］.温州职业技术学院学

报，2004（3）：78–81.

　　[158] 吴国喆. 研究生学位授予中学位申请人的救济机制研究——以对学位论文的学术评价为中心 [J]. 教育研究，2014，35（3）：64–74.

　　[159] 吴敏. 浅谈 MBA 教育的功能 [J]. 中国市场，2008（2）：146–147.

　　[160] 吴玉强. 中国商学院人才培养目标、理念和模式再探讨 [J]. 高校讲坛，2008（11）：180–181.

　　[161] 徐绪堪，苏新宁. 我国学位论文的开发利用与安全管理刍议 [J]. 图书与情报，2015（4）：26–33.

　　[162] 许晖，李巍. 员工导向与客户关系管理的整合机制研究——基于华泰证券的案例分析 [J]. 科学学与科学技术管理，2011（8）：130–138.

　　[163] 许民利，简惠云. 对我国 MBA 教育的几点思考 [J]. 现代大学教育，2002（10）：65–67.

　　[164] 许民利，简惠云. 对我国 MBA 教育的几点思考 [J]. 现代大学教育，2002（5）：65–67.

　　[165] 许运理. 移情能力：管理者必备的基本素质 [J]. 思维与智慧，1999（12）：28–30.

　　[166] 薛瑞华. 硕士和博士学位论文的写作特点和要求 [J]. 曲阜师范大学学报，1989（4）：105–108.

　　[167] 亚洲（澳门）国际公开大学. 工商管理硕士论文写作与答辩指引，内部资料，2005.

　　[168] 严诚忠. 观察与思考：MBA 人力资源管理课程学期论文精选 [M]. 上海：华东理工大学出版社，2000.

　　[169] 杨国立，刘竟，汪满容，卢章平. 欧美图书馆学博士学位论文研究主题图谱分析 [J]. 中国图书馆学报，2015，41（4）：96–111.

　　[170] 杨奕虹，杨贺，万小影，武夷山. 利用高被引与零被引数据剖析中国博士学位论文学术影响力 [J]. 情报杂志，2015，34（7）：22–28.

　　[171] 姚建明，刘丽文. 铁路客运服务质量改善程度的综合评价方法 [J]. 科技管理研究，2007（6）：83–84.

　　[172] 叶云屏，柳君丽. 博士学位论文摘要的跨学科语类分析对 EAP 教学的启示 [J]. 外语界，2013（4）：81–89.

[173] 伊弗特·古默桑. 管理的定性研究方法 [M].武汉：武汉大学出版社，2006.

[174] 游士兵. 对我国 MBA 教学中的问题之思考 [J]. 高等教育研究，2007（10）：84-86.

[175] 余来文.MBA 论文写作与研究方法 [M].大连：大连理工大学出版社，2009.

[176] 余来文，陈明.管理竞争力 [M].北京：东方出版社，2006.

[177] 盂昉，黄佳囊. "社会排斥"概念内涵及其本土化探讨 [J].长江论坛，2009（5）：56-59.

[178] 俞国梅. 中国 MBA 行业特色教育的分析与发展对策 [J].上海管理科学，2007（4）：61-64.

[179] 袁方. 社会研究方法教程 [M].北京：北京大学出版社，2004.

[180] 袁鸿鸣.MBA 毕业论文精选 [M].北京：对外经济贸易大学出版社，2000.

[181] 袁鸿鸣.MBA 毕业论文精选 [M].北京：对外经济贸易大学出版社，2000.

[182] 曾群，魏雁缤. 失业与社会排斥：一个分析框架 [J].社会学研究，2004（3）：11-20.

[183] 张斌贤，李曙光. 文献综述与教育学博士学位论文撰写 [J]. 学位与研究生教育，2015（1）：59-63.

[184] 张乐平，温馨，陈小平. 全日制专业硕士学位论文的形式与标准 [J].学位与研究生教育，2014（5）：15-19.

[185] 张丽华，王娟，苏源德. 撰写文献综述的技巧与方法 [J]. 学位与研究生教育，2004（1）：49-51.

[186] 张瑞，唐果.MBA 职业生涯规划指导探索与实践 [J].中国青年研究，2007（2）：12-15.

[187] 张秀敏，姚建明. 基于旅客心理需求的铁路客运服务综合评价模型研究 [J].铁道运输与经济，2005，27（9）：79-81.

[188] 张轶雯，韦成府，崔海媛.北京大学图书馆学位论文系统建设的新探索 [J].大学图书馆学报，2015，33（4）：76-79.

[189] 张意湘. 强化过程管理，提高学位论文质量 [J]. 大学教育科学，2003（6）：78–80.

[190] 赵伯兴. 论引文行为中非道德风险的防范与规避 [J]. 情报科学，2005（6）：51–54.

[191] 赵纯均. 工商管理研究备要 [M]. 北京：清华大学出版社，2003.

[192] 赵曙明. MBA 教育与中国企业职业经理人培养 [J]. 高等教育研究，2002（3）：85–88.

[193] 赵曙明. 人力资源管理研究 [M]. 北京：中国人民大学出版社，2006.

[194] 浙江工商大学. 工商管理硕士（MBA）研究生导师上岗条件和工作规则，内部资料，2008.

[195] 郑伯埙，黄敏萍，陈晓萍. 实地研究中的案例研究 [M]. 北京：北京大学出版社，2008.

[196] 郑海宁，杨宝兴. 提高铁路客运站车服务质量适应市场竞争 [J]. 铁道运输与经济，1998（5）：22–24.

[197] 周林刚. 论社会排斥 [J]. 社会，2004（3）：58–60.

[198] 朱大明. 参考文献引用的学术评价作用 [J]. 编辑学报，2005（5）：16–17.

[199] 朱浤源. 博硕士论文实战手册 [M]. 台北：中正书局，2001.

[200] 朱煜明，郭鹏，田庆峰. 专业化、特色化 MBA 教育：中国 MBA 教育的新趋势 [J]. 西北工业大学学报，2004（12）：82–85.